삼국시대 불상의 미의식 연구

삼국시대 불상의 미의식 연구

2013년 12월 16일 초판 1쇄 인쇄
2013년 12월 24일 초판 1쇄 발행

지은이 이해주
펴낸이 권혁재

편집 조혜진 · 박현주 · 오미선
출력 엘렉스프린팅
인쇄 한영인쇄

펴낸곳 학연문화사
등록 1988년 2월 26일 제2-501호
주소 서울시 금천구 가산동 371-28 우림라이온스밸리 B동 712호
전화 02-2026-0541~4
팩스 02-2026-0547
E-mail hak7891@chol.net

ISBN 978-89-5508-311-8 93910
ⓒ 이해주, 2013
협의에 따라 인지를 붙이지 않습니다.

책값은 뒷표지에 있습니다.
잘못된 책은 바꾸어 드립니다.

삼국시대 불상의 미의식 연구

이해주

학연문화사

▎책머리에

　어린 시절 책 읽기를 즐겼고 그림 그리기를 좋아했던 필자는 글을 쓰는 사람이 되고 싶었다. 그런 한편으로는 정신세계를 마주하는 정신과 의사를 꿈꾸기도 했다. 오랜 시간이 흐른 지금, 옛 소망들을 돌이켜보니 그 앳된 바람들이 상당 부분 현재의 일상을 이루고 있어서 새삼스럽게 미소 짓게 된다. 조형물을 매개로 하여 '과연 선조들이 생활 속에서 어떤 생각을 했기에 조형물을 그러한 형태로 제작했는지' 하는 측면에 주목, 보이는 것 너머의 세계를 탐구하는 길과 인간의 정신을 다루는 길은 서로 무관하지 않다는 생각이 들기 때문이다. 조형물에 투영된 미의식을 연구하게 된 인연이 어쩌면 운명인지도 모른다는 생각마저 든다.

　사학과에 진학하여 은사님이신 박경식 교수님 강의를 들으며 비로소 미술사라는 학문을 접했고 이후 포천 반월산성 발굴 작업에 참여하여 토기나 기와 편을 출토하고 세척하면서 '미의식' 분야에 초보적인 관심을 갖게 되었다. 토기와 기와에 남겨진 지문과 뚜렷한 조형의지가 감지되는 문양들을 접하면서 새삼스레 그것이 주어진 자연 지물이 아닌 사람에 의해 제작된 작품이라는 점에 또 그러한 작품을 탄생케 한 동인(動因)인 미의식에 매료되었다. 대학원에 진학하여 그 관심사항을 학문적으로 발전시킨 논문이 필자의 석사학위 논문인 '한성 백제기 백제인의 미의식 고찰-풍납토성출토 백제 토기를 중심으로'이다.

'삼국시대 불상의 미의식 연구'는 필자의 박사학위 논문을 다듬은 책이다. 불상에 대한 기존 논의는 불상이 경전에 근거하여 의궤를 엄격히 준수하며 제작돼 예배대상으로 성립되는 특징을 전제로, 일단 성립된 불상의 소의경전과 그 양식적 특성을 고찰하는 데 집중되었음을 부인하기 어렵다. 그로인해 상대적으로 불상이 주어지는 대상이 아니라 조각가에 의해 제작되는 예술작품이라는 측면과 조각가와 불상과 일반신도가 형성하는 지향적인 관계, 그리고 불상의 미(美)는 큰 주목을 받지 못했다. 이런 문제의식이 이 논문의 주제가 되었다. 그래서 이 논문에서는, 대개 간과되곤 하는, 예경행위 이면에 존재하는 제작행위를 함께 고려하여 예술성을 추구하는 과정에 개입하는 해석의 문제와 이 해석이 전통을 매개로 전승된다는 점에 주목했다. 그리고 여기서 말하는 전통에 대한 해석이 결국은 삼국시대 불상의 미의식임을 구명했다. 그렇게 도출된 미의식이 원만(圓滿), 무애(無碍), 화합(和合)이다.

수줍고 부끄러운 마음을 숨길 수 없지만 학문의 전당에 조심스레 꽃 한 송이를 바치는 심정이다. 마음가짐을 가다듬고 보다 정진하여 꽃다발을 헌정할 수 있도록 노력하겠다는 다짐을 해 본다. 미약하나마 이런 결실을 맺을 수 있었던 것은 전적으로 은사님의 보살핌 덕분이다. 이 책은 십여 년 전 선생님께서 씨앗처럼 심어주신 물음들을 키워나가는 과정에 나온 결과물이다. 선생님께서는 때로는 먼저 말 걸어주시면서 웃음을 건네셨고, 흔들릴 때마다 용기를 북돋아주시며 학문의 길은 긴 호흡으로 걷는 사랑과 봉사의 길임을 몸소 보여주셨다. 웅변하신 적 없지만, 학자의 길과 구도자의 길이 다르지 않음을 지난 십팔 년 동안 당신 삶을 통해 보여주셨다. 태산 같으신 선생님의 자세를 본받아 꾸준하겠다는 약속을 드리고 싶다.

박사논문을 세심하게 지도해주신 윤범모 교수님, 최성은 교수님, 전덕재 교수님, 이종수 교수님과 모교 사학과 교수님들께도 감사드리고 싶다. 일상 속에서 선생님들께서 해주신 격려의 말씀이 큰 힘이 됐다. 또 강의실에서 만난 학생들에게도 진심으로 고마움을 느낀다. 선생과 학생으로 만났지만 많이 깨닫고 배운 쪽은 도리어 필자가 아닌가 싶다. 여러분 덕분에 성장할 수 있었노라고 얘기하고 싶다. 더불어 이 책을 출판해주신 학연 문화사 사장님과 원고 편집에 수고해주신 관계자 여러분께 깊이 감사드린다.

끝으로, 포기하지 않고 긴긴 방황을 묵묵히 견디며 기다려준 가족들 얼굴이 떠오른다. 아버지, 어머니, 그리고 동생 누리에게 이 지면을 빌어 고마움을 전하고 싶다.

2013년 12월
이 해 주

차례

I. 서론　　　　　　　　　　　　　　　　　　　　　　　13
　1. 연구 목적　　　　　　　　　　　　　　　　　　　15
　2. 연구사 검토　　　　　　　　　　　　　　　　　　19
　3. 연구 범위와 방법　　　　　　　　　　　　　　　　36

II. 불상을 보는 관점　　　　　　　　　　　　　　　　43
　1. 고대 한국 문화와 불교 사상에서의 미의 위상　　　48
　　1) 고대 한국 문화에서의 미의 위상　　　　　　　48
　　2) 불교사상에서의 미의 위상: 방편으로서의 미　　52
　2. 미, 미술, 미의식　　　　　　　　　　　　　　　　59
　3. 예술작품으로서의 불상의 특징　　　　　　　　　　69

III. 삼국시대 불상의 조형사상과 구원론적 역할　　　99
　1. 조형사상　　　　　　　　　　　　　　　　　　　102
　　1) 자유로운 상상력　　　　　　　　　　　　　　102
　　2) 생명의 힘　　　　　　　　　　　　　　　　　114
　2. 구원론적 역할　　　　　　　　　　　　　　　　　124
　　1) 미소의 성격　　　　　　　　　　　　　　　　124
　　2) 드러냄의 방식　　　　　　　　　　　　　　　142

Ⅳ. 미적 양식 분석   151

  1. 5세기 말~6세기 중엽 ———————————— 156

    1) 구도상의 특징 ———————————— 157

    2) 형태면의 특징 ———————————— 166

  2. 6세기 중엽~7세기 초 ———————————— 173

    1) 구도상의 특징 ———————————— 175

    2) 형태면의 특징 ———————————— 187

  3. 7세기 초~7세기 중반 ———————————— 202

    1) 구도상의 특징 ———————————— 203

    2) 형태면의 특징 ———————————— 215

Ⅴ. 미의식   229

  1. 원만(圓滿) ———————————— 234

    1) 정형화된 형용으로 규정된 상호(相好) ———————————— 234

    2) 상호가 주는 인상 ———————————— 249

  2. 무애(無碍) ———————————— 262

    1) 입상의 조형미 ———————————— 264

    2) 반가사유상의 조형미 ———————————— 273

  3. 화합(和合) ———————————— 291

Ⅵ. 미와 양식의 본질과 변천   307

  1. 본질 ———————————— 312

    1) 해석과 전통 ———————————— 312

    2) 미의식과 전통 ———————————— 321

  2. 변천 ———————————— 325

Ⅶ. 결론   357

참고문헌 | 375
찾아보기 | 410

표 차례

[표1] 삼국시대 금동불·석불 목록   37
[표2] 불상조형에 나타나는 보편성과 특수성   75
[표3] 미적 범주의 내용과 성격   130
[표4] 미적 범주의 결합 양상   132
[표5] 32상 규정에 나타나는 원만상   147
[표6] 80종호 규정에 나타나는 원만상   147

그림 차례

[그림1] 미적 범주   129
[그림2] 위치의 상대성   296

사진 차례

[사진1] 뚝섬 출토 금동여래좌상   154
[사진2] 연가 칠년명 금동불입상   158
[사진3] 연가 칠년명 금동불입상 배면   158
[사진4] 국립박물관소장 금동여래입상   160
[사진5] 예산사방불 좌상   162
[사진6] 국립박물관소장 금동보살 입상   163
[사진7] 연가 칠년명 금동불입상   163
[사진8] 신묘명 금동삼존불입상 광배   168
[사진9] 예산사방불 광배   168
[사진10] 예산사방불   171
[사진11] 계미명금동삼존불   174
[사진12] 신묘명 금동삼존불   174

[사진13] 계미명 금동삼존불 광배의 어자문(魚子紋)   174

[사진14] 평천리 출토 반가사유상   179

[사진15] 정지원명 불상   179

[사진16] 군수리 출토 보살상   179

[사진17] 신리 출토 금동보살입상   180

[사진18] 국보 제78호 금동반가사유상   180

[사진19] 태안 마애삼존불   183

[사진20] 태안 마애삼존불 대좌   183

[사진21] 서산 마애삼존불 삼존의 구성   185

[사진22] 서산 마애삼존불 본존의 상호   185

[사진23] 서산 마애삼존불 우협시 보살의 상호   185

[사진24] 서산 마애삼존불 좌협시 보살의 상호   185

[사진25] 서산 마애삼존불 삼존의 보주형 광배   189

[사진26] 서산 마애삼존불 삼존의 연화대좌 구성   190

[사진27] 태안 마애삼존불과 서산 마애삼존불   191

[사진28] 국보 제78호 미륵보살 반가사유상 손가락의 율동   193

[사진29] 국보 제78호 금동미륵보살반가사유상 하반신   194

[사진30] 연동리 석불좌상   204

[사진31] 연동리 석불좌상 두광   204

[사진32] 규암리 출토 금동보살상   208

[사진33] 양평 출토 금동여래입상   210

[사진34] 거창 출토 금동보살입상   210

[사진35] 선방사 삼존불   212

[사진36] 삼화령 삼존불   212

[사진37] 연동리 석불좌상의 손   214

[사진38] 연동리 석불좌상의 상현좌   214

[사진39] 군수리 출토 여래좌상의 상현좌   214

[사진40] 삼화령 미륵삼존상의 감은 눈   217

[사진41] 불곡 선정인상의 감은 눈 217

[사진42] 삼화령 미륵세존의 수인 218

[사진43] 국보 제183호 선산 출토 금동보살입상 220

[사진44] 국보 제184호 선산 출토 금동보살입상 220

[사진45] 국보 제83호 금동미륵보살반가사유상 222

[사진46] 국보 제83호 금동미륵보살반가사유상의 오른손 222

[사진47] 국보 제83호 금동미륵보살반가사유상의 치맛자락 224

[사진48] 군수리 출토 납석제 여래좌상 237

[사진49] 동위천평이년명좌상 237

[사진50] 공현석굴 제3굴 여래좌상 237

[사진51] 공현석굴 제2굴 여래좌상 237

[사진52] 운강석굴 제6동 미륵의좌상 240

[사진53] 돈황석굴 제410굴 미륵불의좌상 240

[사진54] 삼화령 미륵의좌상 240

[사진55] 국립박물관소장 금동여래입상의 자세 265

[사진56] 연가 칠년명 금동여래입상의 구도 266

[사진57] 국보 제78호 반가사유상의 오른 손 279

[사진58] 국보 제83호 반가사유상의 오른 손과 오른 발 279

[사진59] 방형대좌 반가사유상의 구성 282

[사진60] 양평 출토 금동여래 입상의 구성 282

[사진61] 삼화령 미륵삼존불 삼존의 구성 292

[사진62] 서산 마애삼존불에 나타나는 대비 · 대조 292

[사진63] 금동 계미명 삼존불의 구도 302

[사진64] 신선사 마애불상군 303

[사진65] 신선사 마애불상군 반가사유상 하 인물 공양상 303

[사진66] 김제 출토 동판 반가사유상 틀 304

[사진67] 김제 출토 동판 삼존불 틀 304

I. 서론

1. 연구 목적

예술작품은 인간의 경험 속에서 만들어진 것임에도 일단 예술작품
으로 인정되면 그 경험으로부터 고립되어 박물관 속 진열품으로 인식
되는 경향이 있다. 그로 인해 그것을 만든 인간의 생활 경험과 단절된
영역에 위치하게 되고, 그리하여 외견상 물리적으로 존재하는 사물임
에도 불구하고 많은 연구에 의해 '정신화'되기에 이른다. 미술사 연구
에서 불상에 대한 연구 역시 이와 유사한 방식으로 진행되었다. 예컨
대 서산마애삼존불과 국보 제83호 금동미륵보살반가사유상이 위대한
예술작품이라는 데는 이론의 여지가 없음에도 불상에 대한 논의는 양

식 분석과 소의경전 고찰 위주로 진행되었고 이러한 연구 동향으로 인해 정작 불상에 투영된 미(美)는 크게 주목받지 못했다.

깨달음을 얻어 해탈한 자를 형상화하고자 했을 때, 사람들은 그것의 표현 역시 궁극적인 것·절대적인 것에 필적하는 경지로 끌어올릴 수 있기를 희구했을 것이다.[1] 이에 따라 신심과 열망으로 해결할 수 없는 별도의 표현능력[技藝]의 문제가 제기되었을 것이라 생각된다. 이때 존상(尊像)을 시각적으로 표현하기 위해 기울이는 노력을 예술성의 추구로 이해할 수 있다.

여기서 주지할 점은 의궤에 따라 충실히 제작하는 차원에 만족하지 않고 예술성을 추구하고자 했던 마음의 근저에 초인적 존재[佛]와 인간[凡]의 위계가 자리 잡고 있다는 사실이다. 이러한 견지에서, 불교미술을 "불범(佛凡)의 특유한 관계 속에서 (그 작품의 표현 양식을 결정하는) 예술정신이 그 공감을 깊이 표출하는 미술"[2]이라고 할 수 있다. 이에 의거하면 종교미술의 역할은 종교체험을 구성하는 불범관계에 공감할 수 있게 하는 것이 된다.

여기서 말하는 예술성은 불상을 매개로 제작자와 보는 사람의 경험이 통합될 때 비로소 인정되는 성질이다. 그러므로 불상을 보다 입체

---

1) 실제 삼국유사에는 양지(良志)의 기예가 칭송되고(『三國遺事』 卷4 良志師釋條), 자국의 기술력이 부족하다 판단될 때에는 외국에서 장인을 구하고자(『三國遺事』 卷3 皇龍寺址九層塔條) 하는 노력이 기록되어 있다.
2) 石田一良(1952) 淨土敎美術-文化史學的 硏究試論. p.13(홍윤식(2000) 신라인의 정토교 미학. p.41에서 재인용).

적으로 이해하기 위해서는 그것이 불현듯 주어지는 물적 대상이 아니라 제작되는 대상이라는 점을 반드시 염두에 두어야 한다. 왜냐하면 불상 앞에 나아가 예경하는 신앙행위의 이면에는, 쉽게 간과되곤 하지만, 불상을 제작하는 신앙행위가 존재하기 때문이다. 일정 시기에 그 시대 사람에 의해 제작되는 특징으로 인해 불상조형에는 한 사회의 종교 · 문화 · 심미적 특징이 반영되는 것이다. 불상이 제작되는 대상이라는 측면에 주안점을 두고, 삼국시대 불상의 미적 특질을 배태한 미의식을 고찰하고자 하는 이 연구에서는 불상을 둘러싼 양 측면-제작되는 측면과 예경되는 측면-을 함께 고려할 것이다.

그런데 불상은 조형 그 자체가 목적이 아니라 형상을 통한 중생교화의 방편으로써 제작된다. 형상을 통해 사람들로 하여금 깨달음을 구하고자 하는 마음을 불러일으키기 위해서는 감화력 내지 호소력이 발휘되어야 하는데 그러기 위해서는 조형이 취하는 미적형식에 동시대인들이 감정이입 할 수 있는 지점이 마련되어야 한다. 바로 이 지점, 즉 신도들과 소통 · 교감을 꾀하는 미적형식에 대한 아이디어, 혹은 가시적 형식의 원천이 되는 정서가 바로 이 연구에서 다루고자 하는 미의식이다.

신앙의 대상을 불상으로 형상화 하고자 할 때 무엇보다도 먼저 전제되어야 할 것은 깊은 신앙심이다. 이 신심(信心)을 바탕으로 의궤에 따라 신격이 구현 · 형상화된다. 그런데 불상을 구성하는 모든 형식을 경전에서 일일이 규정하는 것은 불가능하다. 원칙적으로 32상 80종호와 같은 규정에 따라 제작되지만 이 과정에 개입되는 해석을 배제할 수 없다. 경전 규정을 익숙한 어떤 것으로 환치하여 해석하는 가운데 인간의 이해지평과 관련된, 이를테면 경전 외적인 요소들이 반영되기 마련이다.[3]

이 연구에서는, 바로 이러한 특징, 조각가에 의해 조형되는 불보살상에는 교리 · 경전과 더불어 인간 본연의 감각과 사고가 반영된다는 점에 주목하여 삼국시대 불상의 미적 특질을 고찰하고자 한다. 제작의 측면을 함께 고려함으로써 불상을 매개로 규명할 수 있는 영역이 확장됨을 확인하게 될 것이다. 삼국시대 불상을 통해 당시 신앙의 형태와 소의경전, 그리고 고구려 · 백제 · 신라의 문화상이 투영된 당시의 심미적 감수성에 더불어 접근할 수 있기 때문이다.

---

3) 양식 역시 발상지에서 완결된 것으로 전파되는 것이 아니라 파급지에서 해석을 통해 완성되는 형성적인 것이다. 미술작품의 형식이 작품의 내용을 알려주는 기준이 된다면 작품에 나타나는 시대적인 변화와 표현상의 특징은 양식을 통해서 파악된다. 양식은 상을 표현하는 조각수법, 비례감, 입체감, 얼굴 표정이나 옷 주름의 처리 방법이나 장식 문양의 세부 표현 등으로 같은 도상 또는 형식을 보여주면서도 시대 지역 또는 민족의 변수에 따라서 그 표현이 다르게 나타난다. "불상의 표현은 도상에 따라서 형식이 성립되고 의미를 파악할 수 있으며, 양식은 불상 표현에 나타나는 '감성적인 요소가 첨가된 것'으로 지역, 제작자, 시대에 따라서 다양한 불상 표현이 형성되고 변화한다. 그러므로 양식이라는 용어로 모든 표현을 포함하여 쓰는 데에 주의를 요한다(김리나(2004) 한국 불교 조각 연구 어떻게 할 것인가. p.94)."

2. 연구사 검토

일상적인 경험적 의식과는 구별되는 현상학적 의식의 개념을 받아들여 미의식의 구조를 논한 최초의 학자는 고유섭 선생이다.[4] 여기서 말하는 의식은 대상과 떨어져 있는 공허한 주체의 의식이 아니라 무엇을 지향하고 있고 그 무엇에 어떤 의미를 부여하고 있는 중의 의식이다. 따라서 의식과 의식 대상, 미의식과 미적 이념은 필연적인 불가분의 지향관계에 놓인다. 이러한 견지에서 미의식을 일컬어 미술이라는 대상의 미(美)를 지각하고 인식하는 의식의 주체라고 할 수 있다.

이러한 미의식(美意識)에 대한 연구는 한국 미술의 '특질' 내지 '특성' 등으로 지칭되며 다음과 같이 논의가 전개되었다. 1920년대 야나기 무네요시(柳宗悅)는 한국의 미술을 비애(悲哀)의 예술(藝術)이라고 규정했다. 그는 중국과 한국 그리고 일본의 자연풍토와 그 예술을 비교 고찰하여 대륙의 산물인 중국의 예술은 의지(意志)의 예술이고, 섬나라의

---

4) 美意識이라는 말을 쓴 최초의 우리나라 학자는 高裕燮이다. 그는 미학 사상을 바탕으로 하여, 역사적인 변천인 미술사를 살폈으며, 이러한 관계 위에서 미술사의 결과인 미의식을 도출하고자 하였다. 삼국시대 사람들의 미의식과 관련하여서는 1940년에 쓴 「고대인의 미의식」에서 금관 등에 보이는 비필연적인 나열로부터 '繁多性'이라는 미적 개념을 끌어낸 바 있다. 더불어 신라의 상형 토우 가운데 高坏형식의 형상을 '기억의 재생'과 '架構의 환상적 흥취'를 결합시킨 형태로 보았다(高裕燮(1993a) 한국미술문화사논총. pp.126~131). 그는 공예품을 통하여 한국적 조형의 본질은 무엇인가를 추구하였고, 그 결과 공예품의 기능 외적 요소가 두드러지는 특성에 대해 주목하였다.

산물인 일본의 예술은 정취(情趣)의 예술이며, 반도의 산물인 한국의 예술은 비애(悲哀)의 예술이라고 하면서 중국예술은 장대한 형(形)으로, 일본의 예술은 아름다운 색(色)으로, 그리고 한국의 예술은 가느다란 선(線)으로 표현되었다고 보았다.[5] 야나기가 도출한 한국미술의 선적인 특질—비애의 미—에 대해 고유섭은 1931년에는 "중국, 조선, 일본의 예술적 구별을 야나기 무네요시는 그의 저서 『조선과 그 예술』에서 형과 선과 색의 그 특징으로 설명했으나, 그것은 실제적으로 예술품에 적용해 국민적 · 국가적 소유로 돌리기에 너무나 시적(詩的)인 구별임에 불과하다"[6]고 비판했다. 그러나 1941년에는 조선미술이 정제성(整齊性)에 치중하지 않고 파형(破形)을 보인다는 점을 지적하면서 "형태가 형태로서 완전형을 갖지 않고 음악적 율동성을 띠게 된 것이니, 조선예술이 선적(線的)이라는 야니기의 정의는 이 뜻에서 시인된다고 하겠

———

5) 이때 대륙의 형태미는 강한 것으로, 섬나라의 색채미는 즐거움으로, 그리고 반도의 형태미는 쓸쓸함으로 각각 다르게 타고난 특색들을 지니고 있다는 것이 야나기의 견해이다. 이 글에서 그는 고구려 고분벽화의 천녀도(天女圖), 일본 호류지(法隆寺)에 소장된 입상(立像) 백제관음, 경주 석굴암의 석가상과 그 둘레의 크고 작은 마흔 개에 가까운 불상들, 봉덕사와 상원사의 범종(梵鐘)에 양각된 비천도(飛天圖), 고려자기에 그려진 유음수금(柳陰水禽)과 운학(雲鶴)의 그림들을 다 흐르는 선의 예증으로 들고 있다(柳宗悦(1981) 朝鮮の美術. pp.89~109). 유종열의 미술관이 한국 미술에 끼친 영향은 悲哀의 美論이나 線의 藝術이라는 구분보다는 無作爲의 美의 비중이 큰 것으로 보인다(趙善美(1989) 柳宗悦의 韓國美術觀. p.182).
6) 高裕燮(1993a) 앞의 책. p.187.

다"[7]고 기술했다. 요컨대, 야나기의 이론 중 '선적인 미'라는 견해에는 동의하면서도 '비애의 미'라는 점에는 반대하는 입장을 취한 것이다. 한편 박종홍(朴鍾鴻)은 야나기 무네요시의 비애미에 대해 비판하면서 "위대한 정신의 소유자이면서 비범한 솜씨를 지닌 고구려인이, 그윽한 인도의 불교사상과 심묘한 서방 헬라스 계통의 기교를 받아들여 그것을 한국화해 동양의 걸작품들로서 제작했는데, 이 고구려 작품들을 비애의 특성을 가진 것으로 규정한 것은 근대인의 피상적 선입관에 사로잡힌 것이다"는 입장을 밝힌 바 있다. 그는 한국미의 특징을 불교미술에서 보는 대로 '무한한 내재미(內在美)'라고 규정했다.[8]

안드레 에카르트(Andreas Eckardt)는 단순성을 가장 기본적인 특징으로 꼽았다. 그에 따르면 "중국의 과장되고 때때로 왜곡된 모형이라든가, 일본의 너무도 감상적이고 판에 박은 듯한 모형과는 달리 한국은 극동에서 가장 아름다운, 아니 차라리 가장 고전적인 예술작품을 당당히 만들었다고 주장하는 것이 결코 과장이 아니다." 이러한 견지에서 그는 중국의 전족(纏足)과 일본의 분재(盆栽)에서 보는 대로 두 나라는 왜곡을 미의 이상으로 삼지만 한국은 언제나 '미의 자연적 취향(the natural taste for the beauty)'을 보존해 왔고, 전성기에 그 자연적 취향을 고전적 표현으로 담아왔다고 기술하였다.[9] 여기서 언급된 '고전적 특색'이란 "무

7) 高裕燮(1993b) 한국미술사급미학논고. p.18.
8) 朴鍾鴻(1988) 朝鮮美術의 史的考察. pp.3~102 참고. 특히 p.62.
9) Andreas Eckardt(1929) *A History of Korean Art*. pp.6~7.

엇보다도 색의 결합과 적용에 있어서 '예술의 규범과 수학적 비례'에 익숙함"을 뜻한다. 책의 결론부에서 에카르트는 "이제 한국미술의 고유한 특성은 이러하다. 품위와 장대함을 함께 갖춘 진지함, 이념의 숨결들의 현현, 고전적이고 완벽하게 설계된 선(線)의 작품, 단순하고 겸양스럽고 절제된 형(形)의 해석, 그리고 그 같은 평온함과 중용(中庸)은 헬라스의 고전주의 미술에서 볼 수 있는 것들이다."[10]고 정리했다.

1940년에 고유섭(高裕燮)은 「조선미술문화의 몇 낱 성격」에서 한국미술의 특징으로 상상력과 구성력의 풍부함, 그리고 구수한 특징을 들면서 한국미의 특징은 질박(質朴), 담소(淡素), 무기교의 기교라고 규정하였다.[11] 여기서 말한 구수하다는 것은 순박한 데서 온 큰 맛을 뜻한다. 그는 이 '구수한 큰 맛'을 1941년 「조선고대미술의 특색과 그 전승문제」에서 다시 풀이하면서 그것을 '무기교의 기교'나 '무계획의 계획', 혹은 '무관심성'이라고 정리했다.[12] 그는 "보통 민가에 있어서도 추녀의 번앙전기(翻仰轉起)를 형성할 때 직목(直木)을 굴곡지게 기교적으로 계획적으로 깎지 아니하고, 이미 자연대로 굴곡진 목재를 그대로 얹어 만들어낸다. 이리하여 무관심성은 마침내 자연에 순응하는 심리로 변해진다. 우리가 구릉에 집을 짓고, 장벽(障壁)을 둘러쌓을 때 자연의 지형대로 층절(層節)지게 쌓는다. 그곳에 자연에 대한 강압이 없고 자연에

<hr />

10) Andreas Eckardt, op. cit., pp.197~199.
11) 高裕燮(1993a) 앞의 책. pp.31~38.
12) 高裕燮(1993b) 앞의 책. pp.16~18.

대한 순응이 있는 것이다"라고 기술하면서 '흙냄새'가 짙은 한국미술의 특징을 '구수한 큰 맛'이라고 표현했다. 정치(精緻)한 맛, 정돈된 맛에서는 항상 부족하지만 질박한 맛 둔후한 맛과 순진한 맛에서는 우수하다고 기술함으로써 한국미술은 작위적인 기교나 계획에 의한 것이 아니고 흙냄새 나는 예술임을 강조한 것이다. 여기서 언급된 '무기교의 기교'와 '무계획의 계획'이 고유섭 미학의 핵심 개념이라 할 수 있다. 그는 (무기교의) 기교와 (무계획의) 계획을 '생활과 분리되기 이전의 상태' 즉 '생활 자체의 본연적 양식화 작용'에서 나오는 것으로 봄으로써 한국미의 특질을 민예적인 것으로 귀결 짓고, 민예적인 성격 속에서 다시금 담소(淡素)와 질박(質朴) · 조야성(粗疎性)을 찾았다.[13]

1960년대 에블린 맥퀸(Evelyn McCune)은 한국미의 특징으로 '한국인의 살고 있는 세계에 대한 깊은 감정을 나타내는 보수성'과 '자연에 대한 사랑'으로 집약하면서 전자의 보수성도 후자의 자연에 대한 사랑으로 포섭된다고 보았다.[14] 조지훈(趙芝薰)은 소박미(素朴美)[15]를 한국미의 특징으로 보았으며, 최순우(崔淳雨)는 주로 순리(順理)의 아름다움, 간박(簡朴) 단순한 아름다움, 기교를 초월한 방심(放心)의 아름다움, 고요와 익살의 아름다움, 담담한 색감의 해화미(諧和美) 등의 어휘를 토대로 한국

---

13) 앞의 책.
14) Evelyn McCune(1962) *The Art of Korea-Illustrated History*. pp.20~21.
15) 趙芝薰(1966) 멋의 연구-한국적 미의식의 구조를 위하여. pp.357~443.

미술의 주된 아름다움을 간소미(簡素美)로 보았다.[16]

1970년대 김원룡(金元龍)은 「한국미술의 특색과 그 형성」[17]에서 이전까지 논의된 한국미의 특색은 주로 고려와 조선, 특히 조선도자를 중심으로 하여 도출된 것인데, "시대나 지역을 무시하고 한국미술의 특색을 공식화해 버리는 것은 불합리한 일이며, 설사 결론에서 그러한 통일된 공식이 나온다 하더라도 일단 지역적 · 시간적 분할고찰(分割考察)이 앞서야 할 것이다"고 지적함으로써 시대적 특색을 살필 것을 촉구했다. 그러면서 고구려는 북방 유목민들의 미술에서 볼 수 있는 예리하고 다이나믹한 성격인 '움직이는 선(線)'의 미를, 백제는 중국 남북조의 미적 특색에서 보는 차이와 같이 북의 고구려보다 평화롭고 낙천적이고 여성적인 '우아한 인간미'가 짙은 미적 특성을, 고신라는 일종의 '위엄과 고졸(古拙)한 우울'을 지니고 있다고 보았다.

비록 세 나라가 각각 특색을 달리 하고 있으나 이들을 묶어주는 삼국시대의 공통적인 성격에 대해 7세기 초를 고비로 한국미술은 더욱 강하고 잠재적인 자연주의에 의해 압도되었다고 분석하면서 "세부보다는 전체적인 인상, 냉철보다는 인간적 온화, 추상보다는 자연적 관조를 존중하는 한국적 자연주의[18]를 그 바탕으로 하고 있는 것이다"라

---

16) 崔淳雨(1992) 우리의 미술. pp.58~59. 강한 직관에 의존한 그의 미론은 논리적 보완이 필요하다는 지적을 받지만 1960~1970년대에 그가 내세운 미적 요소들은 이 분야의 학적 기반 형성에 중요한 역할을 했다.

17) 金元龍(1996) 한국미술의 특색과 그 형성. pp.16~36.

18) 한국예술 특징인 '자연성'은 고유섭의 '무관심성'이 제기된 이후 김원룡에 의해

고 기술하였다.

　여기서 그는 '자연주의'의 개념을 '추상과 편화'와 반대되는 개념, '대상을 있는 그대로 파악 · 재현하려는' 의미로 사용했다. 이와 더불어 '자연적 관조를 존중하는 한국적 자연주의'라고 표현하기도 했다.

　그런데 이때 '대상을 있는 그대로 파악 재현하다'는 개념으로 사용되는 자연주의와 '자연적 관조를 존중하다'는 개념으로 사용하는 자연주

'자연주의'로 규정됨으로써 통설처럼 받아들여졌다. "한국미술의 바다을 흐르고 있는 것은 자연주의라고 할 수 있다. 물론 추상이나 편화(便化)가 전혀 없는 것은 아니나 삼국시대부터 이조에 이르기까지 한국미술의 기조가 되고 있는 것은 자연주의다. …(중략)… 장인(匠人)이라고 불리우던 한국의 예술가들은 작품을 만드는 데 있어서 가능한 한 인공의 흔적을 줄이려는 경향이 뚜렷하다. 비록 사람의 손으로 만들기는 하였지만, 거기에서 사람의 냄새를 빼고 형(形)이나 색(色)이나 모두 자연 그 자체의 것으로 남기려는 의도가 있다. 아니 여기에 의도라는 말을 써서는 안 될지도 모른다. 이 장인들은 그러한 의도조차 가지고 있지 않기 때문이다(김원룡(1968), 앞의 책, p.4)." 그 후 「한국미술의 특색과 그 형성」(1973)에서 "한국 고미술의 특색은 시대나 지역에 따라서 조금 차이는 있으나 한편으로는 기본적인 공통성을 가지고 있다. 그것은 곧 대상을 있는 대로 파악 재현하려는 자연주의요, 철저한 '아(我)'의 배재이다. …(중략)… 이렇게 한국 고미술의 공통 특색은 결국 자연에 즉응하는 조화, 평범하고 조용한 효과 그리고 그 모든 것에 무관심한 무아무집(無我無執)의 철학이라고 하겠다(김원룡(1996), 한국미술의 특색과 그 형성. pp.31~32)." 그리고 그는 『한국 고미술의 이해』(1980)에서 '자연주의(naturalism)'를 '이상주의(idealism)'와 대비하여 '작가가 자연의 입장에서 서서 자연현상의 하나로서 작품을 만들어내자는 것'을 자연주의라고 하고, 이와는 반대로 '제작의 기준을 작가의 정신적 이상에 두는 태도'를 이상주의라고 하면서 한국미술은 '인공을 회피하는 자연에의 순응, 자연적인 것에서의 기호'로서 특징되는 자연주의라고 규정했다(김원룡(1980) 한국 고미술의 이해. pp.7~8).

의는 유럽 미술사에서는 전혀 다른 계열의 사조이기 때문에 구별해서 사용해야 한다. 전자는 리얼리즘(realism)으로 바꿔 쓸 수 있는 용어이고, 후자는 '자연으로 돌아가자'는 식의 루소식 사상에서 사용되는 개념이기 때문이다.[19]

요컨대, 유럽의 자연주의는 자연과 인간의 화합을 추구하는 경우일지라도 그것이 자아와 타자의 구별을 의식하는 데 반해, 동양의 자연주의는 나와 너의 구별이 없는 합일을 이상으로 삼는다. 그렇기 때문에, 김원룡이 한국미술의 기조를 이룬다고 주장하는 자연주의의 개념을 좀 더 명확하게 규정짓지 않으면 유럽의 미술 비평가들에게는 이해되지 않을 것으로 보인다.[20]

---

19) 유럽 미술사에서의 자연주의는 자연의 유기적 생명 형식에 눈을 떠서 행복감에 젖어 만든 작품일지라도 '자연물의 토대 위'에 형성된 객관주의적 개념이다. 자연주의라는 용어는 프랑스 문학에서 특징적으로 사용되었는데, 그것은 졸라의 문학정신에서 보는 대로 자아의 확대나 비현실적인 이상을 골자로 하는 낭만주의에 대한 반발로서 객관적인 사실주의를 추구했던 문학운동이었다.

20) 한국 미술의 특징을 '자연주의'라고 규정한 김원룡의 견해가 정설처럼 받아들여지는 가운데, '자연주의'라는 용어의 애매성이 있기 때문에 개념 규정이 먼저 제시되어야 한다는 주장이 제기되었다(조요한(1973) 예술철학. pp.285~286). 요컨대, 유럽 미술의 자연주의적 특색과 더불어 19세기 말 프랑스 문학에서 유행했던 자연주의와의 차이가 언급되어야 하고 유럽철학의 자연주의와 동양철학의 자연주의의 차이를 헤아려야 한다는 것이다(조요한(1981.겨울) 전통미와 정통의식. pp.53~54).
유럽 미술에서의 자연주의는 르네상스기에 자연물의 훌륭한 토대 위에 영원성을 추구하는 사조에서 일어난 것인데, 이때 화가의 눈은 거울이었고, 원근법이 화가의 문이었다. 한스 홀바인의 초상화 작품들이 그 대표적인 것이었다. 그 후 루소의 '자연으로의 회귀'와 같은 사상도 있었으나, 19세기의 과학적 발전에 의해 에밀 졸라는 인간과 사회환경의 진화과정을 엄밀히 표현할 수 있는 자연주의 문학관을 확립하였다. 이때 예술적 소재나 대상을 보는 작가의 객관적인 태도로, '자연의 사실성' 혹은 '자연의 인식'이 19세기 '자연주의'의 기조였다. 르네상스기 미술에서의 자연주의와 19세기 프랑스 문학에서의 자연주의 모두는 외적 진실의 객관적 재현과 그 재현을 위한 과학적 방법론이 공통된 특성이었다. 이러한 토대에서 본다면, '자연주의'가 우리 미술의 '자연주의적 특색'과는 거리가 멀다는 것을 알 수 있다.

동양미술은 초기부터 '자연으로의 접근'과 '자연순응'에 초점을 맞추고 있다. 그런데 이러한 특색은 "중국에 있어서 유교와 도교가 때때로 자연주의적이라고 지적되지만, 그것은 단지 그 용어의 제한된 의미에서만이 참이다. 그들은 어떤 자연주의적 철학의 체계도 포함하지 않았다"는 토마스 먼로의 언급에서 알 수 있듯 서양인들에게는 몹시 낯선 경향이었다. 그는 또 "초기의 도교가 자연을 따르려고 시도했다는 의미에서 '자연주의적'이지만, 몇 세기 후에는 도교가 생각했던 '자연'이란 선하고 악한 신들과 영혼들이 가득 찬 것이었다. 도교의 사고는 반합리적이며, 마법과 신비주의에 호의를 보이고 있었다."고 기술했다(Thomas Munro(1965) *Oriental Aesthetics*. p.132). 이렇게 보면, '자연주의'라는 용어의 다의성과 서양인들의 그 용어에 대한 선입견 때문에 엄격한 개념규정을 하지 않으면 보편적 용어로 사용되기가 어려울 것이다(조요한(1999) 한국미의 조명. p.314).

보링거는 나름의 독특한 개념으로 '자연주의'라는 용어를 사용하는데, 그에 따르면 '자연주의'와 '순수한 자연모방'과는 아무 관계가 없다. 서양에 있어서 자연주의의 전성기를 고대 헬라스와 르네상스에서 보는데, 그것은 '유기적-생명진실성에의 접근'이었다. 그것은 실물 그대로 묘사할 목적으로 이루진 것이 아니고, '유기적-생명진실성'이 가져다주는 행복감이 그 중요한 몫을 한 것이다. 따라서 그는 단순한 자연 모방과 자연주의를 동일시하는 것이 후일의 잘못된 해석이라는 점을 강조함과 동시에 자연주의의 심리적 전제가 '감정이입의 작용'임을 밝히고 있다. 이 같은 감정이입은 자연 유기체와 닮으려고 하는 인간의 내적 욕구를 말한다. 그리고 자연의 품에 안기는 순간에 갖는 행복감을 '무욕성(無慾性)'이라고 부른다. 이 '무욕성'은 인간을 그의 개인적 의식의 잡다성에서 해방시키는 것이고, 순수하게 유기적 존재의 혼탁하지 않은 행복감에 젖게 하는 것이다(Wilhelm Worringer(1908), *Abstraktion und*

한편 조요한(趙要翰)은 소박미(素朴美)와 해학미(諧謔美)를 한국미의 큰 줄거리로 부각시켰다. 그에 따르면 소박미의 철학은 노장(老莊)의 '무위자연'과 불교의 '있는 그대로'를 바탕으로 하여 인위를 거부하는 자연과 통한다. 그리고 해학미와 관련해서는 '어른 같은 아해' 등 고유섭의 해석을 따르고 있다.[21]

백기수(白琪洙)는 미의식을 통한 미학 정립에 힘썼는데, 그에 따르면 자연에 순응하는 것이 미의식의 구현체로서의 한국 미술의 특징이다. 그는 미의식을 자연 환경적 인자와 함께 정신적·문화적인 인자에 의해 제약되면서 형성되는 전통적 민족성에 토대를 둔 미적 문화의 주체의식이라고 정의했다. 즉, 한국인의 미의식을 형성하는 것은 한반도의 자연풍토이며, 그 속에서 예술의 생활화가 이루어졌고 특히 생활 속에서 예술을 도모했던 것이 한국민족의 특수성임을 강조한 것이다.

이러한 이론적 토대 위에서 그는 고유섭 미학이론에 의거하여 전통회화에 구현된 미의식을 자연에 대한 순응으로 해석했다. 요컨대, 전통적인 시형식(視形式)은 자연에 대한 직관적인 파악과 그것에서 환기되

Einfühlung-Ein Beitrang zur Stilpsychologie. pp.61~69 (조요한(1999) 위의 책. p.315에서 재인용)). 이러한 자연주의 개념을 택한다면 김원룡이 말하는 '자연주의' 개념 규정 중에서 '대상의 외형에 충실하려는 노력'과 '대상을 있는 그대로 파악 재현하려는' 개념을 삭제하고, '가능한 한 인공의 흔적을 줄이고' '자연에 적응하려는 조화'를 기도하는 부분만을 부각시켜야 할 것으로 보인다.

21) 趙要翰(1973) 앞의 책. pp.183~187. 그는 이러한 소박미를 미학 상 '의지결여(Willenslosigkeit)'라고까지 정의하였다.

는 정감을 바탕으로 한 소박함인데, 이러한 형식에서부터 자연스럽고 소박한 무기교의 미(美)가 창출되는 것이라 결론지었다.[22]

1980년대에는 그 동안 축적된 사료와 연구 방법론에 힘입어 미의식에 대한 문제의식이 고조될 수 있는 분위기가 조성되어 미술사와 미학이 만날 수 있는 접점이 개척되었다. 김정기 · 김리나 · 문명대 · 안휘준 등은 건축 · 조각 · 회화 등의 분야에서 양식에 입각한 분석을 가하여 각 시대의 미의식을 추출하였다.[23] 구체적 사례를 통해 시대미를 조명한 이러한 작업은 통시적인 미적 요소를 찾아내려고 했던 종래의 입장과 구별된다.

1980년대 중후반에는 미의식에 대한 연구의 관심이 더욱 심화되어 시간 단위를 한 시대로 세분하여 미의식을 집중적으로 논구하였다. 권영필(權寧弼)은 신라의 북방성의 유물들을 중심으로 그 원류지[스키타이계 · 사산계]와 연관 지으면서 신라인의 미의식을 소박주의와 해학성으로 가름하였다.[24]

한편 홍윤식(洪潤植)은 통일신라시대에 누구나 쉽게 접근할 수 있었던 정토사상을 신라인의 공통된 미의식으로 전제하여 정토적 인성인 염흔(厭欣) · 조화(調和) · 원만(圓滿) · 단정(端整) 등이 미술에 반영된 측

---

22) 白琪洙(1975) 美學序說. pp.183~187.
23) 김정기 등(1984) 한국 미술의 미의식. 참조.
24) 권영필(1985) 신라인의 미의식. pp.233~268.

면을 곧 미의식으로 보았다.[25] 그리고 1990년대 초에 강우방(姜友邦)은 원융(圓融)과 조화(調和)라는 불교사상을 한국미의 원리로 수용하여 원융과 조화 자체가 미(美)의 본질이요 원리가 되어 작품 안에 반영된다고 보았다.[26]

이상에서 살펴 본 한국미술의 특질에 대한 연구의 특징은 주로 거시적인 안목에서 이루어졌다는 데 있다. 그로 인해 주된 탐구 방향이 중국이나 일본의 미술과 대별되는 한국미의 특성을 큰 틀에서 규명하는 쪽으로 설정되었고, 그 결과 미술사 분야에서 개별 분과 별로 진행되는 심층적인 연구는 활발하지 못한 편이었다. 연구가 이루어지더라도 그 시기와 대상은 현전하는 물적 소산이 상대적으로 풍부한 고려와 조선의 도자·회화에 편중되는 쏠림현상이 두드러졌다.

그렇다고 하여 불상에 투영된 미의식과 조형사상에 대한 연구가 전혀 시도되지 않았던 것은 아니다. 삼국과 통일신라, 그리고 고려와 조선의 불상에 나타나는 시대양식을 규명하는 차원에서 불상에 드러난 미의식의 변천상이 몇몇 연구를 통해 논의되었다.

그 효시는 고유섭 선생이다. 그는 미술이 생활의 구체적 표현물이라는 관점을 견지하며 고대사회인 고(古)신라의 작품과 봉건사회인 통일신라의 작품을 비교했다. 그는 고신라 불상의 특징으로 신위의 장엄을 상징하는 정면성, 권력의 강대를 상징하는 수직성, 무제한의 행복을

---

25) 洪潤植(1987) 新羅人의 美意識과 淨土敎美術. pp.201~214.
26) 姜友邦(1990) 圓融과 調和. 참조.

상징하는 대량성을 꼽았다. 그러면서 이러한 특색들을 신관적 독재적 사회에서 배양된 특유한 것으로 보았다. 요컨대 고신라의 불상 조형은 당시 계급 사회와 능동적으로 상호작용 속에서 탄생한 것이며 봉건사회인 통일신라의 불상에서는 종합적 통제성이 드러난다는 것이다.[27]

한편 김리나에 따르면, 한국의 불상의 특징은 국제적 양식의 영향을 받았음에도 불구하고 특유의 인간미가 나타난다는 데 있다. 그는 삼국과 통일신라 불상의 미의식을 '꾸밈없는 밝은 얼굴 표정'과 '기교 없이 소박한 표현'이라고 규정하면서 세부 표현이나 기술적인 완벽성이 부족한 것은 전체적인 통일감과 생동감을 위해 희생된 것으로 보았다.[28]

고려와 조선시대 불상의 미의식은 문명대에 의해 연구되었는데 고려 불상의 미의식으로 '화려·고상한 궁정적 취향의 아름다움', '웅대·장려한 아름다움', '단정·우아한 형태미', '추상화시킨 토속미'를 꼽았고, 조선 불상의 미의식으로 '조형의 평면성', '방형의 구성미', '비사실성의 추구'를 추출했다.[29]

불상 조형을 대상으로 한 위와 같은 연구 성과는 한편으로는, 도자·회화·공예·조각의 전반을 아울러 한국미술 전반의 특질을 구명

---

27) 고유섭(1993a), 앞의 책. pp.217~220.

28) 김리나(1984) 한국의 고대(삼국·통일신라) 조각과 미의식. pp.59~92.

29) 문명대(1984) 한국의 중·근대(고려·조선) 조각과 미의식. pp.99~127. 고려 불상의 미의식으로 꼽은 단아 우아한 형태미, '단아미'에 대해서는 다음과 같은 지적이 따른다. "단아양식은 원래 도자기 묘사에서 시작된 것으로 아나 불상양식의 대명사로 성립될 수 있는지 생각해보아야 할 것이다(김리나(2004) 한국불교 조각 연구 어떻게 할 것인가. p.97)."

하던 경향에서 진일보했음을 보여주고, 다른 한편으로는 삼국시대 불상을 대상으로 미의식을 규명하는 연구가 본격적으로 진행된 것은 아님을 알려준다. 즉, 연구 대상의 범위가 한국 미술의 전 분야에서 조각 분야(불상)로 좁혀졌다는 사실이 곧 거기서 도출된 미의식의 구체성을 담보하는 것은 아니다.

이러한 맥락에서 볼 때 예컨대 다음과 같은 질문, '주로 공예품을 대상으로 도출된 '무기교의 기교'와 같은 한국미의 포괄적인 특질이 과연 종교미술작품인 불상에도 구현되고 있는가', '통시적 미의식이 과연 동시대 모든 불상에 투영되었는가', '만약 구현되었다면 어떤 측면에서 어떤 방식으로 표현되고 있는가' 하는 등의 질문에 명확한 답을 할 수 없다면 그 미의식은 여전히 포괄적이며 애매하다는 지적을 피해갈 수 없으리라는 것을 알 수 있다. 그러므로 포괄성과 애매성을 극복하기 위해서는 만일 국보 제83호 금동미륵보살반가사유상을 보면서 감흥을 받는다면 불상에 표현된 어떤 감각적 특질이 아름답다는 감정을 유발하는지, 그것을 배태한 미의식은 무엇이었는지에 대한 천착이 이루어져야 한다는 뜻이다.

요컨대, 불상에 투영된 미의식을 밝히고자 할 때 반드시 수반되어야 할 것은 선학들의 연구 성과 검토와 그것을 토대로 한 방법론의 모색이다. 따라서 지금까지 살펴본 한국미술의 특질에 대한 논의의 특징을 연구 방법론과 관련하여 되짚어 볼 필요성이 요청된다. 그 주된 특징으로 다음의 두 가지를 꼽을 수 있다.

첫째, 한국적인 미의 특징·정체성에 관한 논의가 심화되면서 한국

미의 구성요소로서 불교예술에 관한 연구가 시도되었다. 그로 인해 불교 미학의 방법론에 대한 타당성 검토가 미처 이루어지지 않은 가운데 불교 미학·예술론에 대한 논의가 한국 미학의 연장선상에서 행해졌다.

둘째, 한국미에 대한 거의 모든 논의가 야나기 무네요시의 방법론과 그의 권위에 빚지고 있다. 그런데 그의 민예 미술론은 한국적인 미를 고정적인 본질로 상정한 후 그것을 심리적으로 유형화했다. 그로인해 그의 한국미론은 역사적·사회적 맥락을 배제시킨 가운데 전개되었으며 종국적으로 민족성으로 귀착되었다. 이것이 문제가 되는 것은 그의 미론이 발표된 이후 이 방법론이 한국미를 논하는 하나의 전범(典範)으로 작용했기 때문이다. 그의 이론을 긍정하든 부정하든 한국 미술의 특질에 대한 논의는 그의 방법론에 근거하여 민족 특유의 미의식을 유형화·도출하는 범주 내에서 이루어졌다. 불교미론 역시 이러한 연장선상에서 전개되고 있기 때문에 한국미에 대한 야나기 무네요시의 논의와 유사한 문제점을 내포하게 된다.

주지하듯 야나기 무네요시의 불교미학은 그의 민예미술론을 뒷받침하기 위해 구축된 이론으로 다양한 불교 미술작품에 나타난 미적 특질에 기초하여 구성된 것이 아니라 조선 도자에 대한 그의 예술체험을 정당화하기 위해 구성된 것이다. 그는 미론의 사상적 근거를 아미타경에 나오는 법장비구의 48원 가운데 무유호추(無有好醜)의 원(願)에서 구했는데,[30] 불교 경전이나 불교 수행의 관점에서 미적인 것의 의미를 구한 것이 아니라 오직 무유호추원에 근거하여 불교 철학의 개념과 미적 개념을 등치시키는 방식으로 불교미학을 구성했고 '호추(好醜)'를 '미추(美醜)'라고 해석했기 때문에 문제가 될 수 있다.[31] 또한 호(好)를 미(美)라고 번역한 것이 타당한 것인가, 과연 동양의 미 개념을 서양의 미(beauty)와 동일하게 취급할 수 있는가 하는 문제도 논란의 여지가 있다.

불교사상에서의 미 개념은 대상의 본질을 지칭하지 않을 뿐만 아니라 대상의 형식적 속성을 뜻하는 beauty와도 등치시킬 수 없기 때문이다. 이러한 측면을 간과한 채 beauty의 번역어인 미를 불교사상에 적용하는 것은 불교사상을 근간으로 조형되는 불교 조형물의 본질을 왜곡시킬 우려가 있다.

그의 미론의 또 다른 문제점 중 하나는 가치의 절대성과 상대성을 혼동했다는 데 있다. 그는 미와 추에 대한 판단을 유보하는 것이 가치의 절대성을 확보할 수 있는 방법이라 오판하고 이 논리를 근거로 선과 악에 대한 판단을 유보하는 것을 정당화했다. 즉, 미의 영역과 도덕의 영역을 동일시함으로써 식민 논리를 합리화한 것이다. 그리고 여기서 한 발 더 나아가 그는 미적인 것과 종교적인 것을 동일한 것으로 간주했는데[32] 이것은 그에게 미가 곧 종교였기 때문에 가능한 논리였던

30) 야나기 무네요시(2005) 미의 법문. pp.55~59.
31) 앞의 책. p.57.
32) 앞의 책. p.50.

것이라 생각된다.

조선의 미에 대한 그의 숭배는 식민주의자의 연민이었고 그것이 불교미학의 형태를 취했기 때문에 더욱 매혹적으로 포장될 수 있었다. 조선 도자의 미를 아미타불의 정토라는 초시간적·초사회적 공간에 위치시킴으로서 역사적 관점을 배제한 채 영원한 본질을 찾았다. 그렇게 함으로써 야나기 무네요시는 그의 불교미학에 영원성을 부여할 수 있다고 믿었던 것으로 보인다.

그러나 엄밀히 말해서 그의 방법론은 불교를 삶의 맥락에서 고립시킨 것이며 불교미학을 고착된 과거에 대한 논의로 만들었다. 이 경우 불교가 시대와 공감하며 시대적 요청에 부응하며 상호작용하는 역동성이 배제된다. 더불어 문화현상으로서의 불교의 성격이 탈색된다. 그로 인해 불교의 현실 연관성과 해당 사회의 특수한 문화에 적응하며 시대적 과업을 수행하는 종교미술작품의 역량은 논외의 범주로 치부된다. 그러나 역사적·문화적인 맥락을 떠나 종교미술작품의 의미나 가치를 논하는 것은 불가능하다. 종교미술작품의 가치에 대한 논의에서 맥락과 의미망(網)의 상호작용이 배제될 경우에 그것은 신비화된다. 신비화됨으로써 생명력을 잃고 박제화되는 것이다.

위에서 검토한 기존의 인식 경향에 대한 반성에서 출발하는 이 연구에서는 삼국시대 불상에 나타나는 미적 특질과 그것을 배태한 미의식을 제작자와 불상, 그리고 일반 신도의 지향적인 관계와 상호작용을 고려하여 고찰하고자 한다.

불상은 선험적으로 주어진 자연지물이 아니다. 신앙에 토대하여 염원을 담아 제작하는 인공지물인 불교미술작품이다. 그런데 불상은 단순한 물적 대상이 아니라 예배대상인 존상(尊像)이다. 그렇기 때문에 보는 사람의 입장에서는 그것이 아름다움으로 전달되었을 때 신의 세계를 이해하는데 더욱 효과적이었을 것이라 여겨진다.

실제 많은 사람들이 불상을 두고 자비 · 지혜와 같은 관념의 형상화라고 하면서 그것에서 어떤 미가 느껴진다고 말한다. 이 연구는 이러한 미의 실체에 접근하기 위한 시론(始論)이라고 할 수 있다. 이 글에서는 불상에 나타난 미적 특질과 미의식의 실체가 과연 무엇인지, 아름다움이 어떤 표현을 통해 드러난 것인지, 또 그러한 표현을 가능하게 한 요인이 당시 사회의 미적 가치관과 관련이 있는 것은 아닌지 하는 측면을 불상과 인간 그리고 환경의 관계 속에서 탐구할 것이다.

3. 연구 범위와 방법

불상은 넓은 의미로는 불교와 관련되는 모든 상, 즉 부처의 상을 비롯하여 보살상 · 천부신장상(天部神將像) · 명왕상(明王像) · 나한상(羅漢像) 등이 포함되지만 이 연구에서는 그 범위를 예배의 대상인 존상으로 국한하여 삼국시대에 제작된 부처의 상과 보살상만을 택하고 그 외의 상은 제외시켰다.

삼국시대 불상의 주류를 이루는 금동불과 석불을 위주로 금동불 40점, 석불(납석불 · 마애불 포함) 17점, 소조불 2점, 총 59점을 택하여 이루어진 구체적인 대상은 아래 제시한 [표1]과 같다. 제작 연대나 국적이 뚜렷하거나 명문이 남아있는 불상은 우선적으로 연구 범위에 포함시켰다. 소형불인 금동불은 대좌·불신·광배를 모두 갖춘 경우가 드물기 때문에 상의 일부로도 구도·형태·선적인 특징이 삼국시대 작품임을 알 수 있는 것은 연구 대상으로 택했다.

[표 1] 삼국시대 금동불·석불 목록

	명칭	재질	형태	시대
1	연가칠년명 금동여래입상	금동불	입상	고구려(539)
2	국립중앙박물관소장 금동보살입상	금동불	입상	삼국 6c중엽
3	서산용현리보원사지출토 금동여래입상	금동불	입상	백제 6c중엽
4	군수리사지 출토 금동보살입상	금동불	입상	백제 6c중엽
5	부여 규암면출토 금동관음보살입상	금동불	입상	백제 6c후반
6	금동 계미명삼존불	금동불	입상, 삼존상	고구려(563)
7	황해도 곡산 출토 신묘년명금동삼존불	금동불	입상, 삼존상	고구려(571)
8	전 춘천출토 금동삼존불	금동불	입상, 삼존상	삼국 6c후반
9	건흥5년명 불상광배	금동불	–	고구려(596)
10	동경국립박물관소장 금동삼존불좌상	금동불	좌상, 삼존상	삼국 7c초
11	국립경주박물관소장 금동삼존불입상	금동불	입상, 삼존상	삼국 6c말
12	부소산성출토 정지원명 삼존불입상	금동불	입상, 삼존상	삼국 6c말
13	금동선정인여래좌상	금동불	좌상	삼국 7c초
14	양평출토 금동여래입상	금동불	입상	삼국 7c초
15	횡성출토 금동여래입상	금동불	입상	삼국 7c초
16	숙수사지출토 금동여래입상	금동불	입상	삼국 7c초
17	삼양동출토 금동관음보살입상	금동불	입상	삼국 7c초
18	경남 거창출토 금동보살입상	금동불	입상	삼국 7c초
19	국보 제78호 금동미륵보살반가사유상	금동불	반가사유상	삼국 6c후반

	명칭	재질	형태	시대
20	평양 평천리출토 금동미륵보살반가사유상	금동불	반가사유상	고구려 7c초
21	금동미륵보살반가사유상	금동불	반가사유상	삼국 6c말
22	국보 제83호 금동미륵보살반가사유상	금동불	반가사유상	삼국 6c후반
23	황룡사지 출토 금동미륵보살반가사유상 불두	금동불	–	삼국 7c초
24	양산출토 금동미륵보살반가사유상	금동불	반가사유상	삼국 7c초
25	방형대좌 금동미륵보살반가사유상	금동불	반가사유상	삼국 7c초
26	전 공주출토 금동미륵보살반가사유상	금동불	반가사유상	백제 7c초
27	안동 옥동출토 금동미륵보살반가사유상	금동불	반가사유상	신라 7c초
28	국립중앙박물관소장 금동미륵보살반가사유상	금동불	반가사유상	삼국 7c초
29	전 경남출토 금동미륵보살반가사유상	금동불	반가사유상	신라 7c초
30	국립중앙박물관소장 금동여래입상	금동불	입상	신라 7c초
31	강원도 영월출토 금동보살입상	금동불	입상	삼국 7c초
32	충남 공주의당출토 금동관음보살입상	금동불	입상	백제 7c초
33	충남 부여규암출토 금동관세음보살입상	금동불	입상	백제 7c초
34	경북 선산출토 금동관음보살입상	금동불	입상	삼국 7c중반
35	경북 선산출토 금동관음보살입상	금동불	입상	삼국 7c중반
36	호암미술관소장 금동관음보살입상	금동불	입상	삼국 7c중반
37	금동탄생불	금동불	입상	삼국 7c초
38	호암미술관소장 금동보살입상	금동불	입상	삼국 7c중엽
39	전북 김제출토 동판여래삼존불좌상 틀	금동불	좌상, 삼존불	삼국 7c중엽
40	전북 김제출토 동판반가사유상 틀	금동불	반가사유상, 삼존불	삼국 7c중엽
41	원오리소조보살입상	소조불	입상, 좌상	고구려 6c
42	군수리출토납석제 불좌상	(납)석불	좌상	백제 6c
43	정읍 보화리 석불상	석불	입상	백제6c말~7c초
44	전북 익산 연동리 석불좌상	석불	좌상	백제 7c전반

	명칭	재질	형태	시대
45	제원군읍리출토 납석제 불보살 병립상	(납)석불	입상, 병립상	신라 7c
46	경주 송화산 석조반가사유상	석불	반가사유상	신라 7c
47	경주배리석조삼존불입상	석불	입상, 삼존상	신라 7c
48	경주남산삼화령삼존불	석불	의좌상, 삼존상	신라 7c
49	경주남산불곡석불좌상	석불	좌상	신라 7c
50	봉화북지리반가사유상	석불	반가사유상	7c
51	군위석굴삼존불	석불	삼존상	7c후반
52	예산화전리사면석불	(납)석·마애불	입상, 좌상	백제 6말~7c초
53	태안마애삼존불상	마애불	삼존상	백제
54	서산마애삼존불상	마애불	삼존상	백제 7c
55	단석산 마애불상군	마애불	–	신라 7c
56	경주 남산탑곡마애불상군	마애불	–	신라 7c
57	경주 서악마애삼존불입상	마애불	입상, 삼존상	신라 7c
58	봉화 북지리마애불좌상	마애불	좌상	신라 7c
59	영주 가흥동마애삼존불상	마애불	좌상, 삼존상	7c후반

이와 같이 선정한 삼국시대 불상에 대해 다음과 같은 주안점을 두고 서술하고자 한다.

Ⅰ장은 이 논문의 연구 목적을 밝히고 미의식에 관한 연구사 검토 및 연구 범위와 방법을 서술하는 장이다.

Ⅱ장에서는 불상에 투영된 미의식을 논의하기에 앞서 먼저 한국 미술 혹은 불교 미술에 관련된 담론에 대해 미학이라는 용어와 그 학문적 방법을 적용하는 것이 과연 타당한가 하는 문제를 검토하여 삼국시대 불상의 미에 대해 논하고자 하는 이 연구의 입지를 마련하고자 한다.

그러기 위해 고대 한국 문화에서의 미의 위상과 불교 사상에서의 미의 위상의 살펴봄으로써 성스러운 가치와 미적인 가치가 만나는 지점을 검토할 것이다. 이 검토를 통해 삶의 세계에서 삶의 감정에 기초하여 미 · 예술 · 미술 · 미의식의 개념을 정립한 고유섭 선생의 정의와 이론적 토대에 입각해 불상이 갖는 예술작품으로서의 특징을 규정하고자 한다.

나아가 이러한 토대 위에서 개념이나 논리가 아닌 예술 상징으로써 사람들에게 제시되는 불상 표현에 나타나는 특징들을 살펴보고 이 특징의 개념을 명확히 규명하고자 한다. 지금까지 불상에 표현된 미적 상징에 대한 언급은 사실주의와 자연주의, 그리고 추상주의 등의 개념이 혼재되어 이해하기 어려운 경향이 있다. 그렇기 때문에 불상의 미적 특징으로 도출된 개념을 먼저 정의하고 그에 관한 내용을 서술하는 방식으로 논의를 전개하고자 한다.

Ⅲ장은 삼국시대 불상의 조형사상과 구원론적 역할에 대해 살펴보는 장이다. 종교는 문화의 형태로 수용되는데 종교와 존상의 수용자가 일반 대중이므로 기층문화에 대한 이해가 요구된다.

기존 신앙을 배척하지 않은 불교의 포용력으로 말미암아 모든 대상에 생명이 있다는 재래의 믿음이 공존할 수 있었고, 그로 인해 예술적 상상력은 고취 · 진작되었고 모든 조형물에 생명성을 고조하려는 미의식이 풍미했다. 또한 시조신 · 수호신 관념으로 인해 불보살에 대한 당시 사람들의 인식이 혈연으로 맺어진 친근한 유대감에 근거했을 가능성이 존재한다. 이러한 가능성을 검토하는 가운데, 불상을 조성하고 바라보며 예불했던 사람들이 불상 조형을 통해 실질적으로 얻고자 했던 바가 과연 무엇이었을지 살펴볼 것이다. 특히 중점을 두어 고찰하고자 하는 측면은 불상에 반영되는 종교적 상징 · 의미와 더불어 인간적인 가치와 미의식이다.

Ⅳ장은 불상의 양식적인 특성을 분석하는 장이다. 삼국시대 불상은 현재 남아있는 작례가 많지 않고 또한 출토지가 확실하지 않다. 현전하는 작품의 경우에도 문헌기록을 통해 제작국과 제작 연대가 뒷받침되는 사례가 드물어 분석과 해석에 어려움이 따른다.

그러므로 이 장에서는 분석의 주안점을 삼국간의 양식을 분명히 구별하고자 하는 데 두기보다 연구 대상으로 선정한 삼국시대 불상들을 전체적으로 분석하면서 삼국 간의 양식이 어느 정도 구별되며 또 어느 정도 공유되는지 그 큰 흐름에 초점을 맞출 것이다. 분석방식은 전체적인 구도적 특징과 세부적인 형식면의 특징으로 나누어 검토하여 삼국의 불교 조각의 발달 · 전개 양상에 주목하겠다.

삼국시대 불상과 이것에 양식적 모티프를 제공한 중국의 상들을 비교하여 도상적 의미를 파악하고 양식적인 계보를 세우는 비교연구 역시 불상을 이해하기 위한 실증적인 접근방법일 것이라 여겨진다. 그러나 중국과 한국, 그리고 일본 불상의 상호연관성에 대한 보다 심층적인 연구는 차후의 과제로 설정하고, 본 연구에서는 삼국시대 불상의 미적 특질을 배태한 미의식 탐구에 주력하고자한다.

Ⅴ장에서는 Ⅳ장에서 도출한 불상의 미적 특징을 통해 표출되는 미적 가치관을 규명하고자 한다. 특히 원만(圓滿)과 무애(無碍), 그리고 화합(和合)의 가치에 주목하여 이러한 가치가 불상 조형에 끼친 영향을 파악하겠다.

붓다의 신체적 특징을 제시한 32상 80종호가 정형화된 형용으로 규정된 것에 주목하여 이 특징을 원만과 관련하여 서술하고자 한다. 이와 더불어 입상과 반가사유상에 나타나는 정적인 가운데 동적인 요소를 추구하는 표현으로부터 무애를, 독존상(獨尊像)에 비해 조화·균형의 사상이 시각적으로 충실하게 구현되는 삼존상(三尊像)에 나타나는 가치로부터 화합을 도출하고자 한다.

Ⅵ장에서는 해석과 전통, 그리고 미의식과 전통의 관계에 주목하여 미와 양식의 본질에 접근할 것이다. 대상에 대한 인간의 인식은 해석을 통해 이루어지는데 먼저 이러한 해석 작용에 전통이 매개됨을 밝히고 이 토대 위에서 미와 양식의 변천 양상을 받아들여야 하는 필요성에 대해 서술하겠다. 이러한 일련의 과정을 통해 궁극적으로는 삼국시대 불상을 포함한 각각의 불상에 대해 전체 조각사의 흐름 속에서 그것이 제작된 시대의 관점으로 바라보아야 하는 당위성을 해명·강조하고자 한다.

Ⅶ장은 이 논문의 결론으로 전체적인 사항을 종합하여 서술하겠다.

Ⅱ. 불상을 보는 관점

불상에 투영된 미의식을 논의하기에 앞서 먼저 검토되어야 할 문제가 있다. 한국 미술 혹은 불교 미술에 관련된 담론에 대해 미학이라는 용어와 그 학문적 방법을 적용하는 것이 과연 타당한가 하는 문제이다.

주지하듯, 미학은 서양 근대에 시작된 학문이다. 그렇기 때문에 서양의 근대적 사고에 의해 형성된 미학이라는 학문과 예술이라는 개념을 한국 예술에 적용하는 것이 가능한 것일까 하는 의문이 제기될 수 있다. 예컨대, 정치학이나 사회학과 같은 경우에는 비록 그러한 학문이 없었던 전통에서라도 서양 근대 학문의 성과를 받아들여 그러한 관점을 적용시켜 재구성하는 일은 크게 문제되지 않는다. 비록 그와 같은 학문의 틀이 존재하지 않았다 하더라도 어떤 집단에서든 그러한 사태는 존재했기 때문이다.

그러나 미학의 경우, 예를 들어 고대 한국 문화에서 조각 · 회화 · 음악·시와 같이 서양과 유사한 활동이 존재했다 하더라도 그것을 예술 또는 미적인 것이라고 묶을 수 있는 관념이 존재하지 않았다면 서양 미학의 개념과 틀을 그대로 적용하는 것은 문제가 될 수 있다. 왜냐하면 미학은 객관적 사태를 다루는 학문이 아니라 의식의 영역에서 일어나는 가치에 관한 학문이기 때문이다.

서양 미학 이론의 기본적인 문제들은 형식상 근대적인 것이지만 모두 과거로부터 물려받은 개념들이기 때문에[33] 서양의 고대와 중세의 미학사를 근대적 관점에 따라 구성하는 작업은 충분한 정당성을 획득할 수 있다. 반면 그러한 역사적 과정을 거치지 않은 한국 문화의 구조 속에 서양의 사고를 그대로 적용하는 것은 문화와 사고를 왜곡시킬 위험이 있다.[34]

그러나 서구 근대적 사고의 소산을 동양미술에 적용할 때 발생하는 문제점에 공감하더라도 현재의 해석적 지평을 완전히 배제할 수 없기 때문에 현실적인 타협점 마련이 요청된다. 왜냐하면 오늘날 연구자들

---

33) 이러한 입장에 대하여 서양에서도 근대 이후 성립된 미학이라는 학문의 관점에 따라 서양 고대·중세 미학사가 재구성되었다는 사실을 지적하고 동양 미학도 그렇게 구성될 수 있지 않느냐는 반론이 제기될 수 있다. 그런데 기억해야 할 점은 서양 근대의 관점은 근본적으로 서양 고대로부터 발전되었다는 사실이다. 서양 고대·중세 사상 속에 그 같은 근대적 형태의 미학 이론은 없었지만 그러한 미학 내용을 구성하고 있는 미학 사상들, 곧 미와 예술이라고 불리는 활동과 그 소산에 대한 철학적 혹은 신학적 논의로서의 미학 사상들과 그들 사상을 구성하는 개념들이 없었던 것은 아니다(오병남(2003) 미학강의. p.xv).

34) 위의 책. pp.528~529.

에게 이미 내재되어 있는 서양 미학의 관념들을 전적으로 배제하는 것이 불가능하기 때문이다. 어떤 대상이 미적인지 아닌지를 판별하는 연구자의 관점을 배제한다는 것이 가능하지 않기 때문에 결국 어떤 형식으로든 현재적 관점에서의 '미적인 것'에 대한 정의가 개입되기 마련이다. 그러므로 현대 미학에서 사용되는 미적인 것이라는 개념을 통해 우리의 예술현상을 이해하는 것이 어느 정도는 용인되어야 한다.

하지만 이 가치는 서양 근대의 경우처럼 다른 가치와 분리되거나 독립된 것은 아니다. 고대 한국에서 그 가치는 정치와 도덕, 그리고 초월적인 가치와 통합된 것이었다. 그럼에도 그것은 감성적인 측면이 두드러지기 때문에 '감성적 인식의 학'[35)으로서 미학의 연구 대상이 될 수 있다고 여겨진다.

더구나 이 연구의 목적이 한국 미학 내지 불교 미학의 개념을 엄밀하게 정의하는 것이 아니라 불상에 구현된 미적 특질과 그것을 배태한 미의식을 탐구하는 것이므로 '미적인 것'이라는 개념의 현재적 지평을 적용하는 것이 허용될 수 있을 것으로 여겨진다. 이러한 전제를 토대로 이하에서는 고대 한국 문화와 불교사상에서의 미의 위상을 살펴 미와 성(聖)의 관계를 파악하겠다. 나아가 이러한 토대 위에서 미와 미술, 그리고 미의식에 관한 개념을 정립하고자한다. 그리고 예술상징으로 표현되는 예술작품으로서의 불상의 성격을 고찰하겠다.

---

35) 竹內敏雄 · 안영길 외 옮김(2003) 美學辭典. p.197.

1. 고대 한국 문화와 불교 사상에서의 미의 위상

1) 고대 한국 문화에서의 미의 위상

고대 한국 문화에서의 미의 위상과 의미를 파악할 수 있는 문헌자료
가 있다면 그것은 삼국시대 불상의 미적 특질과 그것을 만든 사람들의
사고구조를 이해하는데 지침이 될 수 있을 것이다. 이러한 관점에서
볼 때『삼국유사』에 서술된 혁거세 신화의 중요성이 부각된다. 바로 이
신화에 미의 위상과 그 의미를 파악하는 데 도움이 되는 자료가 등장
하기 때문이다. 혁거세와 알영의 인물 묘사에 '미(美)'라는 단어가 직접
사용되었다.

주지하듯, 혁거세는 신성한 존재로 인식된 시조(始祖)이다. 신화에
나타나는 신성관념은 불교 수용 이전부터 존재하던 성(聖)에 대한 관념
을 알 수 있게 한다는 측면에서 사료적 가치가 크다. 이미 존재했던 신
성관념이 불교 수용을 통해 불보살로 대체되며 확립되는 방식을 보여
주기 때문이다. 이러한 정황은 불상·불탑 출연 연기 설화가 시조(국조)
신화에서 시조가 출현하는 구조를 그대로 원용했다는 데서 확인된다.
불상은 시조의 등장 방식과 같은 방식—하늘에서 강림하거나, 땅에
서 솟아오르거나, 바다에 표류하는 방식—으로 등장한다. 이것을 통해
불교를 수용한 당시의 사람들의 신성관념에 토대하여 불보살의 신성
함을 이해한 것임을 알 수 있다. 이러한 견지에서 볼 때 시조신화에서
신성관념이 '미'와 연계되어 표현되고 있다는 점은 매우 시사적이다.

당시 사람들이 신성관념과 미의식의 관계를 이해할 수 있는 단초가 되기 때문이다. 혁거세 신화에서 미가 어떤 방식으로 언급되는지 파악하기 위해 먼저 그 구조와 내용을 살펴보면 다음과 같다.

"전한 지절 원년(B.C.69년) 3월 초하루에 6부의 조상들은 자제를 거느리고 알천의 언덕 위에 모여서 의논을 하였다. "우리들은 아직 백성들을 다스릴 임금이 없어서 백성들이 방자하기가 이를 데가 없소. 그러니 덕 있는 사람을 찾아(① 盍覓有德人) 임금을 삼고 나라를 세워 도읍을 정해야 하지 않겠소." 이리하여 그들이 높은 곳에 올라가서 남쪽을 바라보니 양산 밑에 있는 나정 곁에서 이상한 기운이 땅에 닿아 비추고 있었다. 그런데 그 곁에 백마 한 마리가 꿇어 앉아 절을 하고 있는 형상을 하고 있었으므로 그 곳을 찾아가 살펴본즉 자줏빛 알 한 개가 있었다. 말이 사람을 보더니 길게 울고는 하늘로 올라가 버렸다. 그 알을 깨어보니 사내아이가 나왔는데(② 剖其卵得童男) 모양이 단정하고 아름다웠다(③ 形儀端美). 모두 놀라고 이상하게 여겨 그 아이를 동천에서 목욕을 시키자 몸에서 광채가 나고 새와 짐승이 더불어 춤을 추니 이내 천지가 진동하고 해와 달이 청명하여졌다. 그로 인하여 그 아이를 혁거세왕이라고 이름 하였다. 위호는 거슬감이라고 하였다. 당시의 사람들은 서로 앞 다투어 치하를 하였다. "이제 천자가 하늘에서 내려왔으니 당연히 덕이 있는 왕후를 찾아 배필을 삼아야 할 것이오(④ 宜覓有德女君配之)." 이 날 사량리에 있는 알영정 주변에 계룡이 나타나 왼쪽의 갈비에서 계집아이를 낳았다(⑤ 生童女). 얼굴과 모습이 매

우 고왔으나(⑥ 姿容殊麗) 입은 닭의 부리와 같았다. 월성의 북천에 가
서 목욕을 시키니 그 부리가 떨어졌으므로 그 내를 발천이라고 하였
다.”[36]

이때 신화에 등장하는 ③'형의단미(形儀端美)'라는 용어에 주목할 필요
가 있다. 여기서 다양한 미의 유형 가운데 선택된 '단미(端美)'라는 용어
는 석탈해 신화에 나오는 '궤를 열어보니 단정한 남자아이가 하나 있
었다(有端正男子)'[37]는 경우의 '단정(端正)'이라는 표현과 상통하는 것으
로 보인다. 요컨대 단미는 신라인이 생각한 하나의 미의 전형이었다
고 볼 수 있다. 여기서 미는 우선 외형적이고 감각적으로 존재하는 것
으로 파악된다. 이러한 경향은 알영을 묘사하는 ⑥'자용수려(姿容秀麗)'

---

36) 前漢地節 元年壬子(古本云 建虎元年, 又云 建元三年等, 皆誤)三月朔, 六部
祖各率子弟, 俱會於閼川岸上, 議曰:「我輩上無君主臨理蒸民, 民皆放逸, 自
從所欲, 盍覓有德人, 爲之君主, 立邦設都乎!」於時, 乘高南望, 楊山下蘿井
傍, 異氣如電光垂地, 有一白馬跪拜之狀. 尋撿之, 有一紫卵(一云靑大卵), 馬
見人長嘶上天, 剖其卵得童男, 形儀端美. 驚異之, 浴於東泉(東泉寺 在詞腦野
北), 身生光彩, 鳥獸率舞, 天地振動, 日月淸明, 因名赫居世王(盖鄕言也. 或
作弗矩內王, 言光明理世也. 說者云, 是西述聖母之所誕也. 故中華人讚仙桃
聖母, 有「娠賢肇邦」之語, 是也. 乃至雞龍現瑞産閼英, 又焉知非西述聖母之
所現耶!) 位號曰居瑟邯(或作居西干, 初開口之時, 自稱云「閼智居西干」一起,
因其言稱之. 自後爲王者之尊稱), 時人爭賀曰:「今天子已降, 宜覓有德女君
配之.」是日, 沙梁里閼英井(一作娥利英井)邊, 有雞龍現而左脇誕生童女(一
云龍現死, 而剖其腹得之), 姿容殊麗, 然而脣似雞觜, 將浴於月城北川, 其觜
撥落, 因名其川曰撥川(『三國遺事』卷 第1 奇異 第 1 新羅始祖 赫居世王).
37)『三國遺事』卷 第1 奇異 第 1 第四 脫解王 條.

라는 표현에서도 드러난다. 형의(形儀)라는 말과 자용(姿容)이라는 말은 외형적인 모습을 가리킨다는 점에서 공통적이다.

이것으로부터 알 수 있는 것은 첫째, (내용적 실체라기보다는) 형식적 측면에 관계되는 표현에 미(美)가 사용되고 있다는 점이다. 그리고 둘째, 미(美)가 인간(② 童男)과 관련되어 나타나고 있다는 점이다. 백마와 같은 천상의 존재나 새나 짐승 혹은 해와 달, 나무 등의 자연지물과 관련되어 사용되지 않고 인간과 관련되어 사용되었다. 그러므로 셋째, 미를 인간의 영역에 속하는 가치로 간주하고 있음을 알 수 있다.

그런데 주지해야 할 점은 6부 촌장들이 희구한 바는 방일한 백성들을 다스릴 덕인(德人)이었다는 것이다. 그들에게 필요한 가치는 미(美)가 아니라 덕(德)이었다. 그러나 사료에는 덕인이 출현했다는 언급 대신 단미한 동남의 탄생이 기록되어 있다. 혁거세뿐만 아니라 알영의 경우에도 같은 패턴이 되풀이 되었다. 사람들은 유덕녀(有德女)를 찾아 배필로 삼기를 원했으나 정작 출현한 것은 동녀(童女)였다. 이때 덕은 삶을 통해 축적되는 인격적 가치이므로 어린 아이를 설명하는 표현에는 적합하지 않기 때문에 도덕적 가치 대신 미적 가치를 끌어들인 것으로 짐작된다.

여기서 도덕적 가치와 미적가치가 분화되지 않은 고대의 사고 구조를 확인할 수 있다. 신화의 구조를 통해 드러나는 것은 단미하고 수려한 존재가 바로 덕을 갖춘 최고의 인격자임을 전제하고 있다는 사실이다. 미는 덕의 상징으로서 표현되었다. 도덕적 성질과 미적 성질은 동질적인 것으로 취급되고 있으며 덕은 미로써 드러난다는 사고를 살펴

볼 수 있다.[38]

이상에서 고대의 신성관념과 미에 대한 관념이 어떻게 관계를 맺고 있는지 검토했다. 더불어 미적인 것이 인격적 가치의 상징임을 확인할 수 있었다. 사람들의 이러한 인식이 절대자를 형상화할 때 최고의 미를 구현하고자 하는 동인(動因)으로 작용했을 것이라 생각된다.

불교에서 예배의 대상인 불상은 깨달음을 얻어 해탈한 자를 형상화한 것이다. 신인이형(神人異形)의 십일면관음상이 등장하기 이전의 불보살상은 인간과 같은 이미지(神人同形)로 구체적으로 형상화되었다. 그렇기 때문에 초인적 존재인 불·보살은 동시에 이상적인 인간상이기도 했다. 그러므로 불·보살상의 신체표현이 이상화·미화되는 배경에는 경전과 교리적인 측면은 물론 이와 더불어 인간의 염원이 담기는 측면이 분명히 존재함을 알 수 있다. 불상에 구현된 미에 대한 논의에 이러한 측면이 고려된다면 불상의 미적 특질과 그것을 제작한 당시 사람들의 미의식을 이해하는 데 한걸음 다가서게 될 것이다.

2) 불교사상에서의 미의 위상: 방편으로서의 미

종교미술은 절대적인 것을 유한한 형상으로 표상하기 위해 상징을 사용한다. 그 중에서도 예배대상으로 제작되는 불상의 경우에는 기본

---

38) 민주식(2001) 한국미의 근원-신화와 미의식-. pp.162~166.

적인 도상(圖像)의 의미가 교리와 결부되어 설명된다. 그렇지만 불상에 나타나는 형식과 의미 · 내용 사이에 모두 상징적 관계를 설정하는 것은 불가능하다. 따라서 이러한 이 간극을 메우고자 하는 시도로서 불교 교리로부터 미학적 내용을 추출하여 미학 체계를 구성하는 방법을 모색하게 된다.

그러나 불교 교리로부터 불교 미학을 구성하려는 시도는 다음과 같은 문제점을 내포한다. 먼저, 서구의 관점에서 형성된 미학을 억지로 불교에 적용시킨 것이 아니냐는 의구심으로부터 자유롭지 못하다. 사실 미에 대한 논의는 불교사상과 실천의 주된 관심사항이 아니다. 그러므로 미적인 것에 대한 논의는 자칫 불교 사상의 맥락에서 벗어나 그 본래의 의미와 기능을 잃어버릴 위험성이 있다.

다음으로, 불교 교리에는 불교 미학이라고 부를만한 사상이 따로 존재하지 않는다. 이로 인해 출발부터 한계에 봉착하게 된다. 불교의 이론적 관심은 불교의 목적인 고(苦)로부터의 해탈을 위하여 실제적인 마음의 작용에 관한 논의나 깨달음을 가능하게 하는 수행론에 집중되어 있다. 그러므로 서양철학의 진 · 선 · 미와 같은 가치체계는 존재하지 않는다.

특히 선종은 마음에 대한 체계적 설명조차 깨달음에 필수적이지 않다는 입장을 취했다. 불립문자를 주장하고 종래의 교학 불교마저 부정했다. 수행마저 부정하는 돈오사상은 일체의 현상적인 것들의 가치를 부인하고 그것에 대해 논의하지 않는다. 이러한 체계에 예술의 가치나

미적 인식에 대한 설명이 들어설 자리가 없는 것은 당연하다.[39]

그럼에도 불구하고 9세기 중반 중국 유학을 통해 선종을 신라 사회에 도입하는 데 앞장 선 진감선사 혜소(慧超)는 지리산 쌍계사에 육조혜능의 영당을 짓고 벽을 채색하여 장식함으로써 중생제도에 널리 활용한 바 있다.[40] 그때의 명분은 중생을 즐겁게 하고자 채색을 섞어 중상(衆像)을 그린다는 것이었다.[41] 심지어 불립문자의 강력한 의지를 표방했던 선종에서조차 감각적인 형상을 빌리고 있다는 사실로부터 불교 사상의 미학적 근거에 대한 연구가 요청된다.[42]

이러한 견지에서 대승경전에 눈을 돌려 볼 필요가 있다. 불보살 조성이 적극 장려되었던 대승경전의 구조는 보살이 그의 서원력을 바탕으로 수행하고 그 수행력에 의해 건설된 불국토에서 중생을 구제하는 것으로 되어있다. 아미타의 정토 경전 이외의 대승경전은 보살의 서원력에 의한 수행 과정이 방대한 분량으로 서술된 반면 성취된 불국토의 장엄에 대해서는 극히 간략하게 기술하거나 무량수경이 설하고 있는 바와 같다고 언급한다. 그런데 유독 『무량수경(無量壽經)』은 보살의 서원력과 그에 의한 수행은 간단한 경과조치로 설하고 그에 의해 성취된

---

39) 명법(2009) 선종과 송대 사대부의 예술정신. pp.7~8.

40) 한국고대사연구회편(1992) 역주한국고대금석문. p.76.

41) 求那跋陀 譯, 『楞伽阿跋多羅寶經』 卷1 一切佛語心品(『大正藏』 권16, p.484c); 남동신(2010) 미술사의 과제와 역사학. p.93에서 재인용).

42) 감각적인 형상과 문자를 배격하는 이면에는 예술 친화적인 특징이 내재되어 있는 것이 아닌가 하는 의구심마저 든다.

불국토의 아름다운 세계를 상세히 설한다.[43] 무량수경은 극락의 장엄을 주제로 하여 그것을 상세히 묘사한다.

　예컨대 극락세계는 풍요롭고 편안하고 아름답고 많은 인천(人天)으로 가득 차있고 윤회가 없는 곳이다. 보석으로 깔린 평탄한 대지는 칠보로 장식되어 있고 각종 아름다운 수목이 번성하고 언제나 아름다운 향기가 난다. 바람이 불면 묘음(妙音)을 발하여 음악의 세계를 연출한다. 또한 대지에는 아름다운 강이 있어 아름다운 향내를 내고 물 흐르는 소리는 묘음을 발한다. 요컨대, 극락세계는 수림(樹林)과 지수(池水)로 장엄된 곳인데 그 장엄은 아름다운 모습과 묘음을 기본으로 한다.

---

43) 반야경에서도 정토(淨土)를 말하고 정토교 경전에서도 정토를 설하고 있다. 이때 반야경에서 말하는 정토는 정불국토(淨佛國土)의 약칭이고 정토교 경전에서 말하는 정토는 극락정토(極樂淨土)의 약칭이다. 반야경의 정불국토는 범어로 parisuddhi, 정토교 경전의 극락정토는 sukhavati로 그 어원을 달리 한다. 반야경 사상과 아미타신앙의 특징을 비교해 볼 때, 반야경은 법을 중시하고 정토교 경전은 신앙을 중시하는데서 기인한다. 이들 양 경전의 구조를 살펴보면, 반야경은 정불국토의 건설의 과정에 중점이 주어져 보살대사라고 하는 위대한 보살들을 정점으로 하는 보살의 수행력이 강조되나 이들 보살들의 수행력에 의해 건설된 정토의 모습은 소략한 편이다. 반면 무량수경에서는 법장보살이 극락정토를 건설하는 과정은 이미 있었던 것으로 소략하게 설하고 있는 반면에 법장보살의 수행력에 의해 건설된 극락정토의 장엄에 대해서는 구체적으로 설하고 있다. 그것은 아미타여래에 의해 범부중생이 구제되는 사실을 밝히고 있는 것이다. 여기서 중요한 것은 극락정토가 아름다움의 극치로 묘사되고 있다는 사실이다. 극락정토의 모습은 사람들에게 깊은 미적감흥을 불러일으킴으로써 일종의 구제를 수행하는 것이다(홍윤식(2001) 정토교와 불교예술. pp.15~16).

즉, 미술적 · 음악적 소재가 내포되어 있다.[44]

여기서 주지할 점은 극락의 정토는 초자연적 정신세계임에 틀림없으나 불전에서는 자연적인 현실세계로써 묘사하고 있다는 것이다. 이때 현실의 자연에 빗댄 표현은 방편으로써 대승불교의 지향점—모든 중생의 구제—과 잘 부합된다. 요컨대, 언급된 정토의 광경은 중생의 구제를 위해 묘사된 것으로 볼 수 있다. 그러므로 이 경전은 아미타의 극락정토에 대한 동경심이 신앙심을 고취시킬 수 있다는 믿음에 근거하여 서술된 경전이라 여겨진다. 따라서 이 세계에 대한 동경심이 불교적 예술세계를 형성할 수 있는 토대로 작용했을 가능성이 존재한다. 극락에 이르고자 하는 왕생신앙이 불교적 예술세계를 전개시켜 나가게 한 동인(動因)이라 생각되기 때문이다.

극락세계는 자비의 방편으로 서방에 건설되었다. 이때 그것이 방편이기 때문에 진실이 아닌 것으로 오해되곤 한다. 그러나 방편을 결국 버려지는 것으로 이해하는 이와 같은 태도는 지양되어야 한다. '방편'이란 범어로 우파야(upāya)라고 하는데, 이 말은 '접근하다', '도달하다'에 해당하는데 '가까이 가다'라는 뜻이 있어서 접근 · 방편 · 권(權) · 인연(因緣)의 의미로 사용된다.[45] 단적으로 말하면, 방편은 가화(假化)가

---

44) 홍윤식(1998) 정토교와 문화예술. pp.76~79.
45) 방편에는 세 가지 뜻이 있다. 첫째, 방(方)은 법(法)이요, 편(便)은 용(用)이다. 둘째, 방은 문(門)이나 능히 통하는 것이므로 진실로 통한다는 뜻이다. 셋째, 방은 비(秘)요, 편은 묘(妙)의 뜻이다. 비는 묘이니, 법은 사량(思量)할 수 없으므로 비요, 그것의 나타남은 묘다(홍법원 편집부(1988) 佛敎大辭典. p.474).

아니라 진(眞)을 떠나지 않는 것이다. 예컨대 부처가 중생을 구하기 위해 화(化)하여 나타난 화신불(化身佛)을 거짓이 아니라 자비의 진신(眞身)으로 이해하는 것처럼 방편도 이러한 의미로써 이해되어야 한다는 의미다. 정토는 권적으로 불심(佛心)을 열어서 그것이 진실임을 보인 것이며 정토를 보여주는 방편으로써 중생을 왕생케 하려는 의도이다. 이러한 견지에서 대승불교시대에 용수는 '자비'라는 말 대신 '방편'이라는 말을 많이 썼다. 그리하여 방편이라는 말이 깨달음을 얻게 하는 수단이 된 것이다.

청정·묘락의 극락의 세계를 형상화하여 보는 사람들에게 극락에 대한 동경심을 불러일으키고 환희심과 안락을 느끼게 한다면 그것은 방편으로써 깨달음과 중생제도를 함께 이룩하는 것이 된다.

불교의 궁극적 목표는 깨달음에 있다. 중생교화는 사람들에게 깨달음을 구하겠다는 마음을 갖게 하고 깨달음을 얻는 실제 방법을 알려주는 것이라고 할 수 있다. 실제 모든 경전이 깨달음에 이르는 여러 방법

한편 원효는 법화경종요에서 방편을 설명하면서 방편에는 네 가지 뜻이 있다고 했다. 그 첫째는 부처님의 방편지(方便知)로 설한 교(敎)이며, 둘째는 부처님이 중생의 근기가 되는 업(業)에 따라서 분류한 것이고, 셋째는 이것과 저것을 비교하기 위해서 나누는 것이며, 넷째는 진실과 진실이 아닌 것을 나누어 진실에 상대하는 것이라고 했다. 그러면서 여러 가지 방편문은 진실의 모습이라고 하면서 어떤 경우에나 방편문을 열어 삼승을 집착하는 소견을 멸하며, 일승의 지혜를 내게 했다고 말하고 있다. 그러므로 서방에 정토가 있어서 아미타불이 설법하시는 곳으로 왕생하기를 원하여 염불하라고 가르치는 것은 방편설이며 진실한 우리의 근본일심인 것이다.

을 제시하고 있으며 깨달음을 구하겠다는 마음을 갖게 하는데 가시적 형상인 불·보살상이 적극 기여하는 것이라 생각된다.

신인동형의 범주 안에서 불·보살상이 제작되는 경우에는 그에 대한 숭앙이 곧 이상적인 인간상의 추구와 맞닿기 때문에 인격적인 감화력이 발휘되는 측면이 있다. 한편 규모나 형식에서 신인동형의 범주를 벗어난 경우에는 초인적 존재에 대한 무한한 동경심이 그 원력에 대한 의탁으로 화하여 안락감을 느끼게 하는 측면이 존재한다. 요컨대, 존상의 범주가 어디에 속하든 감각적 형식을 통해 감각에 직접 영향을 미친다는 측면에서 경전과 교리로 결코 환원될 수 없는 신상의 가치가 자리매김 되는 것이다.

멀고도 가까운 곳이 바로 극락이며 정토와 예토, 불(佛)과 범(凡)이 불이(不二)라는 것을 드러내 보이고자 할 때 현실 세계에서 미적인 것을 그 방편으로써 취하는 것은 그것이 그만큼 효과적이기 때문이다. 미는 개념적 매개나 추론 없이 그 자체로 고유한 감각에 직접 작용하여 감정을 영속시킨다. 그러므로 불상에 나타나는 미적인 요소는 동경심을 불러일으키고 환희심을 느끼게 하여 그러한 안락함을 느끼는 이곳, 부처님의 품 안이 바로 정토임을 일깨우기 위한 방편으로 결코 거짓된 것이 아니다.

비록 선종의 경전이긴 하지만『유마경(維摩經)』의「문수사리문질품(文殊師利問疾品)」에서는 "방편은 지혜에 의하지 않으면 속박이 있게 되고 방편에 의하지 않으면 지혜에도 속박이 있게 된다. 지혜와 방편이 서로 의지하고 있을 때에는 해탈이 있다."고 한다. 이것을 배에 비유하여 일체 중생을 피안으로 가게 하는 배와 같다고도 말한다. 이것은 방편과 반야(般若)가 둘이 아닌(不二) 관계를 말하는 것이므로 이 둘은 서로 원융 관계임을 보인 것이다. 그래서 반야와 방편을 나누지 않고 반야방편(般若方便)이라고 하는 것이다. 깨달음과 중생제도가 함께 따르기 때문이다.

이와 마찬가지로 불교 조형물을 통해서 궁극적으로 추구하는 것은 미가 아니다. 성(聖)에 다가가고자 하는 인간의 마음이 미적인 형식을 그 방편으로 삼는 것이다. 이러한 견지에서 위 인용문에 언급된 '지혜'에 '신심(信心)'을 대입하면, 불상과 그것의 표방하는 가치, 그리고 깨달음이 맺는 관계가 선명해진다. 신앙과 종교의 맥락을 떠나 불상을 이해하는 것은 불가능하다. 하지만 그것이 미적인 형식을 취하는 한 거기에 담기는 가치는 종교적인 것에만 한정되지 않는다.

2. 미, 미술, 미의식

삶의 감정과 그 총체성에 입각하여 미와 미술에 대한 관점을 제시한 고유섭 선생의 견해는 종교 조형물에 나타나는 미를 이해하는 데 있어 시사하는 바가 크다. 그에 따르면, 미(美)는 '종합적(綜合的) 생활감정(生活感情)의 이해작용(理解作用)'이며, 예술은 그 종합적 생활감정이 가장

풍부하게 표출된 산물이다.[46]

아름다움은 미(美)이고 미는 예지적 가치이므로 예지적 가치가 뜻하는 바가 무엇인지 파악하게 된다면 아름다움의 의미를 보다 명확히 알 수 있을 것이다. 그는 지(知)·정(情)·의(意)에 대해 각각 진(眞)·선(善)·미(美)가 대응되는 식의 구분에 대해 이의를 제기하면서 다음과 같이 쓰고 있다.

"이곳에 知·情·意를 배합시킨 것은 구식적 분류형식에 영향된 생각이요, 지금의 나는 그리 생각하지 않는다. 즉 理에도 知·情·意가 함께 있고, 美에도 知·情·意가 함께 있고, 善에도 知·情·意가 함께 있는 것으로, 즉 심리학적인 知·情·意의 三分과 가치론적인 知·情·意의 三分요소는 서로 배합되지 않는 것으로 생각한다."[47]

인용문에 따르면, 아름다움은 감정과 관계가 있지만 즐거움만의 문제가 아니라 지적 요소와 의지의 요소도 지닌 미분화된 종합적인 마음의 상태 혹은 차원에 관련된 가치이다.

요컨대, 아름다움은 미이고 미는 하나의 가치인데 그 가치의 성격은 예지적이다. 그런데 예지적 가치는 지·정·의의 세 요소에 관련되어 있다. 이러한 아름다움이 미적 가치이념 혹은 미적이념이라는 말로 표

---

46) 高裕燮(1993a) 앞의 책. p.72.
47) 고유섭(1993a). 위의 책. p.5

현된다.[48]

하지만 고유섭은 아름다움이 가치를 지시함을 언급하면서도 그것이 지시하는 바에 대해서는 구체적으로 명시하지 않았다. 다만 "미(美)는 확실히 일종의 가치 표준이다. 그것은 변화하는 차별상(差別相)을 가진 한 개의 사상(事相)인 동시에 확고불변한 보편상을 가진 한 개의 가치이다"[49]라고 함으로써 가치표준으로서의 미는 '보편적 가치'임을 밝혔을 뿐 아름다움이 어떠한 의미에서 보편적인 가치인가에 대해서는 언급하지 않았다.

따라서 미가 어떤 의미에서 보편적 가치인지 만약 구수한 큰 맛과 같은 미적 가치 범주들 중 하나를 지시하는 개념이라면 어떠한 의미의 유개념을 가리키는 것인지를 밝힐 필요가 있다. 그러기 위해서 그가 미적 이념과 관련시켜 제시한 '미의식' 개념을 주목하고자 한다.

"미술(美術)이란 것은 심의식(心意識)에서 말한다면 기술(技術)에 의하여 미의식(美意識)이라는 것이 형식적으로 양식적(樣式的)으로 구형화(具形化)된 작품이라 하겠고, 가치론적(價値論的) 입장에서 말한다면 미적(美的) 가치, 미적(美的) 이념(理念)이 기술을 통하여 형식에, 양식에 객관화(客觀化)되어 있는 것이라 하겠다."[50]

---

48) 고유섭(1993b) 앞의 책. p.15.
49) 고유섭(1993a) 앞의 책. p.71.
50) 고유섭(1993b) 위의 책.

여기서 미의식이 뜻하는 것은 미적 의식에 대응하는 미적 이념이 있다는 의미가 아니라 미의식 속에 미적 이념이 함께 있음을 밝힌 것으로 보인다. 그리고 이때 미의식이라는 말에는 현상학적 사고가 깔려있음을 알 수 있다.

현상학에 있어서의 의식이란 항상 무엇에 대한 의식이다. 이러한 의식의 특징은 항상 무엇을 지향하며 무엇에 관계한다는 데 있다. 그것은 대상과 떨어져 있는 공허한 주체의 의식이 아니라 무엇인가를 의식하고 있는 의식이며, 무엇에 어떤 의미를 부여하고 있는 중의 의식이다. 그러므로 의식과 대상, noesis로서의 미의식과 noema로서의 미적 이념은 필연적인 불가분의 지향관계임을 알 수 있다.[51]

이러한 특징으로 인해 현상학적 의식은 우리가 일상 속에서 하는 경험적 의식과 구분된다. 이러한 구분으로 미의식의 실체가 해명되는 것이 아님에도 불구하고, 그는 '미의식은 시대마다 바뀐다'는 식의 설명 이외에는 더 이상의 언급을 하지 않았다.[52] 그런데 미의식의 문제는 미

---

51) 훗설의 現象學은 의식이 어떤 대상으로 향할 때 일어나는 일을 서술하는 '방법'이다. 이것을 위해 현상학은 훗설이 '현상학적 변이'라고 부르는 것을 사용한다. 이것은 본질을 향하는 시각적 관점들을 상상적으로 변이시켜 봄으로써 어떤 불변적인 것을 드러낸다. 본질은, 플라톤의 주장과 달리, 그것을 향하는 활동으로부터 분리될 수 없다. 한 대상을 향하는 의식의 활동(지향성)과 그 대상 사이의 상호관계에 주목하기 위해, 훗설은 전자를 노에시스(Noesis), 후자를 노에마(Noema)라고 부른다. 대상을 향하는 주체와 관련하여 그 대상의 초월성은 존재하지 않는다(엘리자베스 클레망外著 · 이정우譯(1996) 철학사전. pp.353~355).

52) "조선(朝鮮) 고미술(古美術)의 특색은 무엇이냐. … 시대의 변천, 문화의 교류

의 본질의 문제나 다름없는 것이기에 미의 본질을 어떻게 규정하고 있는지 살펴보고자 한다.

미의 본질 규명에 앞서, 일단 지금까지 언급된 개념들을 다시 한 번 종합해보면 다음과 같다. 아름다움은 美이고, 미는 일종의 보편적 가치인데, 그 가치는 '지격'의 예지적 가치이다. 예지적 가치로서의 미는 지·정·의와 관련되어 있는 미의 이념이다. 이때 미의 이념은 미의식과 불가분의 지향관계에 있다. 이러한 미의 이념의 외적 구현이 바로 미술이다.

문제는 여기서 '예지적 가치'가 뜻하는 바를 해명하지 못한다면 여전히 위의 개념들을 명확하게 이해하기 어렵다는 데 있다. 예지적 가치의 의미에 접근하기 위해서 이하에서는 "아름다움은 종합적 생활 감정의 이해작용이다"는 정의적 구절로 돌아가 이 정의에서 고유섭이 사용한 '생활', '감정' 등의 개념을 검토하고자 한다.

먼저 '생활'이라는 말은 정신적 존재로서의 인간이 숨 쉬고 사는 삶, 혹은 자연 속에서 자연과 더불어 문화를 만들어 가는 생명 정신이다.[53]

(交流)를 따라 여러 가지 층절(層節)이 있음은 두말할 필요가 없다. 그러나 그만한 변천을 통하여 흘러 내려오는 사이에 「노에마」적으로 형성된 성격적 특색은 무엇이냐, 다시 말하자면 전통적(傳統的) 성격(性格)이라 할 만한 성격적 특색은 무엇이냐(고유섭(1993b) 앞의 책. p.16)"고 하면서도 노에마적으로 형성된 성격적 특색에 대해서는 구체적으로 언급하지 않았다. 悲哀나 적조 등에 대해서는 그에 해당되는 대상의 미적 성질을 말하면서도 막상 아름다움을 구성하는 성질에 대한 언급이 없다.

53) 당시 철학계에서 유행하던 "Leben"이라는 개념은 온갖 과학에 의해 추상화된

개념상의 차이가 있기는 하지만 철학에서 '삶' 혹은 '생명'은 기본적으로 원초적인 세계에 관계된 말이다. 거기에는 지 · 정 · 의 구분이 없다. 여러 가치가 미분화된 채로 존재하는 직접적인 경험의 세계이다. 그렇기 때문에 삶은 의식으로서의 한 주체와 대상 간에 개념화할 수 없는 관계로 맺어진 생생한 역동이다. 그러나 이 삶에도 의식이 작용하는 한 거기에는 감각 · 감정 · 의지 · 판단 · 이성 등 여러 형태의 정신이 작용한다. 이러한 정신의 세계가 다름 아닌 삶의 세계(Lebenswelt)이고 인간의 모든 활동(앎)의 뿌리이다.[54]

다음으로 생활감정에서 '감정'이라는 말을 이해하기 위해서 훗설의 "감정작용(Gefühlsakt)"이라는 개념의 도움이 필요하다.[55] 감정작용은 감정이라는 하나의 의식작용을 가리키는 말로서 비지향적인 감각적 감정과 구별되는 개념이다. 이 감정작용을 훗설은 "가치지각

일상적 의미로서의 "Leben"이 아니다. 실제 고유섭은 창조를 설명하는 대목에서 " … 무형(無形)된 능력이란 것이 유형(有形)된 형태를 얻는 곳에 창조적(創造的) 활동(活動), 즉 창조라는 것이 있다고 해석한다. 이것이 인간 생활의 또는 생명 그 자체의 구체적 생존양상이나, 한 손은 인과율(因果律)에 한 손은 자주의지(自主意志)에 파묻고서 움직이고 있음이 곧 생명의 지속상(持續相)이다(高裕燮(1993a) 앞의 책. p.23)"라는 말을 하고 있다. 과학과 실증주의는 이러한 삶의 차원을 망각하고 있다는 점에서 그것을 회복하고, 그것에 오히려 모든 앎의 기초가 있다는 사실을 강조하는 취지해서 내세운 주장이다.

54) 한전숙(1992) 생활 세계적 현상학; 이종훈(1992) 생활세계의 역사성 참조(오병남(2005) 高裕燮의 미학사상에 대한 접근을 위한 하나의 자세. p.75에서 재인용).

55) 이길우(1996) 현상학의 감정 윤리학 참조(오병남(2005), 위의 글. p.76에서 재인용).

(Wertnehmung)" 또는 "가치감(wertfühlen)"이라는 말로써 표현한다. 이때 감정작용은 곧 "가치화 작용(wetender Akt)"을 뜻한다. 즉 가치를 인식하는 의식작용이라는 말이다.

예를 들어, 미술 평론가가 회화나 조각의 작품을 두고 그것을 평가하는 것은 가치화 작용이 아니라 일종의 이론작용이다. 가치화 작용이란 우리가 거기서 가치를 일으키는 대상과 함께 살고 느끼는 그러한 의식 작용이다. 그것은 의식만도 아니고 그 의식의 대상만도 아닌 양자가 얽혀있는 의식, 곧 현상학적 경험으로서의 현상이다. 즉, 음악을 들을 때 우리가 그것을 즐기면서 거기 흠뻑 빠져 있는 것이 가치화 작용이다. 음악 평론가는 그러한 몰두의 상태로부터 한 걸음 물러나 그 음악과 거리를 두고 객관적으로 그 음악을 평가한다. 이 후자의 평가는 가치화 작용이 아니라 이론적 태도에서 수행하는 이론적 의식작용인 것이다.

우리가 흔히 말하는 예술작품의 가치란 이 같은 의식의 가치화 작용 곧 감정작용을 통하여 혹은 감정작용에서 직접적으로 의식되는 것을 말한다. 여기서 직접적으로 의식되는 가치는 음의 성질을 매개 혹은 토대로 한 그 음악의 아름다움이다. 따라서 기본적으로 의식의 한 능력으로서의 감정작용이 지향하는 것은, 예컨대, 바이올린의 감각적 소리가 아니라 소리를 매개로 한 아름다움 자체이다. 다시 말해, 감정작용이 지향하는 것은 감각적 표상으로서의 소리가 아니라 그 소리에 토대를 둔 관념으로서의 아름다움이다.

아름다움과 같은 가치가 하나의 관념적 대상인 것은 그것이 가치지각의 대상이면서 오직 실재적 대상을 토대로 삼아서만 구체적으로 주어지기 때문이다. 아름다움은 우리가 직접 느끼는 가치이지 감각적 표상내용으로부터 논리적으로 추출하여 얻게 되는 것이 아니다.

즉 감정작용에서는 그 대상의 가치, 곧 미가 감정작용 속에서 직접적으로 지각된다. 요컨대 훗설에게 감정은 가치를 인식하는 의식적인 작용이다. 우리가 색을 지각하듯 가치를 의식하는 가치지각이 곧 가치직관(價値直觀)의 의미이다.

앞서 '종합적'이라는 말은 지ㆍ정ㆍ의가 뚜렷하지 않은 채 미분화된 의식 상태라고 규정했다. 분명히 존재하지만 분화되지 않은 총체적인 삶의 차원에서 감각적 표상을 매개로 감정이 작용하여 아름다움을 지각 혹은 직관하게 된다면 그것이 다름 아닌 의식적 감정으로서의 이해작용이다. 그것이 곧 미의식이며 미적 직관이다.[56] 지금까지의 논의한 미와 미술, 그리고 미의식의 관계를 정리하면 다음과 같다.

아름다움이란 근원적 삶에 토대를 둔 감정의 가치지각으로서, 미술은 그렇게 체험된 미적 의식과 미적 이념을 "기술(技術)을 통하여 미적 형식으로 객관화하는 활동이요, 그 소산"이다. 이때 아름다움, 즉 미의 이념이 보편적 가치인 이유는 미적 의식의 미적 이념이 바로 미의 본질이 되고 있기 때문이다. 그리고 그러한 미적 이념에 관련된 활동이 곧 미술이다. 즉 미술은 생활에 근거하고 기술로부터 시작되는데 기술

---

56) 오병남(2005) 앞의 글. pp.75~77.

이 생활의 구체적인 방편인 까닭에 미술은 곧 생활의 구체적 표현물인 것이다.[57]

위에서 살펴본 미를 지각하는 방식과 미와 미의식의 관계를 우리가 불상을 통해 절대자를 인식하는 방식과 비교해보면 세 가지 유사점이 존재한다. 첫째, 아름다움이 가치직관의 대상이면서 실재적 대상을 토대로 할 때만 구체적으로 주어지기 때문에 우리가 직접 느끼는 가치이자 관념적 대상이듯, 붓다 역시 제작된 구체적인 불상을 통해서 우리에게 인식되는 직관의 대상이자 관념적 대상이다. 절대자에 대한 인식은 불상의 형식을 분석하고 논리적으로 추론함으로써 이루어지는 것이 아니다. 음악을 들을 때 그것에 몰두하여 흠뻑 취해서 아름다움을 느끼듯, 불상을 볼 때 그 미적형식에 빠져들어 절대자를 직접 인식하는 것이다.

둘째, 미(美)와 미의식(美意識)의 관계처럼 불상 역시 한편으로는 제작자와 다른 한편으로는 대중과 지향적인 관계에 놓이는데 이 관계는 우리가 불상과 맺는 본질적인 관계이다. 불상을 매개로 양자의 경험이 통일된다는 의미에서 그러하다. 제작하는 과정과 완성된 불상을 바라보는 과정이 종합적으로 통합될 때 그것이 예술작품으로 인식되는 것이다. 즉, 일반 신도들도 조각가가 의식적으로 구성한 조직화 과정에 상응하여 형식 안에 있는 전체의 요소들에 질서를 부여한다.

___

57) 高裕燮(1993a) 앞의 책. p.158.

이러한 재창조행위가 없다면 눈앞의 대상은 불상으로 지각되지 않을 것이다. 대중은 단지 완성된 형식을 불상으로서 받아들인다고 생각하기 쉽지만 무엇인가를 받아들이는 데에는 창작자의 활동에 비견되는 것이 포함되어 있다. 수용하는 것 역시 일련의 반응행위들로 구성되는 하나의 과정이다. 받아들이는 것은 이미 알고 있던 것에 대한 의식의 정점에 무엇인가를 올려놓는 것이 아니라 그 이상의 것, 즉 재구성을 의미한다.

그러므로 대상을 바라보는 것은 곧 대상 자체의 속성과 바라보는 주체의 본성 사이의 상호작용을 뜻한다. 여기서 본다는 것은 대상의 요소들을 기계적으로 암기하듯 기록하는 것이 아니라 중요한 구조적 패턴들을 파악하는 것을 의미한다. 요컨대 능동적 행위와 수동적 행위가 형식 속에서 결합되는 것이다.

조각가는 자신이 행하고 있는 것에서 지각적으로 미적인 만족을 얻을 때까지 꼴을 다듬고 수정하기를 부단히 반복할 것이다. 그리고 그 결과가 좋게 경험될 때 비로소 작품으로 완성되는 것이다. 그러므로 진정 미적이어야 예술작품이 된다고 할 수 있다. 제작 과정 중에 보는 사람의 입장이 충분히 고려될 때 작품 완성 후 보는 사람의 내적 시각화가 보다 원활해지는 것이다. 이러한 견지에서 볼 때, 제작·예불의 대상인 불상과 조각가, 그리고 일반 신도의 지향적인 관계와 더불어 불상의 미적형식에 나타나는 특징에 대해 살펴볼 필요성이 대두된다.

3. 예술작품으로서의 불상의 특징

예술작품으로서의 불상의 특징을 물적 존재로서의 불상의 특징과
불상의 구체적인 미적표현에 나타나는 특징으로 나누어 고찰하고자
한다. 특히 후자, 즉 불상의 미적 특징을 언급하는 개념들은 미술사 연
구에서 명확하게 정립되지 않았다. 그로인해 같은 용어를 사용하면서
도 서로 다른 의미를 가리키는 견해들이 난립하므로, 개념 정립 및 정
의는 적극적인 검토가 요망되는 영역이라 할 수 있다.

먼저 객관적으로 존재하는 물적 존재로서의 삼국시대 불상이 갖는
특징을 살펴보겠다. 첫째, 불상은 시대정신의 소산이다. 삼국시대 불상
은 고구려 · 백제 · 신라의 시대정신[58]과 맥을 같이 하는 문화의 산물이
다. 따라서 당시의 정치적 · 종교적 신념으로서의 불교 교리에 대한 이
해가 필요하지만 그러함에도 불상은 교리 · 경전 자체와 구분된다. 그
것은 개념적으로 대표되는 것이 아니라 조형적으로 표현된 예술적인
상징형식이기 때문이다. 예술상징이므로 불심(佛心) 충만했던 당시 사
람들의 상상력을 비롯한 불교에 대한 정서적인 측면을 엿볼 수 있다.

이러한 의미에서 삼국시대 불상의 형식은 그 시대를 호흡하며 살아

---

58) 시대정신(Zeitgeist)은 문자 그대로 어떤 특정 시대를 풍미한 감정 상태와 사고
경향을 의미한다. 일반적으로 번역하지 않고 원어인 '자이트가이스트'로 통용
된다. 미술 용어에서 시대정신은 어떤 시대나 특정 시기에 전반적으로 보이는
고유한 속성을 의미한다(월간미술 엮음(2002) 세계미술용어사전. p.272).

온 그 시대 사람들의 생활상을 반영한다고 할 수 있다. 예컨대 삼국시대 불상은 당시 사람들의 삶과 정서에 질서를 부여함으로써 형상화한 상징형식이기에 우리는 상징을 통해서 내적인 삶의 형식들을 인식할 수 있다. 그렇기 때문에 불상을 두고 마치 그 당시 사람들의 '맥박이 뛰는 것 같다'는 표현이 가능한 것이다.

불상 제작을 위해서는 도상 이외에 구체적인 모델이 요청되었을 것이다. 실제 모델을 선정하여 그들의 좋은 점을 선별적으로 취합했을 수도 있고 막연하게 그 당시를 풍미하던 상상적 차원의 이상형이 반영되었을 수 있다. 또한 관법 수행을 통해 수행자의 관념 속에 존재하는 부처를 구체적인 형상으로 만들어낸 것을 불상과 불화라고 보더라도 불상의 상호가 그 시대 사람의 모습과 특징을 갖는 것은 자연스러운 결과이다.[59] 그렇기 때문에 인도나 중국의 것과는 구별되는 삼국시대 특유의 불상을 볼 수 있는 것이다.

둘째, 불상은 (감각적) 형식과 (정신적) 의미의 융합이다. 예술적 상징형식으로써 불상이 갖는 특징이 있는데 그것은 물리적으로 현존한다는 것과 의미로써 드러난다는 것이다. 이때 상징에 있어 물적(物的) 측면을 강조하는 까닭은 정신은 반드시 그것의 신체적인 구현을 통해서 드러나기 때문이다. 정신적인 것은 절대적으로 물질적인 표현을 요구하는데, 조형예술은 감각적 형태를 통해 의미가 발현되기 때문에 상

---

59) 고혜련(2011) 미륵과 도솔천의 도상학-佛說觀彌勒菩薩上生兜率川經에 근거하여. p.247

(像)이 표방하는 정신적인 측면만을 강조하는 경우에는 감각적인 측면을 과소평가한다는 비판을 피할 수 없게 된다.

감각은 통합적으로 작용하는 전인적(全人的)인 것이므로 '정신적 경험'이라는 허상에서 벗어날 필요가 있다. 불상 역시 정신성 그 자체는 아니다. 전체적인 구조와 질서, 독특한 형식과 선 등의 물질적 요소를 통해 표현되기 때문이다.

이러한 견지에서 볼 때 점·선·면과 같은 조형요소는 도구에 불과한 것이 아니라 제작 과정에 있어서 본질적인 요소라고 할 수 있다. 바로 이러한 형식적 요소 때문에 조형예술작품은 다른 어떠한 방식으로 대체될 수 없는 것이다. 어떤 관념이나 정서의 표현을 상징으로서의 예술작품이게 하는 힘, 우리가 그 예술상징에 고유한 가치를 부여하게 하는 힘은 그러한 내용의 고유한 형식화(질서화)에서 나온다.

그러므로 불상의 형식 혹은 양식을 논하는 것은 불상조형의 총체성을 논하는 한 방법이라고 할 수 있으며 그렇기 때문에 내용[정신]만으로 불상을 평가하는 태도는 해석의 오만을 야기하는 동시에 형식에 대한 확장된 해석을 간과하게 된다. 불상은 대자대비(大慈大悲), 즉 불성(佛性)의 화신(化身)이다. 만약 정신[내용]이 불상 존재의 핵심이라면 '어째서 불성의 표현이 다종다양한 것인지', '왜 똑같은 외양을 가진 불상은 존재하지 않는 것인지'에 대한 답을 할 수 없을 것이다. 그보다 더 근본적으로는 굳이 불상 조성을 할 필요가 없었을지도 모른다.

그러므로 불상에 대한 이상적인 접근과 논의는 불상을 통해 표방하려는 정신에 관한 언급에 형식에 대한 언급을 녹여내는 것이라 할 수 있다. 우리가 정신과 신체를 갖춘 전인(全人)으로서 존재하듯 불상 역시 형식과 내용의 전일체로서 존재하는 것이다.

지금까지 살펴 본 두 가지 특성을 예술작품의 형식과 내용의 측면에서 정리해보면 다음과 같다. 일단 형식이란 예술작품의 외부적 측면, 즉 내용이 표현되는 구조, 요소들과 그 요소들 서로의 관계의 전체성을 뜻한다. 형식이 내용의 존재 방식이자 대상의 표면 현상이라면, 내용은 예술작품에 있어서 그 안에 포함된 것, 미적 대상의 정신적인 것이나 내적인 면에 의존하는 미적 가치 체계를 가리킨다.[60] 그러므로 예술과 형식은 불가분의 관계로 서로 분리되지 않는다. 존재하는 제 요소들과 예술적 변용 과정을 통합하여 일정한 존재로 만드는 것이 형식이며 내용은 그 안에 통합되어 있는 것이다.

셋째, 불상(상징형식)을 조형하는 것은 인식의 기능을 수행하는 것이다. 불상을 포함한 불교조형물은 절대자 혹은 이상세계의 구현이자 곧 그것에 대한 해석이다. 해석이 조각가에 따라 혹은 시대에 따라 각기 다를 수 있기 때문에 불성(佛性)의 조형적 표현인 불상 형식이 다양한 것이다. 이와 같은 해석을 조형예술은 개념을 통해서가 아니라 감각적 형식을 통해 성취한다. 조각가가 발견하는 것은 개념적인 법칙이나 의미가 아니라 표현 형식이다. 조각가가 해석하고 구성하여 눈앞에 제시한 구체적인 불상들을 바라보면서 사람들은 그것을 '절대자'라고 인식

---

60) 월간미술 엮음(2002) 앞의 책. p.522.

한다. 그렇기 때문에 형식을 만든다는 것은 동시에 그러한 형식을 인식하는 것과 통한다.

위와 같은 특징을 갖춘 예술상징으로서의 불상 표현의 주된 특성은 비가시적인 것을 가시화하는 것이기에 필연적으로 상징적이다. 그리고 절대자는 인간과 다를 것이라는 믿음에 기초하여 표현되기 때문에 이상화되고 그로 인해 초월성을 띠게 된다.

조각가는 예술적 상징형식을 만듦으로써 성(聖)의 차원을 정립하고 규정하고 이에 대응하여 관자(觀者)인 우리는 조각가가 표현한 것을 신의 세계라고 인식한다. 조각가, 불상, 그리고 일반 신도의 관계에서 불상은 조형의 미적 형식을 통해서 사람들과 상호소통하게 된다. 그렇기 때문에 불상의 미적 특질을 논의하기 위해서는 먼저 불상의 미적 형식과 그것이 불러일으키는 미적 효과에 대해 살펴볼 필요가 있다.

먼저 구체적인 불상조형에 나타나는 특징은 크게 보편성과 특수성으로 나눠볼 수 있다. 이때 절대자의 모습은 32상(相) 80종호(種好)와 같은 차별상으로 드러나고 그로인해 상징체인 불상은 이상화되고 초월성을 띠게 된다. 이 경우 불상에 인간과 신의 거리감·차별상이 표현되는 것은 조형 양상의 보편성에 속한다.

이러한 보편성이 시대와 지역에 따라 서로 다른 특징을 보이는 이유는 추상화된 선(線: 조형요소)의 양상에 따라 좌우되는 것이라 여겨진다.

공간에서의 구성은 곧 선의 구성인 까닭이다.[61] 면적도 우리 눈에는 선의 구획에 의해 지각되고 양감(量感) 역시 윤곽선을 통해 인식되기 때문이다. 그러므로 표현의 특수성은 추상화된 기하학적인 선으로 나타난다고 할 수 있다.

기하학적인 선(線)은 자연지물로부터의 추상에 의하고 우리 눈에 익숙한 실제 모델로부터 추출된다. 그런데 태양, 달, 나무, 식물넝쿨, 강, 바다, 산등성이의 규모와 특색이 지역 · 국가 · 시대에 따라 차이가 있고 그리고 이러한 자연지물에 대한 사람들의 인식 또한 각기 다르다. 실제 자연으로부터 사람들이 느끼는 감정, 즉 생명의 힘에 대한 감각에 토대하여 추출한 점 · 직선 · 곡선 · 각진 선 등의 조형요소들로부터

---

61) 선은 색, 면과 함께 형태를 표현하는 중요한 수단이다. 선은 본래 면 주변에 또는 면 상호 간의 한계로서 이념적으로만 존재할 뿐 시각적인 현실세계에서는 존재하지는 않는다. 그러므로 조형예술에 있어서 선은 현실성의 상징적 표현이 된다. 대상의 형태의 표현을 목적으로 하는 선에는 대상을 외면으로부터 규정하는 폐쇄적인 윤곽선과 이를 내면에서 한정하여 부분적인 양성(量性)을 상징하는 선이 있는데 이 모두가 대상의 공간적 규정을 상징하는 선의 기능이라 할 수 있다. 선의 기능은 이에 그치지 않는다. 선에는 내부 촉각 특히 운동에 관한 재생 감각을 매개로 하여 감정이나 의욕 또는 정취가 쉽게 결합된다. 즉 방향, 속도, 힘, 장단, 굵고 가는 것, 소밀(疏密), 굴신(屈伸) 등의 기교에 의해 무한한 정신 표출이 가능하다. 이러한 의미의 선은 대상의 의미나 표상(表象)과 협동하거나 또는 그것과 독립적으로 유정화(有情化) 되거나 생명화된다. 또한 선의 체감적 단축에 의한 원근법의 효과나 선의 농담, 단속, 굵고 가늘기의 수법에 의한 색채 및 명암의 효과 등을 들 수 있다. 또한 매체에 실제로 선이 존재하지 않는다고 해도 그 면의 각 부위 사이에 자연히 일정한 시선 방향이 고정되고 그것이 구도의 중요한 구성 요인이 된다(W. 칸딘스키(1983) 점 · 선 · 면. p.243)

발현되는 생동감과 활기와 같은 효과를 통해 초자연적인 존재에게 감정이입할 수 있는 지점이 마련된다.

사람들은 대개 생활 속에서 평소 익숙한 얼굴과 표정을 대면할 때 비로소 편안함과 평온함을 느끼므로, 불상표현에 적합한 보편적인 형태를 추출하는 과정에서 빚어지는 비례와 균형(황금비율) 감각을 특수성의 일례로 볼 수 있다. 이러한 내용을 도표화하면 [표 2]와 같다.

[표 2] 불상 조형에 나타나는 보편성과 특수성

조형표현	보편성		특수성
선(線): 표현수단	정신·사상의 표방		자연으로부터 추상됨
	인간과의 차별성		익숙한 실물로부터 추출됨
	① 초월성	〈-〉 사실주의	생명감과 차별상이 드러나는 구체적인 양태는 다양하다.
	② 상징성		
	③ 이상화		
	④ 추상성		
	⑤ 생명감		
미(美): 표현형식	미의 기준이 다르다. 변화한다. ⇒ 고정적이지 않다.		⑥소위 황금비율 문제 ⇒ 고정적일 수 없다. 보기 좋고 편안한 형태·배치의 추구

불상 조형 형식의 의미를 이해하기 위해서는 위의 도표에서 언급된 특징 중 초월성·상징성·이상화·추상성·생명감·황금비율이 의미하는 바가 구체적으로 무엇인지 살펴볼 필요가 있다. 불상에 표현된 미적 상징에 대한 기존의 언급이 사실주의와 자연주의, 그리고 추상주의 등의 개념이 혼재되어 이해하기 어려운 경향이 있기 때문에 불상의

미적 특징으로 도출된 개념을 먼저 정의하고 그에 관한 내용을 서술하는 방식으로 논의를 전개하고자 한다.

첫째, 초월성을 띤다. 초월성은 범위나 인식·차원 따위를 넘어선 성질을 뜻한다. 겉보기에는 불상이 속세의 인간형상과 비슷하지만 개념적으로는 서로 다른 차원에 속하기 때문에 신비롭고 불가해한 느낌이나 모호한 느낌을 받게 된다. 불교는 견성성불(見性成佛)의 결과를 해탈(解脫)이라는 깨달음으로 제시하는 동시에 그것을 정토왕생(淨土往生)의 가능성으로 제시함으로써 시공을 초월한 삶을 속세와 대비하여 공간적으로 구축했다.[62]

일반적으로 이상세계로서의 정토는 시공을 초월한 세계로 제시된다. 불·보살상은 이러한 이상세계의 주재자를 구상적인 시각 이미지로 보여주려는 조형적 시도라고 할 수 있다. 이때 극락정토[서방정토]는 시공을 초월한 절대적인 세계이지만 법(法)의 즐거움을 현실세계의 즐거움에 빗대어 '극락(極樂)'이라 표현하는 것이며, 세속적 의미로써 공간적으로 '서(西)'쪽에 위치한다고 말하는 것이다. 또 정토에 '간다(往生)'는 것은 물리적인 거리 이동을 뜻하는 것이 아니라 사후에 다시 태어나는 것을 뜻한다.[63]

극락왕생은 자력구제를 기본으로 하는 불교의 기본원리와는 다른 타력구제의 한 방편이다. 예토의 인간이 극락정토에 태어남으로써 궁

62) 장병길(1985) 한국종교의 이해. pp.68~69.
63) 강희정(2011) 동아시아 불교미술 연구의 새로운 모색. pp.105~106.

극적인 깨달음에 도달하게 되는 것이다. 그러므로 불교에서 말하는 초월성은 샤먼의 몰아경(沒我境)인 '他界로의 여행'과 비교할 때 오히려 현실에 내재하는 성격을 띤다고 할 수 있다. 이를테면, 현세를 떠남이 곧 현세에 머물기 위한 것으로 전환된 것이다.

해탈은 인습과 집착, 그리고 망상을 부순다는 점에서 초월적이다. 그렇지만 어떤 지대에 진입하는 방식의 신비적 초월성을 뜻하는 것은 아니다.[64] 그렇기 때문에 개개인의 내재적인 우주와 단절 없이 수렴될 수 있다. 사유삼매 중에 평소에는 미처 인식하지 못했던 부분이 우리 의식에 드러나는 특별한 경험을 할 수 있고 이러한 경험을 특별한 경지에 진입한 것으로 받아들일 수도 있다. 그러나 새롭게 느껴지는 측면들은 지금까지 인식하지 못했지만 늘 존재했던 세계이다. 요컨대 깨달음에는 어느 정도의 신비주의적인 요소가 있음을 부인할 수 없다. 그러나 분명한 것은 그것이 의미하는 초월성이 어떤 지대에 진입하는 방식은 아니라는 점이다.

이러한 이론적 차원의 초월성이 조형을 통해 구현될 때는 신의 세계가 인간 현실세계와 다르다는 차별성으로 드러난다. 이때 조형적 표현의 원동력이 되는 초월적 상상력은 하늘을 향한 높이로부터 받은 영감

---

64) 참된 의미에서 신비주의는 정신과 물질의 구분을 요구한다. 정신 즉 초월하는 물질은 우리의 정상적인 경험 너머의 영역에 위치하며, 특별한 능력, 직관에 의해 도달된다. 이 영역과의 소통은 초자연적 대리자에 의해서만 얻어진다(허버트 리드(1993) 도상과 사상. p.78).

에서 비롯되는 것으로 보인다. 하늘은 무한한 높이를 자각하는 것만으로도 초월성이 계시된다. 그곳은 머리 위로 볼 수는 있지만 전혀 접근 가능하지 않은 영역이다. 게다가 또 가장 높은 곳은 신성한 자리를 의미한다. 즉, 그곳은 초인간적인 위력과 존재에 속하는 영역이다.[65]

이와 같이 하늘의 무한한 높이를 자각하는 것으로부터 한편으로는 윤리적 내재성 즉 자리에 대한 감수성이, 다른 한편으로는 종교적 초월성 즉 공간에 대한 감수성이 발달된 것으로 보인다.[66] 하늘은 그 자신의 존재 양식에 의해 초월성·위력 그리고 영원을 계시하기 때문에 올려다보는 것만으로도 사람들은 신의 측량불가능성과 자신이 우주 속에서 점하고 있는 위치를 동시에 발견하게 된다.

요컨대, 무한성과 영원성은 인정되는 것이지 계발되거나 추론되는 속성이 아니다. 이와 같은 공간에 대한 인간의 감수성과 인식이 신성한 존재가 머무는 공간에 대한 인식을 조형적으로 구현하려는 욕구를 낳은 것으로 보인다.

둘째, 상징성을 띤다. 불상은 비가시적인 사상·관념을 가시적인 형식으로 표현하는 것이기에 필연적으로 상징성을 띠게 된다. 불상 조형에서 말하는 상징성이란 모두가 알 수 있도록 불·보살을 표현할 때 동원되는 외적 특성을 말하는 것으로 이해된다. 상징은 질적·형식적으로는 다른 두 가지의 것이 서로 독립적인 뜻을 가진 채로 특정 의미

---

65) 엘리아데(1996) 성과 속. p.106.
66) 허버트 리드(1993) 앞의 책. p.79.

로 서로 관련을 맺고 한편이 다른 편을 대표함으로써 논리적으로는 결합되기 어려운 양 계기를 초논리적으로 매개하는 표현법이다.[67]

이와 같이 의도적으로 비합리성을 추구하는 상징이 갖는 힘은 보는 사람의 감정에 직접 영향을 미친다는 데 있다. 우선, 상징을 이해하는 능력은 직관인데 이것은 학식과 무관하다. 따라서 소외를 최소화 할 수 있다. 이것이 바로 불상이 누구나 접근할 수 있는 신앙의 중심에 자리 잡게 된 원인 중의 하나라고 생각된다. 불상은 사람들을 분리 · 고립시키는 문자 · 지식체계 대신 감각에 직접 작용하는 미적형식인 예술상징으로 표현되기 때문이다.

이러한 견지에서 볼 때 종교미술작품이 불교사상 · 교리를 쉽게 설명할 수 있어야 한다는 주장은 재고될 필요가 있다. 상징형식인 불상

---

67) 일반적으로 감상적인 것에 있어 초감각적인 것(이성)이 표현되는 것이므로 미(美)가 이념의 감상화, 감각적인 것의 정신화라는 측면에서 상징은 미학상 극히 중요한 개념이다. 미학에서 상징은 마술적, 신비적, 종교적인 세계 질서에서 근대적으로 분리되면서부터 그 의미를 획득하게 되었다. 상징은 정태적인 알레고리와 달리 감각적으로는 접근할 수 없는 경험 영역들의 지각과 인식을 위한 역동적이고도 창조적인 매개물이다(월간미술 엮음(2001) 세계미술용어사전. pp.226~227). 한편 알레고리는 다른 것을 말한다는 의미의 그리스어 알레고리아(allegoria)에서 유래된 말로 추상적 · 금기적 · 종교적인 개념이나 사상을 비유적이고 구체적인 형상을 통해 암시하는 표현 방식을 말한다. 예를 들어, 로맨틱한 사랑을 비너스로, 정의를 무장한 여신 미네르바로, 평화를 올리브 나뭇가지로 대신하는 것이다. 구체적 대상을 이용하여 추상적 개념을 표현하는 것은 일종의 상징적 표현이라고 하겠으나, 상징보다는 복잡하고 다양하며 시각적으로 실재하는 형태에서 출발하지 않는다는 점이 다르다(위의 책. p.309).

이 교리나 사상을 쉽게 설명하는 해설의 역할을 담당했을 것으로 생각되지 않는다. 불상이 불교사상을 반영한다 할지라도 기표(記表)와 기의(記意) 사이의 관계가 매우 모호하다. 그렇기 때문에 불상은 설명의 기능이 아닌 상징의 기능을 수행하는 것이다.[68]

이처럼 상징은 형식이 의미 · 내용을 완전히 설명할 수 없을 때 생겨난다.[69] 그리고 상징은 형식이 의미를 명확하게 설명하지 못하는 근본적인 비효율성을 되풀이를 통해 메우고자 한다. 반복은 인식 불가능한 궁극의 의미를 중심으로 둘러싸고 그곳으로 수렴하는 이미지들의 성좌(星座)를 이루는 방식으로 이루어진다. 형식은 형식대로 의미는 의미대로 되풀이를 거쳐 확산되는 경향을 보인다.[70]

우리가 하늘의 높이를 정관(靜觀)하는 것으로 무한성이나 절대성을 직관하는 것과 같이 상징의 독법(讀法)은 개인의 직관에 의지한다. 또 일일이 자세한 해설 · 설명을 하지 않고 그 자체로 고유한 감각을 전달하여 감정을 영속시키는 역할을 한다. 다만 그 어떤 것도 자연현상처

---

68) 이러한 상징의 특징은 깨달음의 방편으로써 제작되는 불상의 본질과 부합된다. 비록 형상을 방편으로 삼기는 하지만 깨달음은 형상과 상호작용을 통해 마음으로 직접 느끼는 가치이기 때문이다.
69) "상징주의라는 것은 어떠한 내용적(內容的) 주체(主體)를 빈약한 형식을 이용하여 표현(表現)하려는 데서 나오는 것이요 신비주의(神秘主義)란 어떠한 빈약한 내용적 주체를 과잉(過剩)된 형식으로써 과장(誇張)시키거나 또는 혼란한 형식으로써 도회(韜晦)시키려는 데서 나오는 것인데 이 내용적 주체가 문제되지 아니하는 현대미(現代美)에 있어서는 이러한 의미에서 상징도 신비도 없는 것이다."(고유섭(1993) 한국미술사급미학논고. p.318"
70) 조르쥬 나타프 · 김정란 역(1997) 상징 · 기호 · 표지. p.267.

럼 인간에게 직접 인식되는 것이 아니라 예술가에 의해 제시되는 것을 토대로 삼아서만 비로소 인식된다.

이처럼 상징은 인간의 인식능력과 밀접한 관계를 맺기 때문에 우리는 삼국시대 불상에 나타나는 상징을 통해 특정 사상(思想)을 번역한 시각적 사고를 구현할 수 있다는 믿음, 즉 어떤 감정이나 사고에 상응하는 조형세계가 존재한다는 고구려·백제·신라 조각가의 믿음을 확인할 수 있다. 따라서 삼국시대에 제작된 불상 표현을 매개로 우리는 불상의 소의경전과 사상적 배경이 되는 교리는 물론 그 당시 사람들의 미의식과 사고구조 등의 제반 인식체계에 접근할 수 있다. 달리 말하면, 삼국시대 불상에 투영된 사고와 감각을 토대로 하여 보편적 주체인 삼국시대 사람들에 의해 '인간'이 설명될 수 있는 계기가 마련되는 것이다.

셋째, 이상화된다. 여래(如來)나 불(佛)은 자태를 지닌 신(神)이나 인간이 아니고 하나의 진리체(眞理體)이다. 비가시적인 사상이나 관념을 가시화하기 위해 조형형식으로 표현하는 것이므로 불상은 필연적으로 상징성을 띠게 된다. 그러므로 불상 표현에 나타나는 이상화는 기본적으로 상징의 세계에 대해 이루어지는 것이라고 할 수 있다.

이상주의는 개별성과 우연성을 배제하고 일정한 미의 원리에 따라 그 본질을 이상적인 형식으로 실현하고자 하는 태도로써 자연주의 혹은 사실주의와 대립되는 개념이다.[71] 여기서 말하는 자연주의는 대상을 양식화하거나 관념적 표현을 행하지 않고 보는 그대로의 외형을 충실히 사실적으로 묘사하여 재현하려는 태도를 뜻한다.[72] 그리고 사실주의는 현실 그대로의 일상생활을 주제로 삼음으로써 제작자가 속하는 시대의 풍속·관념·현실을 본대로 객관적으로 묘사하려는 예술 제작의 방법을 뜻한다. 요컨대, 제작하고자 하는 대상을 양식화·이상화·추상화·왜곡하는 방법과 대립하여 대상의 세부 특징까지 정확히 재현하고 객관적으로 기록하는 것을 말한다.[73]

불상은 자연인 싯다르타와 무관하지 않지만 그와는 전혀 다른 존재이다. 일단 불상으로 성립된 형상은 실존인물에 대한 단순한 기념상이 아니라 완전한 전환이 이루어져 제례의 이미지로서의 형상인 예배대상이 된다. 이를테면, 조각가는 모방자가 아니라 조형자이며 절대자에 대한 이들의 묘사는 새롭고 전혀 다른 실재를 연결하는 행위(聖禮)인 것이다.

그렇기 때문에 불상 신체 표현에 대해 '사실성' 획득을 발전의 지표

---

71) 월간미술 엮음(2001) 앞의 책. p.369.
72) 자연주의적인 입장에서는 자연미의 탐구와 존중이 필연적으로 전제되어 자연 그 자체의 가치 원리가 작품에 반영된다고 생각한다. 대개는 양식화되거나 개념적인 예술과는 반대로 자연의 대상을 있는 그대로 묘사하는 예술의 유형을 지시할 때 쓰이지만 자연주의적인 제작 결과가 자연의 이상화와 모순되는 것은 아니며 오히려 미추(美醜)를 불문하고 자연을 표현한다는 뜻에서 사실주의와 대립되는 지점도 있다(위의 책. p.388).
73) 위의 책. pp.214~215.

로 평가하는 경우에는 이 개념에 대한 개념규정이 뒤따라야 할 것이다. 만약 사실성이라는 말을 인체 적합성·기능성을 갖추었다는 의미로 사용한 것이라면 불상제작의 성격을 실존인물에 대한 '모방'과 '재현'으로 전제하는 것이 되기 때문이다. 그런데 주지하듯, 불상은 실존인물을 기념하는 단순한 기념상이 아니므로 '사실성'이라는 개념 사용에 주의해야 하는 것이다. 사실 예배기능을 충족시키기 위해 이미지가 반드시 인간과 유사해야 하는 것은 아니었다. 무불상 시대에 붓다의 임재를 상징했던 법륜(法輪)이나 족적(足跡)은 붓다의 형상이었지만 유사형상은 아니었다.

그러므로 상징의 세계를 이해하기 위해서는 형상과 표현의 관계에 주목해야 한다. 이 관계는 논리적으로 추론되거나 명확히 설명되는 관계가 아니다. 대상과 외적인 모습이 얼마나 닮았는가는 관계없이 형상과 표현 속에는 대상으로서의 존재[절대자가 담김으로써, 그렇게 되어야 마땅한 당위의 세계로서의 상징으로서의 세계가 표현된다.

이때 이상화된 표현에 대한 조각가의 입장을 고려해 보자면, 그가 표현할 수 있는 모든 조형능력을 동원하여 하나하나 정성껏 갖춰드리는 것을 절대자에 대한 예우이며 불심(佛心)을 드러내는 척도라고 믿었을 가능성을 배제할 수 없다. 사람들 앞에 제시되는 신성한 이미지로서 '이상화'된 표현은 모범이 되는 신체, 즉 '바람직한' 외양을 뜻하는 것으로 이해되기 때문이다.

외양이 내면을 드러낸다는 측면에서—예컨대, 선천적으로 길고 가늘게 '생긴' 눈을 강조하는 것이 아니라 가늘게 '뜬' 명상하는 눈을 부각시킴으로써— 신체 외양의 사회적 의미와 도덕적인 가치관을 부여하는 방식으로 이상화됨을 알 수 있다. 마디가 불거지지 않은 부드러운 불보살상의 손의 형상과 섬세한 손놀림의 자태를 통해 나타내고자 하는 것은 여성적인 특징과 더불어 때 묻지 않은 어린 아이와 같은 청정 무구함·고결함 등의 가치가 함축적으로 부가되는 것이다. 즉 생물학적으로 주어진 상태[74]보다는 '태도'와 '자세'에 초점을 두기 때문에 표현에 가치가 담긴다고 할 수 있다.

그렇다면 눈을 반쯤 감고 명상하는 모습이 상징하는 마음의 상태와 그것으로부터 느껴지는 분위기를 표현함으로써 보여주고자 하는 바는 무엇일까. 박장대소나 함박웃음이 아니라 소리 없는 웃음, 미소 짓는 표정은 어떠한 감정으로부터 비롯되는 것일까. 또 이러한 감정은 어떠한 성격의 소유자가 느끼는 것일까.

---

74) 보살의 성별은 이론적으로 남성이다. 『법화경』 「제바달다품」에 묘법연화경을 지니고 외운 공덕으로 성불하게 되는 용녀이야기가 나오는데 용왕의 딸인 용녀에게 사리불은 "여자의 몸으로 이룰 수 없는 다섯 가지가 있다. 첫째 범천왕이 되지 못하며 둘째 제석천왕이 되지 못하며 셋째 마왕이 되지 못하며 넷째 전륜성왕이 되지 못하며 다섯째 부처가 되지 못한다."고 말하는 대목이 나온다. 이에 용녀는 자신이 신통으로 부처가 되는 것을 보여주겠다고 하고서 눈 깜짝할 사이에 남자로 변하여 보살행을 갖추고 연꽃 위에 앉아 부처를 이루니 32상 80종호가 원만하게 갖추어졌다고 한다(이성규 옮김(1991) 묘법연화경. pp.210~216). 다수의 보살이 여인의 형상이 되는 것은 여인들의 제도를 위해서라는 견해도 제시되고 있으며 용녀가 남자로 변하는 변성남자 이야기는 불법이라는 것이 실체적인 남녀를 구분하여 성별에 차별을 두는 것이 아님을 보여주기 위한 이론이라는 평가를 받는다.

반쯤 감은 눈과 미소 짓는 입 등의 온화한 표정을 통해서 편안하고 평온한 내적인 감정과 그가 소유한 자비로운 성품이 드러난다. 겉으로 드러난 표현은 은은하고 잔잔한 것이지만 이것이 유발하는 시각적 호소력은 매우 강력하다. 왜냐하면 보는 사람과 불상의 관계를 상호작용 측면에서 고려할 때 불상과 인간의 위계가 동등하지 않기 때문이다.

불상은 불교의 지향점인 깨달음에 이른 자를 형상화한 것이다. 그렇기 때문에 절대자인 불상의 표정은 해탈하지 못한 인간에게 종교적인 메시지, 즉 추구해야 할 지향으로서 제시된다. 예를 들자면, 서산마애삼존불 얼굴에 표현된 호방한 미소와 황룡사에서 출토된 불두(佛頭)의 천진스러운 미소 등의 외양은 당시 사회의 단순한 반영이 아니라 필요에 따라 사회가 원하는 바람직한 틀에 부합하기 위해 만들어지고 미화되는 신체일 수 있다.

이러한 미화(美化)·이상화(理想化) 작업에는 당시의 미적 기준이 적용·반영되었을 것이다. 한 걸음 더 나아가 현실에 볼 수 있는 미의 측면 뿐 아니라 예술적 상상력이 동원되어 표현할 수 있는 최고의 아름다움이 불상에 투영되었을 것이다. 사회 통합과 조화를 추구하는 차원에서 어린아이의 모습과 성인의 면모가 독존불로 한 몸에 표현되기도 하고, 삼존불인 경우에는 남·여·노·소 등의 성질이 세 구의 여래와 보살에 나뉘어 나타나기도 한다.

넷째, 추상성을 띤다. 추상은 대상에서 일부를 떼어내서는 그것을 본질적인 것으로 독립시켜 사고의 대상으로 삼는 분석적인 정신작용이다. 조형물에 표현된 선(線) 자체가 자연물로부터의 추상의 소산이다.

이 과정에서는 기억 이미지에서처럼 이미지가 단순히 보존되는 것이 아니라 한 단계 발전하여 변형의 단계를 거치게 된다. 일반적으로 눈으로 본 이미지를 표현할 때는 어느 정도 간략·단순화되는데 이것을 기억 이미지라고 한다. 즉 이미지의 현현은, 그것이 조형이든 회화이든, 언제나 표현 방편의 양식화를 내포한다.[75] 그렇기 때문에 추상적인 것도 어느 정도는 재현적이며 재현적인 것도 어느 정도는 추상적이다. 이 양자가 뚜렷이 구분되는 것은 아니다. 이러한 현상으로부터 알 수 있는 것은 의미 있는 패턴에 대한 조각가의 본능적인 선택이 따르며 그것이 표현될 때는 그가 본 형태에서 가장 의미 있는 것을 선택해 과장함으로써 이루어진다는 것이다.

이러한 양식화가 더욱 진행되어 기하화될 때 이 형태들은 추상으로서 인간의 의식 속에 들어가게 된다. 이때 기하는 자연으로부터 추상화이다. 그리고 형태의 배치와 조화라고 할 수 있는 이상적인 성질들은 기하로부터의 연역이라고 할 수 있다. 그리고 이 모든 과정은 논리적으로 도출한 것이 아니라 경험적으로 획득되는 것이다. 달리 표현하면, 형상에 대한 감정은 손과 손가락을 통해 그리고 손과 손가락에 의해 형상화되어, 눈이 지각한 것을 의식 속에 받아들인다.[76]

이러한 추상을 일반화하는 추상과 이상화하는 추상으로 대별하여 살펴보면, 먼저 '일반화하는 추상'은 불변의 본질을 발견하는 것을 목

75) 허버트 리드(1993) 앞의 책. p.32.
76) 위의 책. p.46~49.

표로 어떤 대상에서 본질적이라고 생각되는 부분을 떼어낸다. 그리고 그것을 원래의 실제적 기능으로부터 독립시킨다. 이때 해체된 형식을 전혀 다른 문맥으로 전이(轉移)시킨다. 그 결과 대체로 기하학적인 형식을 띠게 된다.

반면 '이상화하는 추상'은 원형이 갖는 특성·속성·관계 중 일부를 떼어내 해체하지 않고 구체화한다.[77] 그로인해 전체로서의 연관성이 유지된다. 그러나 이때 연관성을 고려하여 갖춘 형태는 어디까지나 외계(外界)의 물체를 모티프로 하지 않고 표현되는 것이다. 즉, 자연에 뿌리를 두지 않고 미술 자체의 형식적 속성과 기하학에 바탕을 둔 표현을 의미한다. 그러므로 불상 조형과 관련하여 '사실성'을 언급할 때는

---

77) 구상(具象)은 자연이나 현실을 묘사하지 않는 추상미술에 대항해서 종래의 재현적 표현을 총괄하기 위해서 사용되기 시작한 개념이다. 기하학적인 추상미술이 형이상학적으로 순수한 형태 관념에서만 출발하고 있는 경우에 대해서, 즉 외계(外界)의 물체를 모티프로 하지 않는 경우에 대해서 물체의 형태를 재현하는 미술을 뜻한다. 따라서 재현미술과 같은 의미로 쓰여지는 경우도 있고, 객관적 미술이나 대상미술과 일치하는 경우도 있다. 구체(具體)미술은 자연에 뿌리를 두지 않은 대신, 미술 자체의 형식적 속성과 기하학에 바탕을 둔 미술을 의미한다. 추상미술은 비대상미술(非對象美術), 비구상미술, 비재현적미술이라고도 하며, 때로는 구체미술이라도 불린다. 눈에 보이는 현실의 사물을 묘사의 대상으로 하지 않는 미술을 가리킨다. 자연의 구체적 대상을 거의 재현하지 않고 색, 선, 형 등의 추상적 형식으로 작품을 구성하는 미술을 총칭한다. 모든 미술은 형태, 색채, 질감, 화면의 크기, 테마의 크기 및 넓이 등 추상적인 제 요소로 성립되고 그 양식도 이것들에 의해 결정된다. 그러나 과거에는 이들 제 요소가 신들을 찬미한 인간의 모습이나 사상(事象) 등을 나타내려는 기술적, 묘사적인 목적을 위해 사용되어 표현보다는 설명의 역할이 지배적이었다(월간미술 엮음(2001) 앞의 책. p.446).

신중해야 한다. 인간 신체와 유사하지만 불상은 인체 조각이 아니라 상징화된 절대자의 이상화된 신체이기 때문이다.

불상에 구현되는 기하 · 추상적 특질과 관련된 특징은 이러한 표현이 생명력을 잃기 쉽다는 생래적인 약점을 지닌다는 데 있다.[78] 그래서 반복되는 디자인에는 의도적으로 불규칙성을 도입하기 위한 노력이 시도되지만, 그렇다 하더라도 같은 모티브의 규칙적인 반복이 초래하는 생명력 쇠퇴 현상을 피할 수는 없다. 왜냐하면 생명력은 지속감과 밀접한 관계를 맺는데 규칙성 · 정확성과 같은 기계적인 개념은 생명의 유기적 흐름을 단절하기 때문이다. 그렇기 때문에 심미적인 생명력의 유지를 위해서는 부분과 전체와의 관계에 대한 정교한 직관이 요청된다.

다섯째, 생명감을 띤다. 불상조형과 관련하여 언급되는 '생명감'은 정(靜)적인 가운데 동(動)적인 힘을 표현함으로써 구현되는, 살아있다는 느낌이다. 자연은 인간의 모태이자 터전이다. 일반적으로 인간은 자연의 품에 안기는 순간 행복감을 느끼므로 자연을 닮으려는 내적 욕구로 조형물에 생명감을 표현하고 그것을 통해 감정이입을 하게 된다.

형상을 제작하는 행위에 담기는 주술적 의도를 전적으로 부인할 수는 없다. 그렇지만 제작 동기나 목적들이 실현되지 않았을 때에도 불상

---

78) "불상처럼 구체적인 형상이 있는 표현에서 추상주의라는 양식은 성립될 수 없다. 혹시 옷 주름처리가 딱딱하여 형식에 흐른다면 기하학적이거나 추상성이 강한 경향이 보인다는 표현을 쓸 수 있을 것이다(김리나(2004) 앞의 글. p.97)."

이 꾸준하게 조성된 배경에는 그것에 생활 경험을 직접 고양시키는 예술성이 담겨있기 때문이라 여겨진다. 미지와 환난에 직면할 때 사람들의 불안감을 달래주는 것은 불상 조성의 공덕으로 인해 극락왕생할 수 있다는 믿음이지만 여기서는 이와 별도로 불상 조형의 시각적인 이미지가 주는 위안과 거기서 얻는 만족감이 있었을 것임을 환기하고자 한다.

특히 자연에 대한 삼국시대 사람들의 감각은 결코 객관적이지 않았다. 그들은 자연을 외부세계로 인식하며 힘든 현실의 도피처로 여기지 않았다. 그들에게 자연은 동태적인 생명의 힘이 넘치는 곳이었다. 그들은 자연 뿐만 아니라 존재하는 모든 것으로부터 생명의 힘을 느꼈고, 모든 조형에 그러한 생명력을 불어넣었다.

생명감 넘치는 인간과 같은 불상의 얼굴을 보면서 그 앞에 선 사람은 그 자신이 살아있음을 더욱 생생하게 실감했을 것으로 보인다. 절대적인 존재가 임재(臨齋)한다는 느낌, 그러한 존재가 나를 물끄러미 바라보며 내 마음속 생각을 간파한다는 느낌, 그리하여 지금 내 앞에서 나와 함께 있다는 확신이 초인간적 존재에 대한 감정이입을 도왔을 것이라 여겨진다.

불보살의 권능과 그 초자연적인 힘에 대한 생각만으로 우리의 정서적 감동이 심화되고 고조되는 측면이 존재한다. 그럼에도 굳이 형상을 제작하여 그 형식을 방편삼아 사람들을 신앙으로 이끌기 위해서는 별도의 장치가 필요했을 것이라 여겨진다. 불상을 보는 사람들이 부처님 세계에 몰입하는 것을 돕기 위한 일종의 감정이입 지점이 요청되기 때문이다. 삼국시대에는 그러한 역할을 수행하는 미적 특질 중 하나가 바로 불·보살상에 인간적인 생명감을 부여하는 것이었고, 그럼으로써 친숙한 신뢰감을 느꼈던 것이라 생각된다.

실제로 불상에 구현된 생명감이 그러한 역할을 수행하였다면 사람들이 불상 조형의 정확성이나 완벽함으로부터가 아니라 불상에 표현된 생명감으로부터 위안과 평안을 느꼈다는 의미다. 더불어 불상을 보며 심리적·시각적인 위안을 얻고 그 앞에서 기도하는 것이 어느 부처님을 향해 기도해야 하는가 하는 문제보다 중요했음을 뜻한다.

개별 불보살의 개성이 강조되기보다 '부처'라는 공통 성질의 일부로 받아들여졌다는 측면은 한편으로는 "불상은 도상적으로 구별하여 볼 수 있도록 만들어지지 않았다"[79]는 주장과 함께 다른 한편으로는 아래와 같은 기록으로 뒷받침된다.

> "천명 혹은 만명의 사람들이 함께 불상을 만들지만 사람들마다 바라는 것이 다르기 때문에 어떤 사람은 석가라고 생각하고 어떤 사람은 미륵이라고 생각한다. 즉 하나의 불상을 만들면서도 참여하는 사람마다 그 불상의 성격을 달리 생각한다."[80]

---

79) 밀교가 등장하기 전까지는 그 이름에 상관없이 거의 같은 형상을 취했다는 데서 알 수 있듯이 불상은 도상적으로 구별하여 볼 수 있도록 만들어지지 않았다. 이것은 간다라에만 국한된 것이 아니라 밀교가 본격적으로 발전하기 전까지 불교미술 대부분에 해당된다(Juhyung Rhi(2003) "*Early Mahayana and Gandharan Buddisim: An Assessment of the Visual Evidence*". pp.163~164).

80) "次明感通而應別 就此通中 復有別 別中復有通義 今擧事來顯如千萬人營一佛 此卽是感通而其人人心所祈各異 彼見釋迦 此見彌勒 雖復同爲一業 感義

실제 대승불교에서는 여러 부처나 보살들이 본질적으로 동일하다고 이야기한다. 그러므로 어떤 부처 · 보살인가 하는 문제보다 영험함이 어떻게 표현되었느냐 하는 문제가 중요하게 여겨졌을 개연성이 있다. 그런데 앞서 확인한 고대의 신성관념은 혁거세와 알영에 대한 신화로 뒷받침되듯 미와 분리되지 않았다. 삼국시대의 경우 생명감의 구현이 곧 미적인 것이었다면 영험함 · 신성함 역시 생명감을 불어넣는 방식으로 표현되었을 가능성이 높다고 여겨진다.

형상을 통해 사람들에게 초인간적 존재를 향해 가까이 가고자 하는 마음을 갖게 하는 데에 있어 미적 형식의 호소력은 절대적이라 할 수 있다. 실제 사람들을 절대자의 세계로 인도하기 위해 제작되는 불보살상에 그 시대의 미가 반영되고 추구되었다.

시각적인 아름다움은 절대자에게 느껴지는 심리적인 거리감을 상쇄시킨다. 절대적이고도 아주 먼 것을 매우 가까운 것으로 표현함으로써 감정이입을 유도하는 대표적인 연결고리로 생명감을 꼽을 수 있다. 생명감을 불어넣어 본질적으로 매우 멀게 느껴지는 대상으로부터 원(遠)과 근(近)의 동시성, 그 유착을 경험하게 하는 것은 불상 조형의 목적 중 하나라고 할 수 있다.

이러한 생명감은 미소와 탄력감과 같은 불상의 신체 조형을 통해 구

乃通 而得應各不同 卽是應別 然此得是應通而感別 約彼人人各所祈不同 卽是感別 同爲一業 故招通應 故應通感別 是故誰言感通 而卽有感別義"(慧均 찬 · 최연식 교주(2009) 校勘 大乘四論玄義記. p.250).

현되는데 구체적인 사례를 살펴보면 다음과 같다. 인간과 불상은 얼굴, 팔과 다리, 그리고 손과 발 등의 신체 구조를 공유한다. 공유하는 측면을 구체적으로 드러내기 위해 실제 불상이 취하는 자세는 입상, 좌상, 반가사유상, 와상, 교각상 등으로 다양하다. 여러 자세를 취함으로써 보여주고자 하는 것은 각 자세가 고립적인 것이 아니라는 점이다. 즉, 가부좌를 틀고 앉거나 일어서거나 의자에 걸터앉을 수도 있으며 바로 설 수 있을 뿐만 아니라 옆으로 누울 수 있다는 일련의 가능성을 암시하는 것이다.

이밖에도 연가칠년명 금동여래입상에 나타나는 수인에서와 같이 시무외여원인을 결하며 끝의 두 손가락 구부리거나, 국보 제184호 선산 출토 금동보살입상에서처럼 오른손으로 영락 띠를 살짝 쥐어 좌우대칭을 깨뜨리거나, 국보 제293호 부여 규암면 출토 금동관세음보살입상의 보주를 엄지와 검지 두 손가락만으로 살짝 쥔 모습 등을 통해서 생명감을 표현했다.

또한 생명감은 상호에 표현된 미소를 통해 드러난다. 미소는 어떤 방식으로든지 인간적인 것을 회상시키고 생명적인 것을 보여준다. 삶의 의미를 찾는 인간에게 웃음과 울음은 정신적 · 내적인 것이 신체적으로 나타나는 인간 존재의 거울이며 계시이다. 연가칠년명 금동여래입상의 미소, 황룡사 터 출토 금동반가사유상의 얼굴 등에 드러난 미소, 국보 제78호와 제83호 금동미륵보살 반가사유상의 미소에서는 생명감뿐만 아니라 자비로움까지도 느껴진다.

불상에 나타나는 생명감은 탄력감을 통해 구체화된다. 보물 제780호 금동보살입상에서 볼 수 있듯 허리를 가늘게 하고 가슴의 양감을 강조한 신체 모델링이나, 선산 고아면 출토 금동관음보살입상과 같이 한쪽 무릎을 살짝 구부려 동태를 띤 신체에 밀착시킨 천의를 통해 드러난 날씬한 조형, 그리고 영월 북면 출토 금동보살입상의 경우처럼 왼쪽 무릎을 살짝 구부리고 오른쪽 엉덩이를 심하게 내밀어 전체적으로 율동적인 자세가 역력한 여성적인 자태를 통해서 생명감이 드러났다.

여섯째, 마치 불상에 적용될만한 황금분할[81]이 존재하는 것처럼 특정 비율이 언급되곤 한다. 실제 비례와 균형은 조형미술작품의 미적 특질을 언급할 때 빠지지 않고 사용되는 개념임에도 불구하고 그 뜻을 명확히 밝힌 연구는 드물다. 게다가 대부분의 연구에서 비례·균형과 아름다움의 관련성 또한 뚜렷하게 인식되지 않고 있는 것으로 보인다.

비례(比例)는 상대적 양의 척도이다. 어떤 양을 분할 할 때 각 부분이 다른 부분들과 어떤 식으로든 관계를 갖게 되는데—그것이 1/5이든 1/8이든 관계를 맺고 있다는 사실이 중요하지 그 수치가 중요한 것이 아니다— 여기서 측정되는 관계들은 측량에 의해 발견되며 이것은 수

---

81) 황금분할(黃金分割, golden section)은 선분 AB를 점 P로 내분할 때 AB·BP=AP2를 만족하는 두 선분 AP: AB의 비례관계를 가리킨다(루트 5(2.236068)~1:2). 보통 황금분할 또는 황금비라고 하는데, 그것은 이 관계에 있는 비례가 시각적으로 좋은 느낌을 주기 때문이다. 르네상스기에 '신(神)의 비례'로 존중받았다(월간미술엮음, 앞의 책, p.534). "그러나 이것은 법칙을 위한 법칙이었다. 「크레오파트라의 코가 조금만 비뚤어졌었던들 세계의 역사가 뒤바뀌었으리라」고 이른 사람이 있는가 하면 「코 떨어진 사나이의 얼굴」에서 美를 발견한 사람도 있다(고유섭(1993b) 한국미술사급미학논고. p.315)."

학적 탐구의 대상이다. 이 관계로부터 비례와 균형이라는 관념이 생겨 났지만 비례는 부분과 부분과의 관계, 부분과 전체의 관계에서 생겨나 는 미의 형식이므로 모든 형태 조형에 관련되는 것이기에 특수한 수치 로서 설명될 수 없다.[82]

결론적으로 말하면, 비례와 균형은 아름다움의 충분조건이나 성립 조건이 아니다. 그것은 아름다움을 유발하는 원인이 아니라 아름다움 의 특성 중 하나이다. 즉, 한 불상이 비례와 균형을 갖추기만 하면 미의 화신이 되는 것이 아니라 아름다운 대상을 분석해 보면 여러 특성 중 비례와 균형이 포함되어 있다는 뜻이다. 다만 아름다움을 구성하는 여 러 특징 중 비례가 측정·입증 가능하기 때문에 대표적으로 언급되는 것일 뿐이다.

이러한 견지에서 볼 때 비례와 균형을 갖췄기 때문에 아름답다는 주 장은 원인과 결과를 혼동한 왜곡된 결론이라고 할 수 있다. 만일 아름 다움이 측량과 관련이 있다면 그 자체로 또는 다른 것들과의 관계 속 에서 아름답다고 증명될 수 있는 특정 수치가 제시될 수 있어야 한다. 그러나 아름다움은 측량과는 관련이 없으며 산술이나 기하학과도 무

---

82) 기원전 5세기의 희랍의 인체 조형의 비(比)는 1(頭部)/7(全身)로써 미적 표준 을 삼았으나 기원전 4세기에는 1/8로써 기준을 준수했다. 한편 동양의 불교조 각은 평균적으로 1/6의 비율로 제작되고 있으나 奈良法隆寺 백제관음은 1/8 의 비례를 보인다. 몇몇 예를 통해서 알 수 있는 것은 비록 일정한 숫자의 비례 법칙은 존재하지 않지만 아름다운 조형을 위한 비례의 미를 얻기 위해 조각가 들은 고민하지 않을 수 없고 비례미를 발견하고 만들어내는 것이 그들의 임무 라는 것이다(앞의 책).

관하다.[83]

그러함에도 불구하고 이러한 혼동이 자주 일어나는 이유는 우선, 비례를 옹호하는 입장이 예술작품에 사용된 비례관계를 자연으로부터 차용하지 않고 오히려 거꾸로 인위적으로 지어낸 관념을 자연에 전가시키려하는 데서 찾을 수 있다. 개방적인 자연의 영역을 떠나 예술이나 건축에서 나타나는 인위적인 선이나 각도로 그들의 견해를 뒷받침하는 것이 수월하기 때문이다.

다음으로, 비례를 선호하는 편견의 대다수가 아름다움의 반대 항을 기형으로 가정하는 데서 찾을 수 있다. 이들은 잘못된 가정에 따라 기형의 원인이 제거되면 아름다움이 자연스럽고 필연적으로 나타난다는 결론을 내린다. 하지만 기형은 아름다움이 아니라 평범함의 반대이다. 기형은 인간에 대한 온전한 관념을 구현하는데 필요한 무엇인가가 부족한 상태이기 때문이다.

그러나 알맞은 크기와 적당한 길이를 갖춘 보통의 경우에 그 사실로부터 아름다움을 느끼는 것은 아니다. 아름다움의 진정한 반대는 불균형이나 기형이 아니라 추함이다. 추함은 아름다움의 원인과 반대되는 원인에 근거하기 때문에 아름다움을 다루기 전에는 추함에 대해 고찰할 수 없다. 아름다움과 추함 사이에는 평범함의 영역이 존재하는데 이 안에서 비례관계가 가장 흔하게 나타나며 이것은 우리 감정에 특별

---

83) 비례와 균형이 미의 원인이 아님을 고찰한 연구로는 에드먼드 버크 · 김동훈역 (2009) 숭고와 아름다움의 이념의 기원에 대한 철학적 탐구를 참고할 것.

한 영향을 미치지 않는다.

비례가 특정 수치에 동반되어 자동적으로 작동되는 것이 아님에도 일반적인 믿음처럼 비례가 아름다움의 요소 중 하나일 수 있기 위해서는 관습적이거나 혹은 특정한 목적에 부합되는 수치들의 적합성이어야 할 것으로 보인다.

그러나 '비례관념은 관습적인 것인가?' 하는 질문에 대한 답은 회의적이다. 어떤 대상을 마주하고 그것이 아름다운지 추한지 판단하기 위해 관계를 통해 비례의 관념이 정착할 때까지 기다려야 하는 것은 아니기 때문이다. 이것은 아름다운 대상과 마주하는 순간 마음이 들뜨고 넋을 잃게 되는 우리의 경험으로 뒷받침된다. 그리고 이런 현상은 아름다움의 일반관념이 자연적 비례관계에 못지않게 관습적 비례관계에도 의존하지 않음을 뜻한다.

엄밀히 말하면 어느 정도의 관례가 작용하는 것을 부인할 수는 없다. 그럼에도 굳이 언급하지 않은 까닭은, 주지하듯 관례의 속성은 그것을 소유하고 있을 때가 아니라 그것의 부재 시에 우리에게 강한 영향력을 행사하기 때문이다. 인간에게 통상적인 비례관계가 존재한다는 사실이 즐거움의 원인이 되지는 않을 뿐더러 그로 인해 반드시 아름다움을 느끼게 되는 것도 아니다. 아름다움 없이도 그것이 발견될 수 있으며 또 아름다움이 그것 없이도 존재하기도 한다. 그러나 인간에게 존재하는 통상적인 비례관계가 결여될 때는, 앞서 언급한 기형의 경우가 여기에 해당하는데, 혐오의 감정이 유발된다.

그렇다면 적합성이 아름다움의 원인인가 하는 질문이 제기될 수 있다. 신체 일부가 그 목적에 잘 맞게 기능함을 뜻하는 유용성이라는 관념은 흔히 아름다움의 충분조건으로 사용되거나 아름다움 그 자체와 동일시되기도 한다. 이런 믿음이 존재하지 않았다면 아름다움의 본질이 비례와 균형이라는 이론이 오랫동안 관철되는 것은 불가능했을 것이다. 그리고 만일 신체부위들의 아름다움이 그것의 목적 적합성에 좌우된다면 남자가 여자보다 훨씬 사랑스러워 보일 것이며 물리적인 힘이 아름다움의 유일한 조건이 될 것이다. 만약 적합성이 아름다움을 불러일으키는 원인이라면 누구든지 비례와 균형에 대해 판단하기 위해서 어떤 작품이 어떤 목적으로 고안되었는지를 먼저 알고 있어야 한다는 것을 의미한다. 또 모든 대상에는 각각 아름다움이 느껴지는 비례와 균형이 존재해 그것을 갖추기만 하면 그 대상으로부터 아름다움을 느낄 수 있어야 한다.

그러나 특정 불상을 아름답다고 느끼는 경험은 우리가 그 불상의 유용성·적합성에 대한 판단을 시작하기도 전에 보는 순간 발생한다. 요컨대 아름다움은 이성의 산물이 아니며 실제적인 필요와 상관없이 우리에게 감동을 준다.[84]

이상에서 불상의 조형 형식·표현과 관련되어 여섯 가지 특징, 초월성·상징성·이상화·추상성·생명감·황금분할을 검토했다. 예술작

---

84) 에드먼드 버크 · 김동훈역(2009) 앞의 책. pp.143~166.

품으로서의 불상은 미적형식들이 조화를 이뤘다는 측면에서 아름다움의 감각적 구현체라 할 수 있고, 바로 이러한 감각적 특성 때문에 생명력을 띠고 공감을 유발하며 매혹적인 것이다. 그리하여 마침내 불상이 표방하는 세계에 보는 사람의 신묘한 참여가 초래되는데 이러한 심리적 동일화 상태에서 사람들은 이 형식의 영향을 받아들이게 된다.

즉, 보는 사람에게 미적 감흥으로 인해 심화된 종교적 감흥은 미분화된 종합적인 감정으로 통합되는 것이기에 불상을 바라보며 받은 감동이 신앙에 근거한 것인지 조각 솜씨에 근거한 것인지를 분석하는 것은 무의미하다고 할 수 있다.

Ⅲ. 삼국시대 불상의 조형사상과 구원론적 역할

예술작품은 그 자체로 특정한 예술의 본질을 소유하고 있는 것이 아니다. 어떤 작품이 그것이 예술작품으로서의 지위를 획득하는 것은 사회적으로 정의되는 문제라고 할 수 있다. 종교예술작품도 예외가 될 수는 없다.

예술작품은 작품과 사회 환경, 조각가와 작품, 작품과 보는 사람이 상호작용하는 관계 속에서 생성되고 해석되는 '의미'로서 존재한다. 이때 작용을 행사하고 받아들이는 양상은 능동과 수동이 순차적·교차적으로 행해지는 것이 아니라 양자가 관련 하에 동시적으로 이루어진다. 그러므로 어떠한 기제(機制)에 토대하여 삼국시대 조각가들이 상상력을 발휘하여 예술적인 상징과 은유를 창안했는지 살펴보는 과정은 반드시 필요하다.

1. 조형사상

1) 자유로운 상상력

주지하듯 불교는 기존 신앙에 대한 부정적인 입장에 서는 것이 아니라 기존 신앙의 기반 위에서 그것의 보호를 받거나 그것을 포용하는 방식으로 전입되었다. 그로 인해 그 당시 사람들에게는 불교(佛敎)와 무교(巫敎)라는 두 신앙체계가 신성하다는 점에서 서로 다를 바 없는 동일한 사고 구조의 산물로 인식되었던 것으로 보인다. 그 단적인 예는 탑상(塔像) 출현 방식을 국조(國祖) 출연 구조로부터 원용한 데서 확인된다. 물론 불교의 전입은 이론적 · 결과적으로 불교의 신성성(神聖性)과 영이력(靈異力)이 재래신앙에 대해 우위에 서게 되었다는 것을 의미한다. 불교가 궁극적으로 우위를 점하게 된 주된 요인을 포용력과 융화력에서 찾을 수 있다. 이로 인해 불교는 고구려 · 백제 · 신라 삼국에서 이질적인 외래사상이 주는 거부감을 최소화하면서 수용될 수 있었던 것으로 보인다.

기존 신앙을 부정 · 배척하지 않고 오히려 기존 신앙 구조를 전교의 토대로 삼는 불교의 포용력은 삼국시대 사람들의 예술적 상상력을 억압하지 않고 고취 · 진작시키는 방향으로 작용했던 것으로 보인다. 예컨대, 고구려 고분벽화는 천상 생활의 표현이라는 큰 틀에서의 공통점이 존재하면 세부에 치심(致心)하지 않고, 그것이 도교의 소산이든 불교의 소산이든 함께 그려 넣는 방식으로써 고분의 벽면을 장식하였다.

그로인해 사자(死者)의 명복을 기원하는 사상적 표현이 담기는 곳에 그를 위한 위로와 공양과 장식이 종합되지 못했고 여러 신앙이 혼재되었다[85]는 비판을 받기도 하는데, 바로 이러한 환상적인 기풍이 이 시기를 특징짓는 미의식으로 보인다.

구성적 · 구조적 필연성과 무관하게 제작된 토우가 부착된 신라의 용기(高坮)를 떠올려 봐도 예술적 상상력과 환상적인 기풍이 일상생활에서 얼마나 자연스럽게 구현되었었는지를 짐작할 수 있다. 신라의 상형 토기뿐만 아니라 미륵사지 석탑의 석편 구성 양식 또한 석탑 구조로서 결구(結構)적 필연성은 없지만 보는 사람에게 목탑의 구성 양식은 이러 이러했다는 설명적인 필연성을 보여준다.

바로 이러한 형태 구성에 특별한 관심을 보이며 예술적 상상력을 발휘하는 기풍이 당시에는 비중 있는 미의식으로 작용하여 제작의욕을 고조시킨 것으로 보인다. 이와 같은 당시의 미의식이 불상 도상과 양식의 성립에도 영향을 끼쳤다.

태안 마애삼존불과 서산 마애삼존불의 독특한 구도 역시 이와 같은 형태 구성과 불상 배치에 대한 특별한 심미적 감수성의 연장으로 볼 수 있다. 삼존불에 대해 기왕에 확립된 기본 질서는 일불(一佛) 이보살(二菩薩)의 형태를 갖추는 것이었다. 중앙에 위치하는 여래를 중심으로 보살이 좌우 협시로써 대칭적으로 배치되는데, 이때 중앙에 위치하는

---

85) 고유섭(1993a) 앞의 책. pp.152~163.

여래는 큼직하게 보살은 작게 표현되는 방식이 보편화되어 있었다. 그러나 태안마애삼존불에는 이불(二佛) 일보살(一菩薩)의 독특한 삼존형식이 구현되었다. 또한 중앙에 보살상이 좌우에 불입상이 배치됨으로써 마치 여래가 보살처럼 표현된 것이다. 중앙에 위치하는 상(像)을 중심 존상이자 본존불로 조성하는 것이 원칙이자 관례이지만 태안마애삼존불에서는 중앙 보살상이 우람한 체구의 두 구(軀)의 불입상 사이에 끼어있는 것과 같은 인상을 준다.

　서산 마애삼존불의 삼존 구성 방식 역시 이러한 변격의 일환으로 이해될 수 있다. 좌 협시에 반가사유상이 우 협시에 봉지보주보살상이 배치된 형식을 취함으로써 공간배치의 다양화를 꾀했다. 또한 예산 석주 사방불에서는 동·서·북면은 입불상이 남방은 좌불상이 배치된 특이한 사방불 형식이 구현되었다.

　이러한 예를 통해 불상의 배치와 형태 구성에 대한 특별한 관심과 자유분방한 공간감이 발휘된 양상을 살펴볼 수 있다. 이러한 시도는 일종의 실험정신으로 이해된다. 비록 석불과 마애불이 제작되기 시작한 시점은 금동불보다 뒤지지만 재료와 규모, 배치 등의 조형감각은 금동불의 그것과 전혀 다르기 때문이다. 그러므로 다시 새롭게 익혀나가야 한다는 측면에서 볼 때, 위와 같은 자유로운 조형사상은 석재를 토대로 새로운 영역을 구축해 나가는 과정에서 발현된 실험정신으로 이해된다.

　한편 예산 사방불이 표방하는 공간관념과 관련하여서는 불교의 진리와 백제의 영토를 사방으로 퍼뜨리고 확장시켜나가겠다는 백제인들의 야심[86]과 함께 그것의 이면인 불국토에 대한 그들의 관점과 자부심이 더불어 고려되어야 할 것으로 보인다. 왜냐하면 동·서·남·북·천정·천저와 같은 방위는 임의적인 기준점을 두고 그것으로부터 설정되는 어느 쪽의 위치이기 때문이다.

사방불을 건립하여 백제 땅 사방으로 퍼져 나가는 불(佛)의 진리를 시각화함으로써 백제인들은 진리의 빛이 백제로부터 발원한다는 것을 강조하고자 했던 것으로 보인다. 그리고 그것은 백제 영토에서는 언제든지 어디서나 항시 부처님을 만나고 볼 수 있다는 깊은 그들의 신앙심과 충만한 자신감의 발로인 것이다. 이로부터 신라인들뿐만 아니라 백제인들 역시 그들의 영토를 불국토라고 인식했음을 짐작할 수 있다.[87]

굳이 『관불삼매해경(觀佛三昧海經)』 등 소의경전을 근거로 들지 않더라도 어디서든지 쉽게 볼 수 있는 불상을 건립하고자 했을 때 사방불의 건립은 현실적인 선택이었을 것이라 여겨진다. 원기둥·팔각기둥 등과

---

86) 사방불의 명칭은 명문이 없어서 정확히 알 수 없지만 대체적으로 관불삼매경 등의 사방불로 추정해야 할 것이다(松長有慶(1969) 密敎의 歷史. p.42). 이러한 사방불은 사방으로 확대되어 가는 領土觀念을 보여주는 일면도 있다(文明大 (1987) 百濟四方佛의 起源과 禮山石柱四方佛像의 硏究. p.69).

87) 『三國遺事』 권3 미시랑 진자사조. 신라에서 최초로 건립된 국찰로서 진흥왕이 출가했던 흥륜사의 승려인 진자가 백제의 구도인 공주에 있는 이름 없는 절에서 미륵선화를 모셔왔다는 사실로부터 백제 미륵 신앙의 정통성을 알 수 있다. 미륵하생신앙이 백제에서 먼저 일어났기 때문에 뒤따라 모방하려 한 신라에서는 초기에 백제로부터 하생한 미륵을 모셔오는 형식이 필요했을 것이다(최완수(2007) 한국불상의 원류를 찾아서 2. pp.26~27).

비교해 볼 때 상대적으로 넓고 균등한 조각면을 확보할 수 있는 것이 사각기둥이기 때문이다.

삼국시대 사람들의 틀에 갇히지 않은 상상력은 불상의 형식[자세]에도 적용·발휘되었다. 주로 보살상에 표현되던 삼곡(三曲) 자세를 여래상에 채용하여 삼곡 자세를 취한 여래가 오른팔을 내려뜨려 보주나 연봉오리를 받들었다. 일반적으로 여래상은 직립하고 여래 좌우에 협시하는 보살상이 삼곡 자세를 취한다. 또한 여래는 수인(手印)을 취할 뿐 지물을 들지 않는 것이 보통이다. 대개 보주나 연봉오리 등의 지물은 보살이 든다.

그런데 신라에서는 여래가 마치 보살처럼 오른쪽으로 엉덩이를 내밀어 완연한 삼곡 자세를 취하고 아래로 내려뜨린 오른손으로는 지물을 들고 있는 도상이 창안되어 다수 제작되었다. 국립박물관 소장 금동 여래 입상과 경주 황룡사 터 출토 금동 여래 입상 등이 그것이다. 국립박물관 소장 금동 여래입상은 신체에 비해 큰 얼굴에 미소를 띠고 연봉오리를 든 손을 오른쪽으로 심하게 내민 엉덩이 옆에 살짝 대고 서 있는 모습이 익살스럽기까지 하다. 이 상은 똑바로 서는 직립자세에 강건한 신체를 갖춰 남성적인 성격을 띠는 일반적인 여래상의 통례를 뛰어넘었다.

불상 조형의 규범으로는 32상 80종호가 구비되어있지만 이들 규정이 한 조형에 모두 적용되는 것은 아니기에 조상(彫像)에는 만들고자 하는 불상에 대한 조각가의 해석이 필연적으로 전제되기 마련이다. 32상에 제시된 규정 중 스무 번째에 똑바로 선 모습[大直身相], 80종호 가운데 열세 번째에 몸이 곧음[身不曲], 예순 번째에 기울지 않은 신체[身不傾動]에 대한 언급 있지만 이러한 규정보다는 80종호 가운데 서른네 번째, 손·발을 마음대로 함[手足如意], 서른여덟 번째 보면 즐거워짐[一切惡心衆生見者知悅] 등의 규정을 점차 조형의 근본으로 삼게 된 것으로 보인다. 삼국시대 사람들은 완전히 깨달은 자의 모습을 상식적이고 평범하며 자연스러운 모습이라 이해했고 그것을 '편안한 자세'라는 조형으로써 드러내고자 한 것이라 여겨진다.[88] 점차 편안하고 자연스러워지는 불상의 자세를 이러한 견지에서 바라볼 필요가 있다고 생각된다.

독립적인 예배상으로 제작된 등신불 규모의 반가사유상에도 삼국시대 사람들의 자유로운 사고방식이 반영되었다. 반가사유상은 중국의 경우 북위·북제·북주시대에 거쳐 유행한 이후 더 이상 조성되지 않았고 그 크기도 30cm~50cm에 불과했다. 그리고 주로 석굴사원에서 여러 불상들과 함께 마애불로써 불전(佛典)의 서사 맥락으로 조각되는 것이 일반적이었다.

---

88) 불상 조형이 갖는 규범적 영향력을 생각할 때 불상 표현이 추구하는 자연스러움의 의의는 지대하다 할 수 있다. 원, 직선, 곡선의 모티프는 일상생활에서 접하는 자연물 속에 물질적으로 존재하고 있었지만 상징적 차원에서 종교미술작품인 불상에 차용됨으로써 원만함, 곧음, 바름 등의 규범적 가치로써 확립되는 계기가 되었을 것이라 여겨진다. 이러한 측면은 불보살상이 사람들에게 이상적인 인간상으로 제시되는 일면과 연계해 생각하면 이해하기 수월할 것이다. 모범적인 인간상, 절대자의 형상이 편안하고 자연스럽고 자유로운 모습으로 제시되는 것은 불범일여(佛凡一如)의 가르침을 시각적으로 구현한 것이라 할 수 있다.

그러나 삼국에서는 반가사유상이 석불 뿐 아니라 금동불로서도 다수 제작되었다. 또한 중국에서 사유상 제작이 막 내리던 무렵에 83.2cm(국보 제78호 금동미륵보살 반가사유상)와 93.5cm(국보 제83호 금동미륵보살 반가사유상)의 금동제 등신대 사유상이 탄생했다. 반가사유상이 등신대 독존상으로 조각되었다는 것은 서사구조에서 벗어나 독립적인 존상으로 다루어졌다는 것을 의미한다. 또한 더 이상 이야기[佛典]를 전개하는 구성적 역할이 아니라 독립적인 예배대상으로서 더 직접적인 방식으로 신도들과 소통하게 되었다는 것을 의미한다.

이러한 측면은 반가사유상이 사람들에게 단 하나의 메시지로써 통용되기보다 다양한 의미로써 이해되는 것을 가능하게 하는 측면이 존재한다. 이 상을 바라보는 사람들이 이미 알고 있는 익숙한 이야기를 기억 속에서 되새기는 수동적 위치에서 벗어나게 되었다는 점에서 그러하다.

특히 신라의 경우 미륵은 화랑의 신앙 대상이었고 화랑이 미륵의 화신이라고 여겨지기도 했다.[89] 경전 속 미래불을 국가적 영웅과 연계시킨 것은 정치적 메시지의 전달이라는 측면을 무시할 수는 없을 것이다. 장차 부처가 되리라는 수기를 받은 미륵과 장차 국가의 동량이 될 화랑 사이에는 유사점이 존재한다. 반가사유상은 삼국에서 미륵보살

89) 『三國遺事』第3卷 第4 塔像 彌勒仙花 · 未尸郎 · 眞慈師 진지왕대 흥륜사 승 진자가 미륵상에게 대성(大聖)이 화하여 화랑이 되어 이 세상에 출현하기를 간절히 빈 결과 하생(下生)했다는 미륵 선화 미시랑의 이야기가 전한다.

로서 예배되었는데 날렵하고 다부진 몸으로 표현됨으로써 화랑도에게
는 약속된 승리의 표상으로 받아들여지며 그들의 숭앙의 대상으로 자
리 잡았을 것으로 생각된다.

특히 반가사유상의 경우에는 명상·사유 삼매의 특징을 드러내기
위해 조각가가 택한 과정적 혹은 진행 중인 시점(時點)으로 인해 당시
사람들이 화랑과 미륵보살을 동일시하거나 감정이입을 하는 데 수월
했을 것이다. 궁극적 목표를 향해 나아가는 과정에 있다는 점에서 미
륵보살과 화랑 사이에는 친연성이 존재하기 때문이다. 반가사유상은
이제 갓 알아차리고 즐거워하는 모습, 혹은 일련의 '과정' 속에서 맞이
한 '전환'을 표현함으로써 열반을 암시하는 시점을 택했다.

통일의 주체 세력인 화랑과의 연계 속에서 미륵에 대한 신앙이 널리
퍼져있었다면 이러한 믿음과 함께 자비롭고 온정주의적인 위정자에
대한 시대의 요청이 상(像)에 반영되었을 가능성을 배재할 수 없다. 정
면을 향해 선 꼿꼿한 자세가 신권적인 위엄으로써 적을 제압하려는 위
정자의 자세를 상징하는 것이라면 반가좌 자세를 취한 채 명상하는 모
습에서는, 상대적으로, 이미 제압된 상대를 다루는 승자의 면모를 엿
볼 수 있다. 이를테면, 미래적·희망적 관점이 투영된 것이다. 그의 관
심은 외부의 적에 맞서 국가를 수호하는 것뿐 아니라 사회체제의 정비
와 수습 등 내부적 질서를 단속하는 것에 두루 미쳐 백성과의 관계를
긴밀하게 하는 데 집중되었을 것이다.

반가사유상은 시선을 외부가 아닌 자기 내부로 돌림으로써 성찰하
듯 명상하는 눈매로써 표현되었다. 이 모습을 화랑·위정자에 대비시

켜 이해한다면 무력과 세(勢)의 과시보다 자비롭고 온정적인 측면, 자기 성찰적인 자세가 위정자의 덕목으로 요구되고 있음을 시사하는 것이라 볼 수 있다. 단순히 무력으로 적을 제압하는 모습이 아니라 뭔가 숙고하는 것과 같은 모습에서 위정자의 포용성이 드러난다. 또한 자신의 고뇌에 골몰한 상태가 아니라 무엇인가 깨달아 법열에 접어든 상태로 엄숙함과 심각함이 아닌 명랑하고 밝은 정서가 전달된다.

삼국시대 후반에 제작된 반가사유상에서는 고유섭 선생이 고대 국가적 속성이 투영된 불상의 '수직성', '정면성', '대량성'이 외적·내적인 측면에서 극복된 것으로 보인다. 선생의 지적에 따르면 불교가 사회와 활발히 상호작용하며 그 사상적·문화적·정치적 기능을 발휘했기 때문에 당시의 공예품, 예술작품에는 다음과 같은 고대 국가적 속성이 담긴다.

"세부에 치심하지 아니하고 위의(威儀)에 치중하고 권력(權力)의 강대, 기력(氣力)의 유장(悠長), 포위(包圍: 포용(包容)이 아니다)의 대도(大度)를 보인다. 그들의 문화란 자아의 반성이 없고 강력(强力)의 발휘가 있다. 신위(神威)와 등일(等一)하고 신의(神意)에 통달한 권력은 인간(노예)의 획득이 주장이었고 그리하여 얻은 인간(노예)은 평면으로 공간으로 광대한 터(基)를 잡음에 이용된다. 고고학시대(考古學時代)라 명명(命名)되어 있고 고분문화시대(古墳文化時代)라 명명되어 있는 고신라기(古新羅期)유물은 어떠한 조형에서든지 상술한 기품이 응집되어 있다. (중략) 오직 단이(瑞異)에 대한 충실한 서사(敍事)가 있을 뿐이요, 하등의 사고(思考)도 하등의 정서(情緒)도 없다. 수확(收穫)의 다(多), 획득(獲得)의 다(多)에 수반된 법열(法悅)이 있을 뿐이요 하등의 겸손(謙遜)도, 하등의 비애(悲哀)도 없다. 이것을 고신라기(古新羅期) 고분의 크기와 연결(連結)하여 상상하면 모두가 요컨대 권위(權威)로써 포위(包圍)의 대(大), 결구(結構)의 대(大)를 욕심부리고 있던 신관적(神官的) 독재적(獨裁的) 노예국가사회(奴隸國家社會)의 표징이라 할 수 있다. … (중략) … 지금 전(傳)하여 있는 소소한 불상에서도 이러한 특색을 볼 수 있으니 그 특이한 정면성(正面性)과 수직성(垂直性)과 대량성(大量性)은 신관적(神官的) 독재적(獨裁的) 사회(社會)에서 배양된 형식이 아니면 아니되겠다. 즉 정면성(正面性)은 「신위(神威)의 장엄(莊嚴)」을 상징하는 것이며 그 수직성(垂直性)은 「권력(權力)의 강대(强大)」를 상징하는 것이며 그 대량성(大量性)은 「최대한 수입(收入) 무제한한 수요(需要)의 행복」을 상징한다. 모든 형식은 기하학적 도상성(圖像性)을 갖고 좌우 균등(均等)하게 전후상칭(前後相稱)하게 처리되어 있다. 이러한 특색을 소소한 한 개의 불상을 통하여서도 능히 볼 수 있는 것은 요컨대 당대의 불교까지도 단순한 미신적 존재가 아니요 계급사회에 능동적 동적(動的)으로 수립(樹立)된 신념이었던 것을 용이하게 추찰(推察)할 수 있다. … (중략) … 무열(武烈)·문무(文武) 양 대왕과 김인문(金仁問)·김유신(金庾信)의 양 위걸(偉傑)과 자장, 원효, 의상의 대덕(大德)들은 농축(濃縮)된 가구적(架構的) 사회, 포화(飽和)된 집권적(集權的), 신관적(神官的) 노예국가를 지양하고 통제적·봉건적 국가, 신흥의 조각적(彫刻的)사회로 배반(排反)되고 창조(創造)될 계기에 섰

이
해
주
―

111

던 행운아들이었다"[90]

위의 인용문에서 언급된 바와 같이 수탈적이고 노예 획득적인 고대 국가적 속성이 모두 표출된 삼국의 영역 쟁탈전이 장기화되면서 삼국은 전쟁 수행을 위해 한편으로는 전비 조달을 위한 생산성 향상에, 다른 한편으로는 민(民) 동원에 박차를 가했다. 그리고 이들은 크게 증가된 국가 재정의 담당자로서 주목되었다.[91] 따라서 민을 아우르고 사회변동에 대처하기 위해서는 약탈적·혈통적·과시적인 고대적 속성을 뛰어넘는 새로운 차원의 장이 마련되어야 했다.

생산의 주 담당자이며 조세를 부담하고 군역을 수행하면서도 지배층으로부터 철저하게 차별받는 양인 백성은 지배 대상이기도 하지만 이들을 중심으로 하는 '민심(民心)'은 항상 치자(治者)의 고려 대상이며 이들의 생존과 생활의 보장은 지배층의 관심사였다.[92] 그렇기 때문에 지배층 이익보장을 위한 기만성이 전제되고 있지만 고대의 일방적인 수탈관계를 지양하면서 일단의 진전된 타협을 이룰 필요성이 대두되

---

90) 고유섭(1993a) 앞의 책. pp.217~220.
91) 개별경리(個別經理)를 확보해 온 민 일반의 꾸준한 경제적 성장과 짝을 이뤄 진행되었었고 이런 상황에 발맞춰 국가와 민의 연계를 밀접하게 하여 민의 범주를 확대해 가는 현상도 나타났다. 이러한 국가 사회적 요구와 현실 속에서 민의 사회경제적 분화가 가속화되었다. 그렇기 때문에 다수 일반 민의 빈곤화를 막고 일부 부상하는 민들의 사회경제적 욕구를 반영하는 대책이 제시되어야 했다(김기흥(1991) 삼국 및 통일신라 세제의 연구. pp.225~229).
92) 金基興(1995) 韓國史의 古·中世 時代區分. pp.107~108.

었을 것이다. 전쟁으로 인한 포로·유이민 등의 발생으로 말미암아 기존 촌락 공동체의 성격이 변질되었기 때문에 다양한 성분의 주민들을 아우르고 사회변동에 대처하기 위해서는 약탈적이고 혈통적이며 과시적인 속성이 어느 정도 불식된 새로운 차원의 장이 요구되었을 것이다.

그 결과 통일신라에 이르러서는 일방적이고 절대적이며 영웅적이고 초월적인 왕에 머물지 않고 백성의 복리를 염두에 두면서 보다 보편적인 도덕원리를 정치의 기본으로 내세우는 성군(聖君)의 모습을 보게 된다.[93] 앞서 언급한 고대 국가적 속성이 다소 극복되는 시기인 삼국 말기에 온정적이고 도덕적인 왕의 출현에 대한 기대가 반가사유상에 반영된 것으로 볼 수도 있다.

팽팽한 긴장감과 역동성은 현실에서 목표를 다 이룬 자, 이제 더 이상 자신의 외부에는 추구할 지향점이 없는 자의 포용력과 위엄을 나타내는 데 적합하지 않다. 미륵보살반가사유상에는 경직된 자세·굵고 강렬하고 날카로운 표현 대신 부드럽고 명쾌한 힘이 내포되었다. 화랑과 연계 속에서 사유상이 미륵의 도상으로써 인식되었다면 그것은 정치적 의도가 예술의 옷으로 완벽하게 갈아입고 등장한 것이라고 평가할 수도 있다. 즉 미륵불·보살은 시대적 요청과 결합하여 재해석된

---

93) 예컨대 문무왕은 백성들의 세금을 경감해주고 부채를 탕감하거나 부채의 이자를 면제해 주었다. 더구나 죽음에 임하여 유고(遺誥)를 내려 각종 부세의 경감을 비롯한 백성들에 대한 편의 제공을 부탁했다(『三國史記』 卷7 文武王本紀 21年 7月1日 條).

것일 수 있다. 미륵이 젊고 잘생긴 청년으로 조형되는 삼국시대 조형의 특징은 이러한 배경속에서 나타난 것이라 생각된다.

2) 생명의 힘

삼국시기 불상의 특징 중 하나로 꼽을 수 있는 것은 다른 시기의 불상에 비해 표정이 살아있는 인간과 같다는 점이다. 삼국시대 불상의 얼굴은 정형화되지 않아서 절대재[신神]가 아닌 사람의 얼굴을 보는 것과 같은 느낌이 들기도 한다. 불상 뿐 아니라 이 시기 대부분의 미술품으로부터 넘치는 생명력을 살펴볼 수 있다. 그런데 이 시기의 조형물의 운동태(運動態)에 대한 감각과 사고는 형이하학적인 물리적인 운동성에 대한 관심이라기보다도 형이상학적인 생명력 그 자체에 대한 관심에서 나온 애니미즘(animism, 物活論)적인 의식의 발로라 여겨진다.[94]

심지어 표현 대상이 무생물인 우익형(羽翼形) 편금(片金)과 같은 금관 장식물인 경우에도 형태를 구성하는 곡선에 나타나는 탄력적인 기세에서 운동태가 간취된다. 비생물적인 것마저 생물적인 것으로 간주하고 표현한 까닭에 일종의 초인간적이고 비현실적이다. 이로 인해 우주적이고 신비적인 특색이 느껴지는 측면이 있다.

---

94) 이러한 현상에 대해 고유섭 선생은 생물적인 것에서 생명성을 본다는 것은 당연한 일이나 비생물적인 것에서까지 생명성을 본다는 것은 "일종의 애니미즘의 발작이다"고까지 표현했다(고유섭(1993a) 한국미술문화사논총. p.128).

삼족오(三足烏)로 일상(日像)을 상징하고 옥토와 계수로서 월상(月像)을 상징하고 사신(四神)으로서 방위를 상징하는 애니미즘적 상징주의[95]는 다음과 같은 역할을 수행한 것으로 보인다. 첫째, 정물적(靜物的)인 것을 동적(動的)인 것으로 환치하는 것을 용이하게 한 측면이 있다. 둘째, 힘에 대한 초상식적 · 비합리적인 해석을 강조하는 수단으로 이용되었던 덕분에 의도하지 않게 종교미술 분야의 상징적이고 추상적인 표현을 예행한 격이 되었다.[96]

모든 대상에 생명이 있다고 믿었던 당시 사람들의 사고 구조에는 오늘날 무생물이라 일컫는 개념이 존재하지 않았다. 그러므로 이러한 맥락을 고려하여 생명감을 고조하는 조형사상 내지 미의식이 풍미한 삼국시대의 문화를 이해할 필요가 있다. 삼국의 문화는 생명력에 대한 강한 확신의 기초 위에서 건립되었다.

이러한 믿음이 조상숭배 · 토템숭배, 애니미즘, 영혼불멸, 그리고 계세적 세계관과 맞닿아 문화의 거의 전 영역을 지배했다. 죽은 사람은 남은 가족의 수호신이 된다는 믿음과 종(種)을 초월하는 온갖 형태의 생명이 혈연이라는 믿음이 고대사회에서는 일반적이었다. 이중에서도 특히 시조신 신앙은 고려시대까지 이어져서 고려인들은 각 성씨(姓氏)

---

95) 상상력과 무한한 생명의 힘이 결합해 나타났던 애니미즘적인 차원의 상징주의는 자기만족적인 주관적 · 감정적인 차원의 상징성을 뜻하는 것으로 불교의 심오한 사상성이 불상 조형의 내용이 되는 차원과 구분하기 위해 붙인 명칭으로 사용된다.
96) 고유섭(1993a) 앞의 책. p.129.

의 조상을 토템으로 인식했다.[97]

사실 이와 같이 인간이 만물과 공동유대 속에 있다는 확신이 없었던들 사람들은 자연과 주술적 접촉을 할 생각을 아예 하지도 않았을 것이다.[98] 이러한 생명의 연대성과 끊긴 데 없는 통일의 원리는 계기의 질서에서도 그대로 적용되어 인간 세대들은 단절 없는 연쇄의 사슬을 형성했다.

일반적으로 사람들은 시공을 초월해서 어떤 형식으로든 죽은 자에

---

97) 씨족관계로 구성원을 이루고 있는 사회집단이 정치권력을 좌우하는 것은 중국과 우리 고대 국가의 특징 중 하나다. 씨족 내에서는 혈연의 멀고 가까움에 따라 왕위계승 서열이 결정되었다. 그리고 씨족들은 각기 인격신인 시조신을 두고 있었다. 그 중에서 유력가문의 시조는 계보적으로 초월적 세계와 연결되는 신성한 존재임이 강조되었다. 특히 부계로 지고존재인 천신의 후예임이 내세워졌는데 그 까닭은 권위의 확립에 있었다. 정치권력을 행사하기 위해서는 먼저 권위가 수립되어야 했는데 이때 주로 혈통의 신성성이 그 정당성으로 내세워진 것이고 이것은 천상신과 지상신이 결합하여 토템신앙으로 윤색된 시조신 신앙으로 발전했다. 그리고 이러한 인격신 개념의 시조신 신앙을 위축시켜 관념 신앙으로 전환했다는 것이 바로 종교사회사의 측면에서 평가하는 불교 수용의 의의다. 그러나 불교는 기존의 신앙을 배척하지 않고 종속적으로 흡수하였기 때문에 시조신 신앙이 사라지지 않고 고려시대까지 이어져서 당시 사람들은 각 성씨(姓氏)의 조상을 토템으로 인식하고 있었다고 한다. 불교 수용 이후 삼국의 왕실 시조에 대한 천강(天降)의 인식은 이전에 비해 쇠퇴했지만 신라의 경우에는 불교 교리에 의해 왕실은 인도의 석가족(釋迦族)이 환생한 것으로 윤색하여 기존의 여타 시조신보다 우월함을 드러내는 방식으로 바뀌었다 (허흥식(1995) 불교사상사에서 본 고대의 기점과 종점. pp.124~126).

98) Sir James Frazer(1959) *The Golden Bough* (London: Macmillan, 1959, Abridged ed). pp.12~13. 하지만 여기서 프레이저가 모방적 마법과 공간적 마법이라고 지적하는 마법의 두 형태는 사실 그 기원과 의의에 있어 모두 공감적인 것이다.

대한 제식을 치른다. 그 중에서도 특히 부모가 죽은 후 그 부모를 위해 그가 새로운 세계에서 지내는 데 필요한 장소와 물품을 제공하는 것은 살아남은 자의 최고의 종교적 의무들 가운데 하나가 된다. 이러한 의미에서 조상숭배는 인간 행위 중 가장 종교적인 동기에 터 잡은 것이라고 할 수 있다. 죽은 자는 남은 가족의 수호신이 되어 그들을 보살피고, 남은 자는 죽은 자를 섬기며 제사를 지냄으로써 인간과 신을 육체적 혈연으로 결합시키는 것이 유기적인 우주관의 특성이다.

그러므로 토템숭배현상과 조상숭배현상을 연결시키는 공동기연을 이해하려면 바로 이 사실, 동일한 종교·사회 공동체에서 인간과 초인간적 성원을 결합시키는 것이 육체적 혈연이라는 점에 주목해야 한다.

장례와 제례는 인간과 초인간적 성원을 결합시키는 의식 절차였다. 이때 조상의 초상이 중요한 역할을 담당했다. 여기서 초상화는 실재 그 사람처럼 여겨지는 상징적인 도상이었다. 사람들은 초상화 앞에서 옷깃을 여미고 경의를 표하며 그것에 영혼이 깃들어 있다고 믿는다. 향사 첨배용 조종화의 경우에는 초상화 속 인물이 대개 신상(神像)과 같이 평정하고 근엄한 형상을 갖추고 있다는 점에서 예배대상인 불상과 관념적 친연성이 인정될 수 있다.

마치 사람의 혼이 깃든 것과 같은 삼국시대 불상 얼굴에서 볼 수 있는 조형적 특질이 혈족관계에 기초한 시조신 관념의 연장선상에서 나온 것이라면 이것은 성(聖)에 대한 인간의 감수성을 표현한 실례(實例)가 되는 것이다. 그리고 이때의 감수성은 한없이 너그럽고 자애로운 혈족간의 사랑에 뿌리를 둔 유대감에 근거하므로, 혈연관계가 있고 친

근한 존재에 호소하기 때문에 신은 신도들에게 자비롭게 관념된다.[99]

지배층의 수호신 권능을 그대로 인정하면서 재래신앙 패턴을 토대로 불교를 수용했기 때문에, 삼국시대 사람들이 갖고 있는 그들의 죽은 조상—시조신·수호신—에 대한 뿌리 깊은 관념이 불·보살을 인식하는 과정에 영향을 미쳤을 가능성이 있다. 사후세계에 대한 막연한 인식의 연장선상에서 불교의 내세 개념을 받아들였을 경우 불보살을 사후세계의 주재자로 이해했을 가능성, 즉 수호신·죽은 조상(死者)과 유사한 존재로 여겼을 가능성을 전적으로 배재할 수는 없다.

이런 견지에서 볼 때 『도행반야경』에 등장하는 "불상에 불(佛)이라는 신이 내재하는가?"[100] 하는 의문은, 비록 후한(後漢)시대의 경전이기는

---

99) 이러한 의미에서 종교는 결코 공포의 소산으로 볼 수 없다. 물론 거룩하고 신성한 존재는 언제나 공포의 요소를 지닌다. 그러나 그것은 황홀한 신비인 동시에 두려운 신비이다(Spranger, Eduard(1928) *Type of Men; the Psychology and Ethics of Personality*. Halle(Gerardus van Leeuw·尹以欽 譯(1988) 종교와 예술. p.26에서 재인용-). 만일 모든 종교는 공포에서 생기는 것이라는 전제에서 출발하는 한, 신적 존재를 두려워하면서도 다가가고 싶어 하는 인간의 감정을 이해한다는 것이 불가능할 것이다.

100) 담무갈 보살이 물었다. "…(전략) 붓다가 열반에 든 후 어떤 사람이 붓다의 형상을 만든다고 하자 사람들은 붓다의 형상을 보고 무릎을 꿇고 경배하지 않는 자가 없다. 그 상은 단정하고 빼어나게 훌륭하여 붓다와 다름이 없다. 사람들은 보고 칭탄(稱歎)하지 않는 자가 없고, 꽃과 향과 비단을 가지고 와서 공양하지 않는 자가 없다. 현자여, 붓다라고 부르는 신(神)이 상 안에 있는가?" 살타파륜보살이 대답했다. "그 안에는 없습니다. 불상을 만드는 이유는 다만 사람들로 하여금 복을 얻게 할 따름입니다. … (중략) … 붓다가 열반에 든 후 붓다를 염(念)하기 위해 상을 만들어, 세간 사람들로 하여금 공양하고 그 복을 얻게 하고자 하는 것입니다.(T224: 477 중; 異譯인 지겸(支謙)의 『대명도

하지만, 불상에 혼이 깃들어 있다는 사고가 상당히 개연성 있는 것임을 보여주는 일례라고 할 수 있다. 그리고 불교를 갓 수용한 삼국 사람들의 입장에서 충분히 품을 수 있는 생각이라고 여겨진다.

이와 유사한 사고구조의 소산으로써 사자초상(死者肖像)표현의 연장선상에서 불·보살상을 조형했을 가능성에 대한 견해가 개진된 바 있다. 간다라 초기 불상 조립이 당시 이란의 조상 관습과 밀접한 연관을 지니고 있다는 견해가 바로 그것이다. 파르티아의 사자초상(死者肖像)[101]에 표현된 인물들처럼 석가모니 붓다도 마치 위대한 왕자나 영웅처럼 표현되거나 혹은 영혼이 깃든 초상과 같이 표현되었다는 주장이다.[102]

이 주장의 요점은 파르티아의 사자초상이 스와트의 초기 상에 영향을 끼침으로써 사자(死者)의 영혼이 내재된 마치 살아 있는 것과 같은 형상으로서 불·보살상을 인식했을 가능성은 인정되지만, 그러나 만일 붓다나 보살의 상(像)이 사자 초상에 표현된 인물들처럼 영혼이 깃

경』(T225: 507a, 222~228년 역출)에도 같은 내용이 나온다.)"
101) 대략 기원전 2세기부터 기원후 2세기까지 성행한 파르티아 미술에서 등장한 인물 표현의 가장 큰 특징은 엄격한 정면관과 대칭성, 커다란 눈으로 정면을 응시하는 표정으로 요약된다(Roman Ghrishman(1962) *Perthian and Sassanian Period.* pp.6~9, p.69(이주형(2001), 인도 초기 불교미술의 佛像觀. p.95 각주 22참조).
102) Tanabe Katsumi(1984) *Iranian Origin of the Gandharan Buddha and Bodhisattva Imagies* .pp.1~27. 특히 p.22(이주형(2001), 위의 글, pp.96~97에서 재인용).

든 것으로서 표현된 것이라면, 그 형상은 상(相)을 초월한 무여열반(無餘涅槃)의 세계에 속한 붓다의 모습이 아니라 아직 그 이전의 세계에 머무르고 있는 것에 불과한 것이라고 할 수 있다는 것이다.[103] 사자초상과 불상 표현의 관계에 대한 이와 같은 견해는 불상의 '불상화'[104]가 진행된 통일신라시대 불상과 대비되는 삼국시대 불상의 특징인 '인간 같은 불상'을 이해하는 데 시사점을 제공한다.

현세 이익 지향적이고 기복적 성향을 지닌 삼국시대 사람들은 삶에 대한 긍정과 애착의 정도가 강렬했다.[105] 그들은 생(生)을 중시하며 현실 조건의 결여사항을 구체적으로 해결하는 것이 목표였다.[106] 모든 개

---

103) 이주형(2001) 앞의 글. p.116.
104) "통일 초기의 불상들은 아직 전대의 전통을 남기고는 있었지만 대세는 이미 초당 양식이었다. 가장 현저한 변화는 불상이 인간에서 떨어져 진정한 의미의 '불상'으로 되어 간 것이다. 이 '불상화'가 통일신라기 불상의 특색이다(김원룡(1998) 한국미의 탐구. p.139)."
105) 李基白(1990) 新羅思想史研究. pp.13~31.
106) 현실 긍정적이고 기복형에 가까운 신념유형을 잦춘 특성 때문에 삼국시대 미륵신앙의 다음과 같은 특징을 보인다. 첫째, 그것이 개벽사상임에 불구하고 현재와 전적으로 다른 이상사회를 건설하려는 의욕보다는 현실적이며 현세적 조건을 충족시키려 하는 경향으로 말미암아 현실 사회질서와 체제를 그대로 유지했다는 점이다. 일반적으로 개벽사상에는 사회의 본질적 변혁을 추구하는 개혁의지와 이상사회에 대한 집단적인 꿈이 강렬하게 깃들기 때문에, 주술적 생존 동기나 구도적 고행주의는 한갓 무기력하고 쓸모없는 덕목이라 여겨지게 되고, 새 시대 · 새 사회에 대한 비전에 그 관심이 집중되게 마련이며, 개인의 존재 의미와 그의 꿈 역시 긴급하고 다급한 사회 변혁의 소용돌이에 휩쓸려 관심 밖으로 밀려나는 것이 보통이다. 둘째, 미래불(未來佛)인 미륵(彌勒)에 의해서 도래될 황금시대가 올 것이라는 신앙이 삼국시대부터 이

체에 생명의 힘을 표현함으로써 우주와 병존하는 수준에 올려놓고자
했으며 특히 기세(氣勢)를 중요하게 여겼던 것으로 보인다. 삼국시대는
전란 속에서 새로운 사상을 수용한 격동의 시대였지만 그 혼란은 향락
과 해이로 인해 빚어진 혼란이 아니라 발전선 상에서 겪는, 이른바, 역
동이었기에 고구려 · 백제의 경우 국가가 걷는 망국의 경로와 달리 삼
국의 예술작품은 고양되었던 것이라 생각된다. 그들이 만든 미술작품
에는 힘이 약동하고 어두움이 없다.

　삼국시대를 특징짓는 사고와 감정은 절대자에 대한 갈망과 함께 인
간적인 가치와 능력에 대한 믿음이 공존이다. 한편으로는, 전쟁이 장
기화되는 악재 속에서 가혹한 시대환경에 맞서야 하는 존재의 불안함

미 널리 퍼져있었기 때문에 이후 미륵 사상이 후삼국시대에 궁예를 통해 정
치적으로 나타나 사회 변혁기에 정치적 이데올로기로서 기능할 수 있는 기반
을 마련했다는 것이다. 통일신라시대는 사상적으로는 새로운 고전적 求道문
화를 형성했으면서도 사회적으로는 혈연과 지연을 중심으로 한 전통 체제를
유지함으로써(金哲俊(1982) 韓國古代社會硏究. pp.281~283), 사상과 사회의
이중구조를 취했는데, 이념적 보호를 받지 못하는 사회체제는 붕괴될 수밖에
없었다. 전통적 고대 사회 체제의 붕괴는 후삼국의 대두로 구체화되었다. 사
회체제의 전폭적인 변혁기였던 나말에 이르면 새로운 사회질서의 필요성이
대두되었고 이러한 변화를 바라는 사회계층이 광범위하게 확대되었으며, 이
때 末法思想과 새로운 세상을 상징하는 이른바 미륵불사상이 정치적 세력을
갖게 된다. 궁예가 자칭 미륵이라고 한 것이 그 예이다. 이 '자칭 미륵 사건'은
그 시대사상이 개벽 이념형으로 수렴되었다는 것을 뜻한다. 이후에도 미륵
사상은 급진적 정치 체제의 변혁을 꾀할 때 나타나곤 했으니 그 예를 고려 말
辛旽이 돌미륵이 솟았다는 허위사건에서 볼 수 있다(金三龍(1983) 韓國彌勒
信仰의 硏究. p.66).

이 존재한다. 이러한 일면은 미래불인 미륵을 향한 신앙이 대변해준 다.[107] 그러나, 다른 한편으로는, 이 불안함 속에는 당면한 상황—전쟁,

---

107) 일반적으로 하늘은 그것을 올려다보는 것만으로도 종교경험이 환기될 정도 로 그 자체를 무한하고 초월적인 존재로 드러낸다. 그렇게 함으로써 하늘은 사람들의 경험 속에서 지고한 것, 광대무변한 것, 닿을 길 없는 초월, 모든 힘 의 근원 등으로 자리 잡는다. 이러한 자각은 지적 사고에 의해 획득한 것이 아 니라 경험에 의한 것이다. 이와 같은 하늘에 대한 인간의 보편적인 경험이 종 교적 상징체계로 표상된 것을 신화를 통해 확인할 수 있는데 특히 개국 · 시 조신화에서 구체적인 현실규범 정립을 위해 하늘에 대한 경험이 동원된다. 신화 속에서 하늘에 대한 경험은 주로 당면한 문제에 대한 해답으로 서술되 며 실재의 비롯함으로서, 그 실재의 규범적 가치의 원천으로서, 그리고 삶을 위한 준거의 틀로서 기능한다. 즉, 이들 신화는 하늘에 존재론적인 차원으로 접근하고 있다. 이와 같은 근원적인 하늘경험, 곧 지고존재(至高存在)는 점차 자신의 자리를 세속적 통치 권력, 구체적 · 현실적인 기능, 그 경험을 추상화 한 개념적 덕목의 가치 등에 내주면서 스스로 뒷전으로 사라져버린다. 그러 다 극단적인 고난의 경우, 생존 자체가 문제가 되는 상황에서 인간은 다시 지 고존재를 향하고 그에게 호소한다. 인간이 다시 지고존재에게 돌아가는 것이 갖는 의미는 모두 같다. 정상적인 시절에는 삶을 보증하던 존재와 기능을 극 단적으로 위험한 상황에 처해서 지고존재가 대신 맡는 것이다. 이와 같은 '사 라진 신'의 현현 구조를 삼국의 상황에 적용해보면, 현실 권력인 국가가 일으 킨 전란과 내분의 소용돌이 속에서 당시 사람들이 간절한 마음으로 의지하 며 가족의 안위를 지켜달라고 기원할 대상은 오직 불 · 보살뿐이었을 것이다. 그래서 그들은 한편으로는 도솔천에 주석 중인 미륵보살을 하생한 불(佛)로 믿으며 그에 대한 신앙을 공고히 하고 다른 한편으로는 '만들기만 하면 그것 이 비록 아이들의 장난이었다 할지라도 그 공덕으로 成佛도 할 수 있다'고 장 려되던 불상을 조성함으로써 일가의 안녕을 지킬 수 있다고 굳게 믿었던 것 으로 보인다. 그러므로 결국 미륵신앙이 미륵보살상을 제작하게 한 원동력일 수도 있고, 반대로 미륵보살상을 제작하는 행위를 통해 석가의 후계자인 미 륵의 존재를 유포하며 견디기 힘든 현실에 어서 그가 하생하여 이상 세계가 펼쳐지기를 바라는 사람들의 마음을 결집함으로써 그에 대한 신앙을 유도했

궁핍, 질병, 죽음—에 압도당하는 인간의 나약함만이 있는 것이 아니라 이러한 결핍과 결렬을 신앙에 힘입어 회복하려는 강렬한 욕구가 공존한다.

불상에 인간적 특질을 구현함으로써 우주의 숨결과 일치하는 순간을 맛보려는 욕구, 솜씨를 뽐내고자 하는 현시욕구, 그리고 그것을 이룰 수 있다고 믿었던 그들의 믿음을 현전하는 불상을 통해 확인할 수 있다. 즉, 초인간·초세간적인 것과 인간적·세간적인 것의 하나 됨을 구가하는 것이 삼국시기 불상조형의 특징이라 여겨진다. 이런 경향으로 말미암아 이 시기 조형된 인간 같은 불상들이 희랍의 조각상들과 비견되어 논해지는 것으로 보인다.[108] 현실을 중시하고 자연에 대한 애착이 강했다는 점과 영육의 일체를 강조한 점에서 고대 헬라스인과 삼국시대 사람들의 이상은 공통적이었다고 할 수 있다.

다고 말할 수도 있다. 이 양자는 동시에 관찰되기 때문에 이 동시 현상으로 나타난 결과를 시대정신이라고 할 수 있을 것이다. 빈번한 전쟁은 전사자의 증가로 인한 경제적인 파탄을 초래하여 정치 경제사회적인 혼란을 야기했을 것이고 이와 같은 혼란을 당시 사람들은 종교적인 믿음으로 극복하고 했을 것인데, 이러한 욕구와 갈망이 이 시기에 극대화되어 나타난 것으로 보인다.
108) 고유섭(1993a) 앞의 책. p.163; 김원룡(1998) 앞의 책. p.134.

2. 구원론적 역할[109]

1) 미소의 성격

인간에게는 역사적인 지평과 초월적인 지평이 함께 작용한다. 인간은 한편으로는 역사라는 범주에 귀속하여 부단히 그 지배를 받고 또 그것을 형성해 나가지만 그와 동시에 다른 한편으로는 역사를 넘어서 초시간적으로 존재하는 질서와도 근원적인 관계를 맺어왔다. 이 두 가지 존재양식은 인간에게 똑같이 본질적이기 때문에 어느 한쪽을 간과하게 되면 그의 삶은 전체성을 잃게 된다.

"역사란 인간적 존재인 우리들이 살고 있는 장소인 의식의 지평에 대해 부여한 이름이다. 이 역사의 지평은 그보다 더 큰 환경에 둘러싸여 있다. 역사의 의미는 그 존재 자체에 있는 것이 아니라 역사 자체를 초월하는 존재와의 관련성 안에 있는 것이요, 역사는 다만 이 초월적 존재의 한 불가결한 요소로 존재할 뿐이다. 잘 만들어진 틀에 담긴 그림

---

109) 이때 구원은 존재의 전환을 뜻한다. 불교에서 말하는 궁극적인 실천 목표인 니르바나Nirvana는 제약된 생존에서 제약 없는 존재 양식, 즉 완전한 자유로의 이행을 뜻한다(멀치아 엘리아데著 · 이동하譯(1996) 앞의 책. pp.152~157). 종교에 있어서의 구원은 궁극적이고 내면적인 전환과 관계된다. 종교 생활의 의도는 잘못된 체험을 바로 잡는 수단과 스스로를 구원할 수 있는 근본적으로 유익한 힘을 제공하는 데 있다. 그것은 실천적 변화를 의미하기 때문에 초월신과 무관한 불교적 실천을 의미하는 데 사용되어도 무방하다.

과 같이 역사를 이 초월적 환경 안에 담아 부각시킬 때 비로소 인간은 역사를 의식하고 평가할 수 있었던 것이다. …(중략)… 담을 수 있는 큰 틀이 없을 때 역사는 다른 것으로 변질된다. 이러한 상황 하에서는 역사가 우리들의 환경 전부가 되고 우리는 위축감, 공황감을 가지기 시작한다."[110]

여기서 강조되는 것은 역사와 초역사의 위상이 상호 대등한 병립구조가 아니라 후자에 의해 전자가 감싸여지는 내포관계라는 점이다. 그런데 삼국이 불교를 수용할 무렵인 4세기 중반의 삼국의 대내외적 상황은 기존 지배 이데올로기가 한계를 보이는 일종의 종교적 공백기 상태였다.

이 시기는 삼국뿐만 아니라 동아시아의 암중모색기로 전란의 소용돌이 속에서 사람들은 위축감과 공황감을 느끼고 있었다. 이를테면 동아시아의 종교적 공백이 그것을 채워줄 새로운 종교의 출현을 역사의 필연으로 제기하고 있던 상황이었던 것이다.[111] 절대적인 초월 존재를 중심으로 전 세계에 통일적인 의미를 부여함으로써 인간을 초역사와 결합시키기고 초역사의 지평을 향한 인간의 물음에 대한 해답을 내리는 것이 바로 종교의 역할이다.

---

110) H. 콕스 · 김천배 역(1973) 바보제. p.53.
111) 정수일(2009) 고대문명교류사. pp.470~471.

이러한 견지에서 볼 때, 불교가 범아시아적인 세계 종교로 전파·확산된 것은 우연이 결코 아니었다. 그것은 불교의 종교적 교리와 수용자들이 처한 역사적 환경에서 비롯된 요인들에 의한 귀결이었던 것이다.

종교적 공백은 특히 유교 문화권에서 극명하게 나타났다. 구성원들은 현실 정치나 윤리 도덕의 치법(治法)에만 치중하는 유교나 유학이 안고 있는 한계를 분명히 느끼고 있었다. 유교만으로는 복잡한 현실의 삼라만상을 제대로 설명하고 다스릴 수 없음은 물론, 미래(來世)에 대한 비전도 제시할 수가 없다는 절박한 시대적 요청에 직면하고 있었다. 바로 이러한 때 업보(業報)와 윤회(輪廻) 사상을 바탕으로 하는 불교가 인간과 사회의 제반 문제에 대한 나름대로의 해석과 궁극적 해결책을 제시함으로써 이 절박한 시대적 요청에 부응할 수 있었다.[112]

삼국시대 사람들은 그들이 느끼는 결핍과 결렬을 초인간적인 힘에 의탁함으로써 극복하고자 했기 때문에 그들이 제작하는 불상은 바로 이러한 시대적 요구사항을 포용하여 사람들에게 위안과 안식을 제공해야 한다는 과제를 안고 있었다. 이러한 맥락에서 전란의 시기에 삼국에서 불교 공인과 함께 율령이 반포되었다는 점에 주목할 필요가 있다.

율령이 반포됨으로써 영역 내의 모든 주민은 국가의 공민으로 편제되어 조세를 납부하며 노동력을 징발 당하게 되었다. 삼국의 민은 역역(力役)과 군역(軍役)의 수취체계를 통해 잡역부나 병사로 징발되었다.

---

112) 정수일(2009) 앞의 책. pp.469~473.

15세 이상의 남자는 궁궐을 수리하거나 제방이나 성을 쌓을 때 대규모로 동원되었으며, 그들 가운데 일부는 병사로 차출되었다. 특히 삼국 간의 전쟁이 장기화되면서 노동력 징발이 잦아졌고, 생업을 중단하고 가족을 떠나 생사를 가늠할 수 없는 전장으로 나가야 했기 때문에 특히 군역은 민에게 무거운 부담이었다.[113]

이러한 현실의 부조리한 제도적 · 구조적 측면을 고려하면 삼국시대 사람들에게 불상 건립이란 이를테면 '억압적 · 현실적 이성'이 그들 삶에 부과하는 의무와 책임을 '고양적 · 이상적 이미지'를 통해 견디기 위한 그들 나름의 균형감각의 발로였다고 할 수 있다.

그러므로 불상이 보여주는 친근한 표정과 편안한 자세는 한편으로는 보는 사람에게 영향을 끼치기 위한 의도가 투영된 것이라고 할 수 있다. 그리고 다른 한편으로는, 이러한 자연스러움과 푸근함이 당시 사람들이 불상에 기대하는 바이기도 했다는 의미가 된다.

달리 말하자면, 삼국시대 사람들은 자연스러움에서 아름다움을 느꼈다는 뜻과 통한다. 이때 자연스러움과 아름다움은 생명감과 깊이 연관을 맺고 있었던 것으로 보인다. 생명감에서 미(美)를 느꼈기 때문에 그 가치를 불상에 구현한 것으로 이해될 수 있다. 전체적으로 정적인 분위기를 유지하는 가운데 자세나 표정을 통해 구현한 불상 신체의 운동태(運動態)를 바라보면서 경건한 평온을 느끼는 동시에 만족감과 위

---

113) 한국역사연구회 편(1999) 한국역사. pp.49~55.

안을 느꼈던 것이라 여겨진다.

일반적으로 개벽사상으로 인식되는 미륵사상조차도 현실적이며 현세적 조건을 충족시키고자 했던 삼국시대 사람들의 성향으로 말미암아 현실 사회질서와 체제를 그대로 유지하는 특징을 보였다. 그들은 생(生)의 현실을 있는 그대로 받아들이고 긍정하는데 관심을 집중했다. 이러한 삶의 자세는 삼국시대 특유의 미적 정서와 맞닿아있다고 할 수 있다. 삼국시대 사람들의 현실과 이상에 대한 인식과 감각이 그들이 제작하는 종교미술작품에 반영되는 것은 자연스러운 일이기 때문이다.

이때 현실 긍정적인 삼국시대 사람들의 감각과 사고와 부합하는 미적 범주로는 해학을 꼽을 수 있다. '있어야 할 것[이상]'과 '있는 것[현실]'의 사이에서 있는 것에 대한 긍정에 관심을 집중하는 미적 범주가 바로 해학이기 때문이다. 이러한 견지에서, 삼국시대 불상에 표현된 친근한 표정과 미소를 해학과의 관련 속에서 살펴보는 것도 의미가 있을 것이라 여겨진다.

그러기 위해서는 먼저 해학의 미적 범주[114]에 대한 검토가 이루어져야 한다. 미적 범주는 일반적으로 아래 그림과 같이 숭고 · 비장 · 우

---

114) '미적(aesthetic)'이라는 말은 그리스어의 지각하다(aisthētos)에서 유래하는 것으로서 미학이 연구해야 할 전 영역을 포괄하는 개념이다. 이 미적인 것은 미의 고유한 특질에 여러 가지 조건이 부가되거나 여러 가지 조건에 의해서 형태나 모습이 바뀌게 되는 등 경험적인 사실에 대해서 매우 다양한 양상을 드러낸다. 이 미적인 것이 나타나는 방식의 차이를 보편적인 기본 패턴으로 정리한 체계를 '미적 범주(aesthetic category)'라고 한다(민주식(2003) 아름다움, 그 사고와 논리. p.22).

아 · 골계로 구분된다.[115]

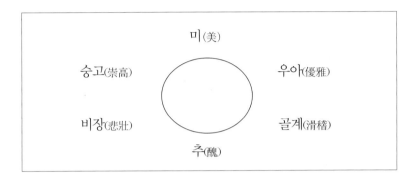

미(美)

숭고(崇高)   우아(優雅)

비장(悲壯)   골계(滑稽)

추(醜)

[그림1] 미적 범주[116]

　숭고 · 비장과 서로 마주보는 범주에 속하는 우아 · 골계의 성질을 살펴보면, 숭고는 '있어야 할 것'과 '있는 것'이 서로 필요로 하는 조화 관계를 이루면서 '있어야 할 것'으로 '있는 것'을 수정한다. 비장은 '있어야 할 것'과 '있는 것'이 서로 거부하는 갈등의 관계를 이루면서 '있어야 할 것'으로 '있는 것'을 부정한다.

---

115) 피셔(F. Vischer, 1807~1887)는 미 · 숭고 · 골계의 삼분화된 미적범주론을 제시했으며, 데스와(M. Dessoir, 1867~1947)는 위와 같은 원환적 미적 범주론을 제시했다. 그는 미적 범주를 미적 정서의 기본형식으로 분석하여 미 · 우아 · 숭고 · 비장 · 골계 · 추의 여섯 가지로 구분했다. 각 범주는 인접한 두 개의 범주에는 쉽게 이행되고 마주보는 범주에는 내용적으로 대립된다(민주식(2003) 앞의 책. p.23; 竹內敏雄 · 안영길 외 옮김(2003), 앞의 책, pp.268~283).
116) 竹內敏雄 · 안영길 외 옮김(2003) 위의 책. p.271; 민주식(2003) 위의 책.

우아는 '있어야 할 것'과 '있는 것'이 서로 필요로 하는 조화의 관계를 이루면서 '있는 것'으로 '있어야 할 것'을 수정한다. 골계는 '있어야 할 것과 있는 것'이 서로 거부하는 갈등의 관계를 이루면서 '있는 것'으로 있어야 할 것을 부정한다.[117] 이러한 사항을 도표화하면 [표 3]과 같다.

[표 3] 미적 범주의 내용과 성격[117]

미적 범주	내용	성격	내용	성격	미적 범주
숭고	조화	이상으로 현실을 수정	조화	현실로 이상을 수정	우아
		일상에서 벗어난 차원을 추구		일상의 실상을 있는 그대로 받아들임	
비장	갈등	이상으로 현실을 부정	갈등	현실로 이상을 부정	해학
		삶의 부당한 제약을 거부 숭고한 이념을 긍정		경화된 관념의 구속을 거부 삶의 발랄함을 긍정	풍자 골계

숭고와 우아는 양측 모두 조화를 나타내지만 조화의 성격에 있어서는 상반적임을 알 수 있다. '있어야 할 것'에 의한 조화는 일상생활에서 벗어난 차원을 추구하는 것이지만 '있는 것'에 의한 조화는 일상생활의 실상을 있는 그대로 받아들이는 것이기 때문이다. 더불어 시각적인 측면으로 비유하자면, 숭고한 것은 크고 위대하지만 우아한 것은 작고

---

117) 조동일(1998) 해학의 미적 범주. pp.139~140. 조동일은 이 연구에서 문학론의 한 작업으로 미적 범주를 다루었으나 그의 논의가 문학을 두고 전개되는 것은 아니기 때문에 그가 도출한 결과는 예술 일반에 확대 적용될 수 있다고 생각된다.
118) 조동일(1998) 위의 글. p.141에 제시된 그림을 인용하여 이 논문에서 도표로 변형했다. 또한 본문에 언급된 '있어야 할 것'을 이상으로 '있는 것'을 현실로 바꾸어 표현했다.

삼국시대 불상의 미의식 연구 ㅡ

친근하다.

한편 비장과 골계는 양측 모두 갈등을 나타내는데 갈등의 성격은 서로 상반된다. 비장은 삶의 부당한 제약을 거부하고 숭고한 이념을 긍정하려는 투쟁인데 이 투쟁은 힘들게 이루어질 뿐만 아니라 패배로 끝나더라도 달리 뾰족한 방도가 있는 것은 아니다. 이에 반해 골계는 경화된 관념의 구속을 거부하고 삶의 발랄한 모습을 긍정하려는 각성이다. 그런데 이 각성은 아주 쉽사리 뜻하는 결과에 이를 수 있다.

그런데 갈등 또는 부조화를 나타내는 비장과 골계는 조화에 머무르는 숭고나 우아보다는 더욱 뚜렷하게 의식되는 경향이 있다. 골계에는 풍자인 골계와 해학인 골계가 있는데 이 중에서 해학인 골계는 우아가 가미된 것이다.

지금까지 살펴 본 숭고 · 비장 · 우아 · 골계는 순수한 모습으로 나타나기도 하지만 서로 결합되어 나타나기도 한다. 범주 간 결합의 양상은 결합되는 범주들이 하나로 융합되는 경우와 대립적인 관계를 나타내는 경우로 나뉜다. 이러한 양상을 정리하면 [표 4]와 같다.

숭고와 비장, 숭고와 우아는 융합되는 결과로만 나타난다. 반면에 비장과 우아, 숭고와 골계는 대립되는 결합 양상만을 보인다. 또한 [표 3]에서 살펴본 조화와 갈등 관계를 [표 4]의 융합과 대립 양상과 결합하면 갈등 또는 부조화를 나타내는 비장과 골계는 융합되는 결합은 하지 않고 대립되는 결합을 함을 알 수 있다.

[표 4] 미적 범주의 결합 양상[119]

결합의 양상	미적 범주의 구성
융합하는 결합	숭고와 비장, 숭고와 우아, 우아와 골계
대립되는 결합	비장과 우아, 비장과 골계, 골계와 숭고

한편 골계는 풍자와 해학으로 나뉜다. 해학과 풍자 모두 생의 현실성을 그대로 긍정하지만 '있어야 할 것'의 파괴 쪽에 관심을 집중하는 것이 풍자이다. 반면 '있는 것'의 긍정 쪽에 관심을 집중하는 것이 해학이다. 상대적으로 풍자는 다른 미적 범주와 명확하게 구별되는 골계의 독자적인 특징을 잘 드러낸다. 그러나 해학은 현실을 긍정하는데 관심이 집중되므로 우아와 유사해 보이기도 하고 골계와 우아의 복합처럼 보이기도 한다.[120]

요컨대, 풍자는 적대자에 대한 비판이고 해학은 자기 자신에 대한 성찰이라고 할 수 있다. 이때 불상에 나타나는 미적 범주의 결합 양상은 대립되는 결합이 아니라 융합하는 결합이다. 구체적으로는 해학정신과 우아의 결합이 불상 표현에 나타나는 것으로 보인다.

즉, 해학이 표방하는 현실 긍정적이고 자기 성찰적인 자세와 가치가 삼국시대 불상의 얼굴 표정과 자세를 탄생시킨 미적 가치관 중의 하나라고 생각된다. 주지하듯 마치 살아있는 인간의 혼이 깃든 것과 같은

---

119) 조동일(1998) 앞의 책. p.142.
120) 위의 책. pp.141~143.

모습과 미소는 다른 시대의 그것과 구별되는 삼국시대 불상 얼굴의 특징이다. 현실 긍정적인 관점이 삼국시대의 시대정신·세계관을 구성하는 본질을 이루는 면모일 가능성이 높다는 데서 그 원인을 찾을 수 있다.

현실 긍정적인 정신적인 자세는 주로 웃음으로 드러난다. 신상(神像)에 조각된 고졸(古拙)한 미소[121]가 조형 어법상 기본을 이루었던 것도 웃음의 의미가 인간에게만 주어진 특별한 기능이라는 것을 말해준다. 미소는 폭발성을 지닌 웃음의 성격을 완화하여 소리 없이 조용히 웃는 웃음이다. 그것은 밀려오는 자극에 따라 격정적으로 표현하는 웃음과 달리 신중한 우아함이 있다. 부처님의 미소에서 보는 것처럼, 그것은 '정신의 표현'이다. 불상의 그 미묘한 미소는 인간이 깨우침을 얻었을 때 나타나는 첫 번째 징후로 알려져 있지만, 여기서 해학정신과 관련시키고자 하는 측면은 깨우침(해탈)과 알아차림이 다름 아닌 해학이라는 점이다. 깨우침의 체험이 없는 해학 정신이란 존재하지 않는다. 따라서 불상에 나타나는 해학정신이란 자기 성찰적인 자세, 곧 깨달은 자의 존재방식이라고 할 수 있다.

---

121) '고졸의 미소'는 서양의 고대 그리스의 '아케익 시대' 조각에 보이는 미소, 아케익 스마일(archaic smile)에서 유래된 것임은 잘 알려진 사실이다. 이러한 표현은 그 인체상(人體像) 혹은 신상(神像)에 생명감을 불어 넣어 주는 것으로 알려져 있다. 이해 비해 불상의 경우는 부처가 베푸는 자비의 미소로 보는 것이 타당하다는 견해가 제시된 바 있다(김리나(1984) 한국 고대(삼국·통일신라) 조각과 미의식. p.71).

그렇다면 깨우쳤을 때의 웃음이란 정신적으로 어떤 상태를 말하는 것일까. 32상 80종호 가운데 80종호의 예순일곱 번째가 '중생을 평등하게 봄', 예순 여덟 번째가 '중생을 가볍게 보지 않음'이다. 그리고 스물다섯 번째에는 '즐겁게 봄'을, 서른여덟 번째에는 '보면 즐거워짐'을 규정하고 있다. 이러한 규정에 대한 삼국시대 조각가의 해석이 불상 신체의 편안한 자세와 얼굴 표정을 탄생시켰던 것으로 보인다. 그리고 그 결정체가 상호에 조각된 미소라고 생각된다.

불상에 표현된 미소에 대해 논하기에 앞서 웃음의 일반적인 특징을 살펴볼 필요가 있다. 웃음은 어떤 방식으로든지 인간적인 것을 회상시키고 생명적인 것을 보여준다. 그렇기 때문에 삶의 의미를 찾는 인간에게는 웃음과 울음은 내적이고 정신적인 것이 육체적으로 나타나는 '인간 존재의 거울이고 계시(啓示)'로 받아들여진다.[122] 이 양자는 혼합 감정을 야기하는 이중성과 중간성을 띤다. 그래서 웃음과 울음은 서로 다른 것이면서도 머리가 하나인 신화의 동물처럼 어느 하나를 잡아끌면 다른 하나가 뒤따라 나오게 된다.[123] 그렇기 때문에 웃지 않을 수 없는 일에 웃음을 터뜨리고 나면 도리어 서글퍼지고 실컷 울고 난 후에 마음이 거뜬해지는 것이라 여겨진다.

즉, 웃음과 울음은 하나의 막다른 상황을 받아들이는 과정에서 크든

---

122) Helmuth Plessner(1970) *Philosophische Antheopolgie*. pp.19~24(조요한(1998) 한국인의 해학미. pp.83~86에서 재인용).
123) Platon, *Phaidon*, 60 b-c(조요한(1998) 위의 책. p.85에서 재인용).

작든 자기를 억누르는 외적 힘에 대응하는 극복의 길을 인간 내부에 조성한다. 이 양자는 단지 외적인 반영이 아니라 자립적 방식으로 외적 조건들을 정리해 나가는 인간의 표현형식인 것이다.[124]

그런데 미소는 삼국시대 불상뿐만 아니라 일본과 중국을 포함한 불상에서도 발견된다. 국적을 떠나 일반적으로 불상 제작 초기에 속하는 불상들은 대부분 얼굴에 약간의 미소를 머금고 있다. 하지만 한국 불상의 얼굴 표정에는 유난히 인간미 혹은 친근미가 강조되어 나타난다. 군수리 여래좌상, 서산마애삼존불입상, 황룡사 출토 불두(佛頭)에 감도는 따뜻한 웃음이 그러한 예이다.[125] 특히 일본 초기 금동불상을 대표하는 48체불의 하나인 금동여래입상[126]에서 보이는 딱딱하고 심각한 얼굴 표정과 서산 마애삼존불이 띠운 밝은 미소를 비교해 보면 당시 두 나라의 불상 표현과 그 속에 담긴 미의식의 차이를 발견할 수 있

---

124) Plassner, a a O, S.127(조요한(1998) 앞의 책. p.85에서 재인용).

125) 한국 · 중국 · 일본 미술에 나타나는 특징을 비교할 때 드러나는 한국 미술의 특징은 '전체적인 미'를 추구한다는 점이다. 이러한 특성에 대해 김용준은 "중국 민족의 예술이 너무 완성에 치우치고, 일본 예술이 너무 잔재주에 붙들리기 때문에 우리나라의 예술을 감당하지 못한다. 우리 불상은 전체의 조화를 생각하고 부분적인 미에 탐닉하지 않는다. 작은 부분에까지 세심 유의하여 깎고 다듬고 하는 동안에 그만 기교와 화사에 치중하게 되어 전체적인 커다란 미(美)를 잃어버리게 되는 것이다. 지나치게 완성된 곳이 없고, 철두철미 고졸 혼박한 맛을 지니고 있는 것이 불상의 미(美)를 더 한층 빛내고 있는 것이다(김용준(2001) 近園 金瑢俊 全集2. pp.82~83).

126) 이 불상들은 원래 法隆寺에 있던 것이나 현재는 東京國立博物館에 있다. 東京國立博物館, 「法隆寺 獻納寶物圖錄」(김리나(1988) 앞의 책. p.71의 각주15 참고).

다.[127] 그렇다면 이러한 미의식의 차이는 무엇에 근거하는 것일까 하는 의문이 제기될 법 하다.

불상의 자태와 표정을 표현하기 위해서는 해탈의 경지에 대한 이해가 무엇보다 선행되어야 한다. 그와 더불어 불상을 받아들일 사회의 문화적인 정서에 대한 깊은 이해가 필요하다. 완성된 불상이 해당 사회에 수용되어 공감대를 얻을 때 비로소 실천적·구원론적인 역할을 수행할 수 있기 때문이다. 일단 조각가가 자신의 작품에 만족한 이후에야 그것이 완성된 불상으로서 사람들 앞에 제시되는 측면을 고려할 때 불상 제작이 해당 사회와 시대의 미의식으로부터 자유로울 수 없음을 이해할 수 있을 것이다.

현실 긍정적인 삼국시대 사람들은 완벽함이나 정확함보다는 자연의 생명력·운동감을 조형물에 표현하고 그것을 바라보면서 기쁨을 느꼈던 것이라 생각된다. 한반도의 산세는 둥글둥글하니 완만하여 평원산수화와 같은 평화로운 인상이다. 또 하천은 굽이굽이 산을 휘돌아 주변 지형을 아우르며 조화롭게 흐른다. 어디를 둘러보아도 호(弧)가 반복되고 곡선이 물결치는 편안하고 부드러우며 친근한 환경이다. 이러한 자연환경은 가치판단의 대상은 아니지만 문화의 특성을 구성하는 요소임은 분명하다.[128]

원만하고 무던한 포용적인 자연환경과 끝마무리나 세부 표현에 치

---

127) 김리나(1984) 앞의 책. p.71.
128) 高裕燮(1993a) 앞의 책. pp.32~33.

심하지 않음으로써 형태를 완벽하게 처리하는데 그다지 관심이 없는 성향[129]이 예술작품의 상하(上下), 교졸(巧拙)을 문제 삼지 않고 모두가 그대로의 상태에서 미(美)에 연결되는 것을 인정하는 정서에 영향을 주었던 것으로 보인다. 그 결과 한국의 초기 불상, 즉 삼국시대 불상의 미소에는 심각하고 엄숙한 정서가 아닌 밝은 정서가 응결되었다.

다시 해학으로 돌아가서, 지금까지 살펴본 불상에 나타나는 해학적인 면모를 정리해보면 다음과 같다. 첫째, 불상에 나타난 웃음의 특징은 '끌어당김'에 있고 그로 인해 보는 사람은 자기 해체 내지는 자기 망각의 상태에서 편안함을 느낀다. 어느 특정 계층을 끌어내리거나 배척하지 않기 때문에 모든 계층을 포용하게 된다. 상대를 특정하여 겨냥하여 공격하거나 끌어내리는 방식 대신 모두를 포용하여 보다 차원 높은 곳을 지향하는 면모를 보인다. 그로 인해 불상의 미소에는 어떤 강요 없이 보는 사람도 덩달아 미소로써 반응하게 되는 힘이 내포되어 있다.

웃음에는 융통성과 개방성이 있다. 그렇기 때문에 지배계층은 지배계층대로 피지배계층은 그들대로 받아들여진다는 안도감을 느끼고 위

---

129) 세부 표현에 있어 소홀히 여기는 성향과 관련하여 최순우는 "완전한 아름다움 같으면서도 어디엔가 좀 더 손길이 갔더라면 하는 아쉬움을 남겨 놓고 있고, 또 막상 손을 대려면 어디에 손을 대야할지 모를 만큼 삼국의 불상은 신기한 매력을 지니고 있다. 그 시대 중국 불상이 지니는 도도한 자태나 엄정한 미소에 비하여 때로는 초라해 보이기도 하고 때로는 어설퍼 보이기도 하지만 그것이 한국의 미소이거니 하면 함께 따라 미소 지어 보고 싶어진다."고 평했다(최순우(1994) 무량수전 배흘림기둥에 기대서서. p.112).

안을 받게 되는 것이라 여겨진다. 지배계층의 경우에는 현세에서 그들의 영화가 내세에도 계속되기를 바라고 피지배층의 입장에서는 내세에는 부디 극락에서 태어나기를 희원하는 것이다. 해학(諧謔)의 '해(諧)'가 화(和)할 '해'임이 드러나는 대목이다. 일반적으로 해학의 해(諧)는 화(和)할 해인데 비하여 풍자에는 바늘 자(刺)가 있고 비꼼은 돌이킬 반(反)자와 더불어 반어라고 해석한다.[130]

해학의 개념 속에는 일단 웃음이 있고 달관의 여유가 있다. 해학의 중핵을 이루는 요소는 웃음이다. 물론 웃음도 다양하다. 웃음에 각각의 차이가 있다는 것은 그 각각의 웃음에 의미가 깃든다는 뜻이지만, 깔깔 웃음은 중산층의 웃음이고 찡그레 웃음은 서민층의 웃음이라는 식의 구분[131]은 임의적인 것이라 추측된다. 서민층은 깔깔댈 수 없고 중산층은 찡그레 웃을 일이 없다는 의미는 아닐 것이다.

오히려 웃음의 힘은 그러한 구분의 장벽을 허문다는 데 있다. 특정의 의미가 무너질 때, 견고하다고 믿었던 장벽이 고정적인 것이 아님을 알아차릴 때 미소가 번진다. 또 선과 악의 구분, 삶과 죽음의 구분이 임의적인 것임을 알아차릴 때 그것의 속박으로부터 초연해지며 웃음짓게 된다.

그러므로, 웃음은 어떤 대상이나 현상을 거꾸로 뒤집는 것이라기보다 차라리 무엇을 거꾸로 뒤집는 자신마저도 뒤집는 자기 해체의 현상

---

130) 류병학(1998) 웃음의 놀이. p.162.
131) 조요한(1998) 앞의 책. p.86.

이라고 할 수 있다. 이러한 견지에서 해학을 자기 해방적인 기능을 가진 자아의 보호방식이라고 규정하기도 한다.[132] 이러한 특징으로 인해 편안함을 느끼게 되고 불상의 미소에 대해 미소로써 반응하게 되는 것이다.

둘째, 불상의 미소는 메아리를 불러일으키는 사회적인 힘이 있고 그로 인해 사람들은 미소로써 반응하게 된다. 주지하듯 메아리는 산이나 절벽 따위에 부딪쳐 되울려 오는 소리다. 웃음이 반향을 일으킨다는 것은 생각한 끝에 웃는 것이 아니라 보는 순간 덩달아 반응하게 되는 측면에 주목하는 것이다.

일반적으로 우리는 웃으면서 편안해지는 자기 자신을 느끼곤 한다. 이때의 웃음은 울음과 대립되는 웃음은 아니다. 그것은 웃음과 울음, 기쁨과 슬픔 등의 대립 구조 속에서 존재하지 않는다. 그러한 대립구조에 선행하는 웃음, 우리를 무장해제 시켜 미소 짓게 만드는 '자기망각'의 웃음이기 때문이다. 이러한 반향은 설명이나 추론의 매개가 요구되지 않는다. 오히려 설명과 가르침을 통해 이해한 후에는 불상을 보는 순간 빙긋이 웃게 되는 일이 일어나지 않는다. 보면서 직관적으로 느낄 때 빙그레 미소짓게 된다.

불상조형을 통해 경험하는 이러한 성질의 교감은 '모든 것이 마음에 달렸다'는 불교의 가르침이 형상을 방편삼아 실현된 것이라 할 수 있다.

---

132) H. Duncan(1965) *Communication and Social Order*. p.408.

이러한 견지에서 불상을 가리켜 '깨우침의 방편'이자 '깨우침이 이루어지는 장(場)'이라 할 수 있다. 깨우침은 각자의 마음에 달려있지만 바로 그 마음이 형상과의 관계 속에서 존재하기 때문이다.

불상은 보는 사람에게 영향력을 행사하기 위해 제작된다. 그리고 보는 사람의 감각에 영향을 미쳐 깨달음을 구하고자 하는 마음을 갖추도록 하는 데 기여한다. 불상의 미소가 주는 편안한 위안감 역시 이러한 관점에서 살펴볼 수 있다. 불상을 구성하는 표현에는 보는 사람들의 심적 고뇌를 털어내고 무장 해제시키고자 하는 의도가 고려되고 반영되기 때문이다. 일반적으로 우리는 자연의 품 혹은 엄마 품에 안길 때 편안함을 느끼고 안심하며 마음을 놓게 된다.

일반적으로 해학은 무거움보다 가벼움으로 이해되지만 인간에게 위안을 주기 위해 의도적으로 고안한 해학정신에 토대한 표현 속에는 인생에 대한 깊숙한 성찰이 담긴다. 그 결과 불상의 인자한 미소와 편안한 자태가 주는 푸근함·자연스러움의 인상은 사람들을 무장해제 시킨다. 보는 사람을 자연스럽게 미소 짓게 함으로써 그들이 자신과 화해하는 것을 돕게 된다. 앞서 해학을 자기 자신에 대한 성찰이라고 한 것과 같은 맥락이다.

불상의 미소로부터 사람들은 현실 세계의 금지·억압이 존재하지 않는 이상적 세계에 대한 무한한 동경을 느꼈을 것이다. 인간은 한편으로는 지극한 즐거움을 누릴 수 있는 극락의 삶을 꿈꾸며 갈망하면서도, 다른 한편으로는 현세 삶에서 인간이라면 피할 수 없는 생로병사(生老病死)의 고통과 각자의 사회적 처지에서 오는 상대적인 불안과 공포를 떨쳐 버리지 못한다. 이러한 현실에서 평온을 느끼고 웃음 짓기 위해서 사람들은 구원자·절대자에게 도움을 청하고 그 원력에 의탁하고자 불상 앞에 서게 된다.

그런데 불상은 어떤 목표를 구체적으로 '설명' 하거나 자세하게 '해설'하지 않는다. 다만 자신의 존재를 보여 줄 뿐이다. 자신이 지금 여기에 있음을 사람들 앞에 드러내 '보여주는 것'이 바로 불상의 존재 방식이다. 그리고 이 존재 방식이야말로 경전과 교리로 환원될 수 없는 불상의 고유성이자 힘이다.

불상은 중생을 평등하게 본다. 그리고 가볍지 않게 본다. 또한 즐겁게 본다.[133] 이러한 가치가 조형으로써 구현된 것 중 하나가 친근한 얼굴표정, 미소인 것이다. 요컨대 삼국시대 불상에 나타나는 친근한 미소는 보는 사람을 향해 지은 미소이다. 그로 인해 불상 앞에 선 사람들은 식자(識者)든 무식자(無識者)든 부자(富者)든 빈자(貧者)든 신도(信徒)든 비신도(非信徒)든 자신의 상태 그대로 받아들여진다는 느낌을 받으면서 평온을 느끼게 된다.

평등하고 즐겁게 사람들을 바라보는 불상을 보면서 사람들은 편안함과 만족을 느끼는 것이다. 상호작용의 결과라 할 수 있다. 불상을 바라보며 이러한 체험을 한 사람들에게는 항시 미소 짓고 편안한 모습으

---

133) 80종호의 예순일곱 번째, 중생을 평등하게 봄(等視衆生). 예순여덟 번째, 중생을 가볍게 보지 않음(不輕衆生). 스물다섯 번째, 즐겁게 봄(一切樂觀). 문명대(1999) 한국불교미술의 시형식. pp.106~111.

로 살 수 있는 신의 세계에 대한 동경이 싹텄을 것이고, 이 감정이 사람들에게 깨달음을 구하고자 하는 마음을 갖게 하는데 직접적으로 기여했을 것이라 여겨진다.

2) 드러냄의 방식

일찍부터 시각적 이미지는 중생제도에 널리 활용되어왔다.[134] 일반 대중 뿐 아니라 식자층(識者層)에서도 형상을 보는 행위는 수행에 매우 유용한 수행법으로 적극 이용되었다.

> "의학자(義學者)로 하여금 상(像)을 보아 공경(恭敬)을 낳고, 공경으로 말미암아 믿음(信)을 낳고, 믿음으로 말미암아 지혜를 얻어서 날로 권장케 하고자 한다."[135]

이것은 고려 중기 자은종(慈恩宗)의 영수였던 소현(韶顯: 1038~1096)이 전

---

134) 이러한 방편은 서방 기독교 문화권에도 존재했다. "글을 읽을 수 있는 사람들에게 책이 해주는 역할을 그림은 글을 읽을 줄 모르는 사람에게 해줄 수 있다(E.H 곰브리치·백승길 외 옮김(1995) 서양미술사. p.135)."는 교황 그레고리우스 6세의 언급은 시각 이미지의 효과를 잘 드러내주는 명언이다. 그러나 시각적 이미지는 문자를 아는 승려들이나 식자들에게도 매우 유용한 수단으로 애용되었다.

135) "欲令義學者觀像生敬 自敬生信 自信得慧 日以勸焉"「金山寺慧德王師眞應塔碑」『朝鮮金石總覽』上. p.300.

국의 자은종 사찰에 석가여래와 현장(玄奘)과 기(基), 그리고 해동육조(海東六祖)의 상을 한 화폭에 그려 봉안하게 하면서 한 말이다. 이 말은 역대 조사들을 한 화폭에 그린 그림의 형상을 보는 행위가 일반 신도들뿐만 아니라 깨우침을 위해서 난해한 문자를 습득하는 교학 승려들에게도 매우 유용한 수행법이었다는 예증이다.

하지만 교훈·권계 등의 교육적 효과를 떠난 형상의 예술작품으로서의 역할이 더불어 존재했을 것이라 여겨진다. 실제 중생을 "즐겁게 하고자" 채색을 교묘하게 섞어서 중상(衆像)을 그린다는 언급이 초기 선종에서 종시한 4권본 『능가경(楞伽經)』에 등장한다.[136]

이것으로부터 유추할 수 있는 것은 먼저 가시적인 조형물이 감정을 심화·고양시켜 신앙뿐만 아니라 삶에 긍정적인 기여를 했을 것이라는 점이다. 이와 더불어 편안한 자세를 취하며 자비로운 미소를 띠운 불상을 보면서 느끼는 친숙함과 푸근함이 당시 사람들의 지각이나 사고에 미치는 영향이 컸을 것이라는 점을 추정할 수 있다.

----

136) 求那跋陀 譯, 『楞伽阿跋多羅寶經』 권1 一切佛語心品(『大正藏』 권16. p.484c); 남동신(2010) 미술사의 과제와 역사학. p.93에서 재인용) 선종 교단의 생활규범에 해당하는 『百丈淸規』에서는 선종사원의 건물 배치와 관련하여 불상을 봉안하는 불전(佛殿) 배치를 아예 배제시켰다(鄭性本(1991) 中國禪宗의 成立史. p.189참조). 그럼에도 9세기 중반 중국 유학을 통하여 선종을 신라 사회에 도입하는 데 앞장 선 진감선사 혜소는 지리산 쌍계사에 육조혜능(六祖慧能)의 영당(影堂)을 짓고 벽을 채색으로 장식하여 중생제도에 널리 활용하였다(한국고대사회연구회편(1992) 역주한국고대금석문 권3. p.76). 그때의 명분은 중생을 즐겁게 하고자 채색을 교묘하게 섞어서 중상(衆像)을 그린다는 것이었다.

불상을 제작하여 바라보는 것이 불(佛)이 의미하는 바의 이해를 돕는 유일한 방편은 아니다. 하지만 사람들은 불상 앞에 섰을 때 복잡한 사고나 까다로운 추론 없이 절대적 존재에 대해 알게 된다. 불상은 보는 사람과 친숙한 신뢰성 가운데 존재한다. 여기서 신뢰는 불상과 보는 사람이 맺는 관계를 뜻하는데 이 관계가 불상이 발휘하는 감화력의 기반이 된다. 이때 절대자를 바라보며 느끼는 신뢰감이야 말로 불상이 발휘하는 예술작품으로서의 힘이라고 할 수 있다. 그리고 이것은 동시에 불상이 수행하는 실천적 · 구원론적 역할이기도 하다.

여기서 언급하는 신뢰성 · 안식 · 친근함 · 만족감 · 위안 등은 정확한 사전적 기술이나 구체적인 설명을 통해 인식되는 것이 아니다. 그것은 우리가 불상 앞에 섰을 때 비로소 명백해지는 감각이자 성질이다. 불상은 우리에게 '절대자가 어떠한 존재인지를 진실로 보여[알려주는 역할'을 수행한다.

이런 맥락에서 불상은 '붓다가 진실로 무엇인가', '붓다의 중생제도가 진실로 뜻하는 바가 무엇인가'와 같은 존재의 대한 의구심에 대한 시각적 해명이라고 할 수 있다. 불상을 통해 한편으로는 우리가 절대자를 어떻게 생각하는지에 대한 인간의 가치와 세계가, 다른 한편으로는 절대자의 존재가 드러난다. 이러한 드러남 · 표현됨 · 현현(顯現)에서 예술상징의 의미를 찾을 수 있다.

요컨대, 예술상징으로서의 불상의 본질은 절대자의 존재와 이상세계 그리고 인간의 가치가 표출되는 장(場)이라는 데서 찾을 수 있다. 이러한 이상(理想)을 물질적인 조형요소를 통해 성공적으로 구현했기 때문에 제작된 불상을 보면서 사람들은 안식을 얻고 즐거움을 느꼈던 것이다.

불상 존재의 '드러남'과 관련하여 32상(相)을 살펴보면, 신체가 황금색상(黃金色相)이라는 규정과 신체 주위에 광채가 빛나는 모습[丈光相]이라는 규정이 눈에 띤다. 부처님 몸은 황금색상으로 되어 있는데 이 금은 이 세상에 없는 하늘의 금[紫磨金]으로 지상의 어떤 금보다 월등한 것이라고 한다.[137] 경전에 언급된 황금색 규정과 관련하여 황금을 고귀함의 상징으로 해석한

"황금과 같은 고귀한 모습이라는 뜻에서 불상에서 황금빛이 난다고 말한 것 같지만 이 규정이 대부분의 불상을 황금색으로 칠하게 된 요인으로 작용한 것으로 보인다."[138]

는 견해가 제시된 바 있지만 황금색과 '광채'를 관계 지어 보면 이 주장

---

137) 『중아함(中阿含)』, 『삼십이상경(三十二相經)』, 『대반열반경(大盤涅槃經)』, 『과거현재인과경(過去現在因果經)』, 『불본행집경(佛本行集經)』, 『대지도론(大智度論)』, 『대정장(大正藏)』 등 다수의 경전에 32상(相) 80종호(種好)를 설명하고 있다(文明大(2003) 古新羅의 黃金佛像考. p.5~6; 文明大(1999) 한국불교미술의 시형식. p.106~111).

138) 그래서 중국에서는 부처님을 금인(金人)으로 통칭하였고, 이를 봉안한 전각을 금당(金堂)이라고 불렀다. 삼국시대부터 고려까지는 우리나라 사찰의 주불전을 금당이라고 했던 것은 잘 알려진 사실이다(문명대(2003) 위의 글. p.113).

과 조금 다른 관점에서 황금색에 대한 접근점이 마련된다.

주지하듯 황금은 황색의 광택을 내는 금속의 한 종류이며 광택은 그
것의 속성이다. 또한 붓다가 상징하는 진리는 사방으로 퍼져나가는 빛
으로 비유된다. 그런데 '밝게 비춤'이나 '드러남'과 같은 빛의 속성은 곧
아름다움의 존재방식과 유사하다고 생각된다. 빛이 없이는 아무 것도
아름다울 수 없다는 의미가 아니라 다른 것을 드러나게 하는 것이 그
자체의 존재 방식인 빛의 속성에 주목하는 것이다.

빛의 존재방식 그 자체로서의 아름다움은 본래 있는 그대로의 드러
남, 즉 드러남 그 자체를 뜻한다. 이를테면, 황금의 고귀함을 주목하는
관점의 배경에는 이 세상 혹은 인간과의 관계에 있어 '거리'와 '위계'를
강조하고자 하는 의도가 존재하는 것으로 보인다. 그리고 주변을 밝혀
서 그 자신과 주변을 드러내는 측면에 주목하는 입장의 배경에는 인간
과의 관계에 있어 '친근함(下化衆生)'을 강조하고자 하는 의도가 존재하
는 것으로 보인다.

32상 80종호에 표현된 붓다의 자세·신체 특징에 대한 규정을 살펴
보면, 제 규정이 강조하는 면면이 절대자가 갖춘 무결함, 정확함, 완벽
함의 측면이라기보다는 복스러움·둥글음·유연함·곧음·섬세함·
갖추어져 있음·평안함·적당함 등 편안하고 자연스러운 자세임을 알
수 있다. 32상 80종호의 규정은 구체적인 생김새를 특정하고 있기보다
는 아래 제시한 항목들과 같이 원만함, 평안함, 단정함, 자유로움 등의
정서적인 측면을 제시하고 있다.

깨달음·자비·지혜 등의 상징적인 개념을 또 다른 상징적인 어법

으로 규정하고 있기 때문에 조각가의 해석·상상력·작가정신·당시의 미의식 등이 불상에 구현될 수 있는 입지가 마련되었다. 앞서 살펴본 우아함과 해학이 표방하는 편안한 상(相)을 구현할 수 있는 조항을 정리해 보면 [표 5·6]과 같다.

[표 5] 32상 규정에 나타나는 원만상

번호	32상(相)
3	손가락이 긴 모습(長指相)
7	손·발이 유연한 모습(手足柔軟)
8	어깨가 사슴어깨와 같은 모습(伊泥延膊相)
11	몸의 넓이와 길이가 같은 모습(身廣長等相)
17	두 손·두 발·두 어깨·정수리가 둥글고 단정한 모습(七處隆滿相)
20	똑바로 선 모습(大直身相)
21	어깨가 둥근 모습(肩圓好相)
29	연꽃 같은 눈(眞靑眼相)
30	소 같은 눈시울을 가진 모습(牛眼 相)

[표 6] 80종호 규정에 나타는 원만상

번호	80종호(種好)
12	몸이 유연함(身柔軟)
13	몸이 곧음(身不曲)
14	손가락이 길고 섬세함(指長纖圓)
17	복사뼈가 보이지 않음(踝不現)
18	몸이 윤택함(身潤澤)
20	몸이 갖추어져 있음(身滿足)
21	정신도 갖추어져 있음(識滿足)
22	위의(威儀)도 구족함(容儀備足)
23	있는 곳이 평안함(在處生意和悅輿語)
24	위엄스러움(威震一切)
25	즐겁게 봄(一切樂觀)
26	얼굴 크기가 적당함(面不大長)

번호	80종호(種好)
27	용모가 단정함(正容貌不僥色)
28	얼굴이 구족함(面具足滿)
34	손·발을 마음대로 함(手足如意)
38	보면 즐거워짐(一切惡心衆生見者知悅)
39	넓고 둥근 얼굴(面廣姝)
40	달과 같은 얼굴(隨衆生意和悅與語)
54	넓고 긴 눈(廣長眼)
59	가는 배(細腹)
60	기울지 않은 신체(身不傾動)
61	신체가 묵중함(身持重)
62	신체가 큰직함(身分大)
63	신체가 장대함(身長)
65	신체 주위에 빛이 비침(邊光各一丈)
66	빛이 몸에 비침(光照身而行)
67	중생을 평등하게 봄(等視衆生)
68	중생을 가볍게 보지 않음(不輕衆生)
74	다 볼 수 없음(一切衆生不能盡觀)
80	덕스러운 손발 모습(手足有德相)

불상을 조각하는 사람이 '똑바로 선 모습', '몸이 곧음', '기울지 않은 신체' 등의 규정을 중시하기보다 점차 '손·발을 마음대로 함', '보면 즐거워짐'의 규정을 근거삼아 불상을 표현한 것으로 보인다. 엄격한 규율이 적용되는 종교미술작품에도 자연스러움과 편안함을 추구하는 미의식이 투영되었기 때문에 불상을 보면서 자유로움을 느낄 수 있는 것이라 여겨진다.

아름다움이라는 관념 자체가 특별하거나 초월적인 것이 아니라 일상생활 속에 빚어진 감정임을 감안할 때 불상을 통해 드러나는 자연스럽고 편안한 모습을 보면서 사람들은 만족함을 느끼고 그 아름다움에서 기쁨과 함께 친숙함을 느꼈을 것이라 생각된다.

자연스럽고 편안한 자세를 취함으로써 구속됨 없이 자유로운 불상을 보면서 사람들은 생명감을 느꼈을 것이며, 생명체로서의 자연의 일부라 할 수 있는 신체의 율동적 리듬을 공유한다는 데서 친숙함을 느꼈을 것이라 여겨진다. 이 때 경직된 자세 혹은 일률적인 자세에서 탈피함으로써 드러난 생명감·자유로움으로 인해 보는 사람이 친숙함을 느꼈을 가능성에 주목할 필요가 있다.

관념적·심리적으로 멀게 느껴지는 절대자에게로 사람들을 끌어당기기 위해서 불상에는 자연스럽게 그 당시 사람들의 미적 감수성이 반영된다. 삼국시대에는 동적 운동태로 대표되는 생명감이 불상 조형 전반에 표현되었고, 이러한 표현은 당시 사람들에게 만족감과 위안을 선사했을 것이라 생각된다. 그들이 유기적 생명체의 자유로움을 느끼고 싶어 했던 것은 부조리한 사회구조와 억압적인 제도에서 받는 압박감에 대한 탈출구를 찾고자 하는 정신적 태도라 할 수 있다.

현실 생활을 영위하면서 이것으로부터 해방을 갈구하는 욕망은 각기 그 성질이나 정도의 차이는 있지만 누구에게나 존재한다. 그렇기 때문에 삼국시대 사람들이 자신들이 조각한 절대자와 생명감을 나눠 갖고 즐거워하는 것은 현실 부정이 아니라 현실을 긍정하며 그것을 포

용하는 자세라고 할 수 있다.[139]

앞서 조형물에 표현된 삼국시대 사람들의 동적이고 생명적인 특징을 보이는 애니미즘적 상징주의[140]에 대한 언급을 한 바 있다. 그들은 생명적 운동성과 생명체의 유기적 율동성과의 관계를 경험을 통해 체득하고 있었다. 살아 있는 유기적 생명체의 삶의 공간이자 모태인 자연의 본질을 생명감으로 보고 자신의 환경과 환경을 구성하는 조형물에 생명감을 부여하며 느끼는 즐거움의 연장선상에 불상의 제작과 예불이 행해졌을 것이라 여겨진다.

다시 말해, 그들이 생각하는 아름다움이란 동적인 생명감을 구현하는 것(靜中動), 운동태를 드러내는 것이었다. 더불어 그러한 미의식을 기반으로 하여 제작된 불상의 생명감에 공감하며 위안을 받았던 것이라 여겨진다.

---

139) 흔히 신성(神性)은 흔들림 없음으로 연상된다. 그리고 흐트러짐 없는 자세와 엄숙한 표정으로 표상되곤 한다. 하지만 불상의 위용이 긴장감과 강한 힘으로 표현되는 경우에는 보는 사람 역시 긴장하기 때문에 자연스럽고 편안한 자세와 표정을 보여주는 불상에 비해 해방감 편안함을 느끼기 어려운 측면이 있다.
140) 고유섭(1993a) 앞의 책. p.129.

IV. 미적 양식 분석

고구려가 372년에 불교를 수용하면서 삼보(三寶)로써 불상이 전래된 이래 늦어도 375년 내지 400년 경까지는 국산제 불상이 상당 수 봉안되었을 것으로 판단된다.[141] 그러나 공식적인 불교 수용 이후 5세기 말에 이르는 150여 년의 기간 동안 제작된 불상이 발견되지 않고 있다. 그로 인해 불교가 전래된 시점에 제작되었을 초기 불상의 윤곽을 추정하는 데 어려움을 겪고 있다. 이러한 견지에서 1959년에 발굴된 뚝섬 출토 금동여래좌상[사진 1]은 우리나라 불교 조각사에서 차지하는 비

141) 문명대(2003) 한국 불상의 도상 특징. p.30. 고구려의 경우 전진으로부터 불교를 받아들인 직후인 375년에 소문사와 이불란사를 짓고 393년에는 평양에 九寺를 짓는다. 그러므로 이들 사원에 수입불이든 복제불이든 불상이 안치되었을 것이나 전하지 않는다.

[사진 1] 뚝섬 출토 금동여래좌상

중이 크다고 할 수 있다. 현재 발견된 불상 중 시대가 가장 올라가는 것
이므로 이 상을 토대로 제작되었을 초기 상의 모습을 추측할 수 있기
때문이다.

 하지만 이 금동불은 4~5세기에 걸쳐 유행했던 중국 초기의 여래상
[142]과 유사하기 때문에 삼국에 수입된 중국의 불상으로 보기도 하고 중

142) 이 시기 중국에서는 건무사년명 금동불 좌상으로 대표되는 고식의 불상이 유
   행했다. 그 특징은 육계는 큼직하고 머리카락은 가느다란 선각으로 표현되

국 불상을 모방하여 한국에서 직접 만든 것[143]으로 보기도 하는 등 의견이 나뉜다. 그러나 이것에 대한 판단은 고구려 · 백제 · 신라 삼국 가운데서 제작국을 고증하는 문제나 삼국시대 불상의 미의식을 고찰하는 문제와 다른 차원에 속하므로 본고에서는 이 상의 가치[144]를 소개하

며 얼굴은 볼에 살이 적고 눈은 은행과 같다는 것이다(양감이 풍부하게 눈두덩이 돌출되어 입체적으로 보이는 눈을 은행이나 살구씨에 빗대어 부안(俯眼) 혹은 행인형(杏仁形)이라고 부르기도 했다(진홍섭(1976) 한국의 불상 pp.188~192)). 더불어 입가에 엷은 미소가 있다. 법의는 두꺼운 통견이며 가슴에 U자형 옷 주름이 반복되고, 두 손은 아랫배에 겹쳐대고 있는 양식을 보인다. 대좌는 방형이다. 이러한 특징은 인도의 간다라 양식을 거의 모사하는 가운데 부분적으로 중국으로 번안한 것이었다(문명대(1980) 한국고대조각의 대외관계에 대한 연구. pp.65~130). 그리고 뚝섬 출토 상에서도 이와 동일한 양식이 주류를 이루며 나타난다.

143) 김원룡(1961) 뚝섬 출토 금동여래좌상; 문명대(1980) 한국조각사. 참조

144) 뚝섬 출토 금동불좌상의 형태적 특징을 살펴보면 다음과 같다. 첫째, 머리 부분이 강조되었다. 빈약한 체구에 비해 얼굴을 포함한 머리 부분은 양감과 이목구비 표현의 정교함이 상대적으로 명확하다. 둘째, 손의 표현이 과장되었다. 무릎 위에서 깍지 낀 선정인(禪定印)을 결한 손은 유난히 큼직하다. 손가락은 굵고 길며 손등에는 살집이 있다. 이 수인과 약간 고개를 숙인 채 명상에 잠긴 얼굴 표정은 통해 참선에 들었음을 알 수 있다. 이러한 정신적 경지를 그것을 상징하는 신체의 크기를 강조함으로써 드러내고 있다. 셋째, 얼굴과 손의 크기 강조와는 대조적으로 체구는 왜소하고 양감 표현이 빈약하다. 이러한 얼굴 · 머리 · 손을 제외한 나머지 신체 표현을 구체적으로 하지 않은 까닭은 상징성이 강한 부분의 강조를 통해 깨달음의 경지를 드러내 보이고자 하는데 있는 것으로 보인다. 사각형 대좌 좌우에 놓인 사자 모습에서도 이러한 경향이 나타난다. 대좌에 비해 큰 몸집과 과장된 이빨 표현은 부처님을 수호하려는 의도를 강조했다.

조형에서 강조되는 상징성으로 인해 선의 표현이 엄정하다. 특히 옷 주름에서 특징이 잘 드러난다. 주름선이 굵고 가슴에는 V자형 사겹선이 표현되었다.

이해주 ─

는 것으로 그치고 미적 고찰 대상에서 제외시키고자 한다.

1. 5세기 말~6세기 중엽

삼국의 불상은 6세기부터 본격적으로 등장한다. 이 시기 불상들의
특징은 정면관 중심의 엄격한 좌우대칭과 역동적인 기세이며 이것은
비슷한 시기 중국 불상의 면모와 유사하다. 이러한 특징을 공유하는
한편 삼국은 중국의 불상 양식과 도상을 단순화하거나 변형하거나 강
조함으로써 자기화했다. 그로 인해 국적을 분명히 알 수 있는 작품들
의 경우에는 시대 양식을 공유하는 가운데 나타나는 삼국 간에 조형성
차이가 확인된다.

고구려 불상의 경우에는 연가칠년명 금동불입상, 국립박물관 소장

몸체에서 두 팔을 향해 빗겨 올라가는 방식으로 표현된 주름 역시 동간격의
굵은 밀집선으로 돌출되었다. 가슴 부분의 V자형 밀집선 · 양 팔에 나타난 사
선 방향 밀집선 · 손가락을 표현한 굵고 긴 수평방향 밀집선이 규칙성 · 정제
성 · 엄정한 인상을 불러일으켜 청신(淸新)한 기상을 부각시키는 역할을 한
다(이상에서 살펴본 뚝섬 출토 금동불좌상은 5세기 전반기에 제작된 중국의
금동불좌상과 유사하지만 얼굴 표정에 나타나는 기상은 연가칠년명 금동불
입상과 유사하며 융기된 주름은 인도 양식에 가까운 것이어서 전적으로 중국
의 양식이라고 단정 지을 수 없는 측면이 있다. 그러나 당시 인도, 중국, 우리
나라 모두 이러한 양식이 주류를 형성한 가운데 약간의 편차가 존재했을 것
으로 보인다. 이러한 가운데 우리나라 양식은 중국에 가까웠을 것으로 판단
된다(大韓民國學術院 編(1984) 앞의 책. p.83)).

보물 제333호 금동보살입상, 원오리 소조불보살상 등이 이 시기 작품에 속한다. 백제 불상의 경우에는 예산사방불과 보원사 금동불입상 등을 대표작으로 꼽을 수 있는데, 이 상들을 통해 북위 양식의 전통이 잔존하는 가운데 백제화가 진행되는 초기 백제 양식을 살펴볼 수 있다.

1) 구도상의 특징

연가칠년명 금동불입상[사진2]은 광배와 대좌를 모두 갖추고 있으며 광배 뒷면[사진3]에 제작연대, 제작지, 제작자 및 제작 사유 등이 자세히 적혀있어 우리나라 고대 불상 연구에 이정표가 되는 작품 중 하나이다. 이 상의 제작연대는 539년으로 지금까지 우리나라에서 발견된 불상 가운데 제작 연대를 확실히 알 수 있는 가장 오래된 작품이다. 이 상은 제작 당시 신라 영토였던 경남 의령에서 발견되어 고구려 불상의 영향이 신라 지역까지 깊숙이 미쳤음을 증명한다. 더불어 이동이 용이한 소형 금동불은 출토지가 곧 제작국을 뜻하지 않는다는 사실을 확인하게 해주는 단적인 예이기도 하다.

불상의 얼굴은 갸름하고 두꺼운 법의를 입어서 신체의 굴곡이 전혀 드러나지 않으며 옷자락은 지느러미처럼 좌우로 뻗쳤다. 이 뻗침은 북위(北魏) 불상의 전형적인 특징이다.[145] 반면 살짝 숙인 고개와 보일듯

---

145) 북위는 494년 낙양으로 천도하고 왕도 근처에 용문 석굴을 경영하기 시작했다. 여기 나타나는 불상양식이 우리나라 불상 양식에 많은 영향을 끼쳤다. 육

[사진 2] 연가칠년명 금동불입상   [사진 3] 연가칠년명 금동불입상 배면

계는 커다랗고 얼굴과 몸에는 살이 없어 얼굴이 갸름해 보이고 몸이 수척해
서 늘씬해 보인다. 입가에는 완연한 미소를 띠고 목에는 삼도가 없으며 법의
는 두꺼운 통견인데 좌우로 물고기 지느러미와 같이 전개되었다. 소매도 길
고 무거워졌다. 이러한 법의 양식은 보살상의 천의에서도 볼 수 있다. 좌상의
경우에는 옷자락이 대좌의 전면을 덮어버리는 상현좌가 나타나며 옷 주름은
좁은 평판을 붙인 것 같다. 협시보살에서는 신체 전면에서 X자로 교차하는 천
의가 특징이다(김원룡(1998) 한국미의 탐구. p.115; 진홍섭(1994) 석불. p.63).
이로써 고구려 불상이 북위 양식을 받아들여 제작되었음을 알 수 있다.

말듯 한 미소와 양감 충만한 옷자락 표현과 마치 터질 듯 탄력감이 넘치는 연꽃 대좌, 그리고 역동적인 힘이 표현된 광배의 불꽃무늬 등은 고구려 불상만의 특징이다.[146]

연가칠년명 금동불입상의 구도상 특징을 살펴보면 다음과 같다.

첫째, 중심(축) 지향적이다. 연꽃 복련좌 중앙에 솟구친 자방의 중심을 딛고 선 불신이 커다란 보주형 광배의 가운데 위치한다. 대좌와 불신과 광배의 세 구성요소가 생동감 있게 구성되었다. 불신의 정상인 육계와 광배의 정상인 꼭짓점이 수직 방향의 일직선상에 위치한다. 이 가상의 중심선이 불상의 중심축의 역할을 하고 그로 인해 불신에 뭇 시선이 집중된다.

둘째, 상승형 구도를 취했다. 대좌는 낮은 원기둥 위에 탄력감 넘치는 복련(復蓮)을 두고 그 위에 다시 역원추형 단을 짧게 올렸다. 여러 층을 두어 구성함으로써 불신의 발이 닿는 단을 돋궈주는 효과를 냈다. 발을 딛고 있는 면(面)은 폭이 좁은 원형인데 이것이 원뿔의 바닥에 해당한다. 그러므로 이 역원추형 입체의 뾰족한 꼭짓점은 그 아래 위치한 연꽃의 자방에 위치하겠지만 꽃잎의 양감이 매우 풍부하여 원뿔의 꼭짓점은 꽃잎에 가려져 보이지 않는다. 그로 인해 불상을 정면에서 보면 마치 대좌가 연꽃의 중심에서 솟아나 불신을 받치기 위해 점점 넓어지는 사다리꼴 형태와 같다. 결과적으로 이 단(壇)이 연꽃 속에

146) 강우방(2003) 불교조각 I. p.103; ___, 삼국시대의 불교조각(1996) 원융과 조화 p.76, pp.84~85.

[사진 4] 국립박물관소장 금동여래입상

서 경쾌하게 솟아오르는 것과 같은 인상이다.

광배는 거신형이며 대좌 아래 위치하는 아랫면의 폭이 좁다. 리드미컬한 곡선을 양변으로 삼는 첨예한 꼭짓점을 가졌다. 이 면의 양끝에서 뻗어 나가는 곡선은 불신의 머리 부분까지 둥글게 부풀다가 정상을 향해 급격하게 좁아진다. 광배의 정점 부분은 불신을 향해 살짝 숙이도록 구성되었다. 광배의 양변을 구성하는 곡선이 첨예한 정점을 향해 나아가는 가운데 밑변의 길이보다 높이가 높은 상승형 삼각구도가 형성된다. 광배에 새긴 무늬는 매우 촘촘하게 배열되었는데 뚜렷한 규칙성은 발견되지 않는다. 그로 인해 치열해 보인다. 미지의 힘이 소용돌이치는 패턴이다. 이 소용돌이는 얕게 선각되어 불상의 양감과 대비되는데, 불신의 배경으로 작용하며 불신을 보는 사람 앞으로 전진하게 하는 역할을 한다.

구도상의 이러한 특징은 국립박물관 소장의 금동보살입상[사진4]에서도 나타난다. 금동보살입상은 대좌와 광배가 유실되었지만 팽이모양의 대좌가 남아있어 대좌 구성이 연가칠년명 금동불입상과 유사함을 알 수 있다. 또한 체구에 비해 머리와 손발이 유난히 크며 신체에 비해 옷이 지나치게 묵중하다는 점도 유사하다.

좌우로 뻗친 천의 자락은 날카로움이 둔화되었지만 날개와 같은 흐름[147]에서 북위 양식이 간취된다.[148] 좌우대칭으로 뻗친 옷자락은 오직 정면관만 염두에 두고 제작되었음을 알 수 있다. 상의 뒷면은 칼로 잘라낸 것과 같은 모습이다. 등과 허리 부분에 각도를 달리하는 두 개의 굵은 광배 자루가 부착된 점과 배면 처리가 허술한 점을 미루어 볼 때 본래는 일광삼존불의 협시보살이었을 것으로 짐작된다. 그러나 이 불상의 대좌 연판의 구조로 보아 독존일 가능성도 존재한다.[149]

한편 원오리 소조불은 고구려 불상의 특징으로 알려진 예리함과 힘찬 기세가 많이 둔화되어 전반적으로 부드러운 인상을 준다. 소조여래좌상은 둥근 육계에 머리는 소발이며 얼굴은 갸름하다. 작은 입에 미소를 띠었다. 법의는 통견이며 가슴에 나타나는 주름은 넓은 U자형이다.

---

147) 불신 좌우로 뻗친 마치 새 깃과 같은 옷자락은 이 보살을 '날아다니는 천사'로 보이게 한다. 이 뻗침과 머리 위에 세 가닥으로 갈라진 보관, X자형 천의자락의 날릴 듯한 형태가 상승효과를 유발한다(大韓民國學術院 編(1984), 앞의 책. p.84).
148) 북위 형식을 지닌 동위 초 양식을 반영한 고구려 불로 추정되기도 한다(강우방(1996) 앞의 책. p.76).
149) 위의 책.

이
해
주
—

161

[사진 5] 예산사방불 좌상

[사진 6] 국립박물관소장 금동보살 입상

[사진 7] 연가칠년명 금동불 입상

옷자락은 끝에서 잔주름을 이루며 늘어졌는데 중앙에서 V형을 이루었다. 두 손은 가슴 아래 포개고 있어 뚝섬 출토 금동불좌상의 양식을 따르고 있지만 대좌의 연판은 고구려의 특색을 보인다. 소조보살입상은 높은 발계가 있고 둥근 얼굴에 미소를 지었다. 법의는 통견이다. 천의는 X자형으로 교차되었고 수인은 통인이다. 발밑의 복련은 전형적인 고구려 연판이다.

볼에 살이 통통하게 붙은 둥근 얼굴에 온화하고 부드러운 미소를 머금고 있어서 전체적인 인상은 고구려보다는 백제 불상에 가깝다. 일반적으로 고구려불은 강인함, 그리고 백제불은 온화함으로 대별되곤 하지만 그 특징이 일률적으로 적용되지 않음을 확인할 수 있다. 더불어 삼국 간에 미적 교감이 이루어지고 있음을 알 수 있다.

한편 이 시기 고구려 불상에 강직함과 온화함이 공존하는 것과 같은 면모가 백제 불상인 예산 사방불에서 나타나고 있다. 본존격인 좌상의 조각 표현이 강렬한 편임에 반해 다른 세면의 불상 표현은 상대적으로 부드럽다. 예산 사방불의 구도를 살펴보면 다음과 같다.

첫째, 남 · 북면이 넓고 동·서면이 좁은 4면의 석주를 그대로 살려 동 · 서 · 북향에는 입불을, 그리고 남쪽에는 좌불을 새겼다. 그런데 상대적으로 널찍한 남쪽 면의 석재 넓이와 유독 불신에 시선을 집중시키는 구도로 미루어 볼 때, 남면 좌상이 주존불인 여래상으로서 조각된 것으로 보인다. 이를 중심으로 동·서·북에 각각 한 구 씩의 여래입상을 배치한 것이라 여겨진다.

둘째, 얼굴에 시선이 집중될 수 있도록 치밀하게 구성된 구도를 취했다[사진5]. 하단에 크고 널찍한 대좌를 돌출시켜 안정감을 부여했다. 그리고 광배에 새겨진 문양을 굴곡진 곡선을 깊게 새겨 역동적으로 구성함으로써 불상의 신체, 그 중에서도 얼굴에 보는 사람의 시선이 집중되도록 했다.

옷 주름과 광배의 화염문이 모두 밀집선—전자는 궁형 곡선, 후자는 물결무늬 곡선—으로 조각되어 자칫 정형화되었다는 느낌을 받을 수도 있으나 선각에 깊은 심도를 부여하여 생동감을 불어넣었다. 광배의 화염문은 강렬한 동세를 보이는데, 마치 불신으로부터 엄청난 에너지가 뻗어나가는 것과 같은 인상이다. 이러한 격동적인 이미지의 중심에 크고 둥근 두광이 배치되었다. 이 두광에는 연화문 표현이 단아하고 명쾌한 곡선으로 조각되어 광배 화염문의 굵고 심도 깊은 강렬한 선과 대비된다.

이러한 대비 속에서 두광의 편안한 안정감이 부각된다. 이러한 광배 바로 앞에 불상의 머리가 놓인다. 불상의 머리는 신체에 비해 큼직한 편이다. 보원사 금동불과 정림사 불상도 이와 같은 특징을 공유한다.

2) 형태면의 특징

뚝섬 출토 여래좌상 양식에서 나타난 특징[150]을 공유하는 가운데 고구려 불상들은 다음과 같은 특징을 보인다. 첫째, 머리·얼굴과 손·발이 신체에 비해 유난히 크다. 연가칠년명 금동여래입상은 나발에 육계가 높고 갸름한 얼굴에 미소를 머금고 있다. 수인의 표현은 끝의 두 손가락을 꼬부린 여원인을 결했다. 국립박물관 소장 금동보살입상[사진 6]의 얼굴은 연가칠년명 금동여래입상과 비교할 때 넓고 두툼한 직사각형으로 변화했다. 둥글넓적한 직사각형에 가까운 얼굴에 이목구비의 선을 살려 얼굴 형태를 또렷하게 새겼다. 그로 인해 일견 예리해 보이는 측면이 있으나 양 입가와 눈에 띤 미소가 그 예리함을 상쇄한다.

시무외 여원인을 결한 양손은 체구에 비해 지나치게 크다. 양감 없는 신체 표현에 비해 상대적으로 얼굴과 머리는 양감 표현에 충실하고 이목구비도 세심하게 손질되었다. 손은 크고 두툼하며 손가락은 굵고 길쭉하다. 시무외인을 결한 손의 두 손가락인 소지(小指)와 약지(藥指)가 접혀있고 손등은 포동포동하게 표현되어 생명감이 느껴진다. 머리와 손에 비해 신체 표현은 구체성이 떨어진다. 조각된 선의 특징은 굵고 강직하다. 두 팔에 감긴 선과 가슴에 표현된 V자형 선은 모두 밀집된 겹선으로 강조되었지만 팔뚝에 감긴 옷 주름의 표현이 신체 양감을

150) 뚝섬 출토 여래 좌상의 양식적 특징에 대해서는 각주 144) 참조.

부각시키는 역할을 하지는 못한다.

둘째, 강단과 기세와 같은 힘이 강조되었다. 연가칠년명 금동불입상의 경우에는 두꺼운 옷에 가려진 체구에서 강직함이 느껴진다. 커다란 손발에서 느껴지는 활력감, 좌우로 뻗친 옷자락의 힘참, 소용돌이치는 광배 화염무늬의 격렬함, 모서리가 날카롭게 표현된 대좌 연꽃잎의 팽만함 등에서 소위 북방적 기질이 간취된다(사진 7). 특히 좌우로 뻗친 옷자락이나 신체 중심에 보이는 V자형 주름은 강직한 선으로 두드러지게 표현되었다. 광배에 묘사된 격렬한 무늬에 나타나는 규칙성 없는 자유롭고 역동적인 동세 역시 불상의 강인한 인상에 기여한다.

셋째, 온화하고 부드러운 힘이 표현되었다. 원오리불입상의 경우에는 천의 끝자락의 지그재그 모양의 규각이 완화되었다. 부드럽고 유연한 곡선이 상 전반을 구성한다. 6세기 중엽으로 넘어오면서 이러한 세련미가 점차 유행한 것으로 보이는데 이것은 중국 남북조의 절충 양식 유입과 그 궤를 같이하는 것이라 짐작된다.[151]

넷째, 인도 양식에서 벗어난 새로운 양식의 불의가 표현되었다. U자형으로 느슨하게 처리된 앞가슴에 내의를 묶는 매듭 끈이 보인다. 이러한 형식은 중국에서 6세기 말부터 유행하는데 중국의 매듭은 옷 밖으로 길게 늘어지는 반면 우리의 경우는 띠 매듭만 표현되거나 연가칠년명 금동불입상과 같이 아예 매듭이 표현되지 않는다.

---

151) 大韓民國學術院 編(1984) 앞의 책. p.85.

[사진 8] 신묘명 금동삼존불입상 광배

[사진 9] 예산사방불 광배

한편 예산사방불과 보원사 금동불입상과 같은 백제 불상의 형태상의 특징으로 다음의 네가지를 꼽을 수 있다. 첫째, 균형 잡힌 체구를 갖췄다. 소발의 머리 표현이나 얼굴 모습을 비롯하여 길쭉하면서도 마른 체구의 불신이 표현되었다. 둘째, 서로 다른 옷의 표현이 공존한다. 예산 사방불[152]의 좌불과 같이 직선으로 전개되면서 평행 돌출 의문이 표현되는 북위의 고졸한 형식과 함께 고구려 신묘명 삼존불과 유사한 부드럽고 장식적인 양식이 나타난다. 불의에는 Y자 내의와 띠 매듭이 등장하며 보살의에는 X자 의문이 보편화되고 있다. 셋째, 예산사방불의

---

152) 예산 사면석불에서는 좌상이나 입상 모두 동위시대에 걸쳐 유행하던 착의법 그리고 남조 양대의 복제들과 친연성을 보인다. 537년 연가칠년명 금동불입상이나 보원사지 금동불입상과는 볼록 솟은 육계나 길쭉한 머리 모습, Y자형 승각기 등에서 닮았지만 이 두 불상은 북위식 복식을 입은 점에서 차이를 보인다. 예산 사면석불은 이 두 불상보다 이후에 제작된 불상임을 알 수 있다. 한편 신묘명 삼존불 입상과 원오리 출토 소조 불좌상 등이 입체감과 부드러운 조각수법으로 동위와의 관련성이 지적되어 왔다(김리나(1996) 고구려 불교조각 양식의 전개와 중국 불교조각. pp.77~126).
부여 군수리사지 출토 금동여래입상은 인도식 착의법이 수용된 대표적인 작품으로 더욱 부드럽고 유연한 양식으로 변화되었다. 6세기 말·7세기가 되면 태안 마애석불이나 강원도 횡성 출토 여래입상과 같이 옷이 얇아지는 등 착의법에 대한 이해가 깊어진 듯하다. 왼쪽 어깨 위로 올라간 옷자락이 어깨와 왼쪽 팔에 넓게 흘러내려 동위보다 진전된 새로운 북제·북주·수대의 불상 양식을 받아들였음을 알 수 있다.
예산 사면석불 입상의 경우 북조식과 남조식의 두 가지 방식이 혼용되어 있다. 즉 대의자락이 왼쪽 어깨로 올라간 점에서는 남조나 동위 말의 착의법을 수용한 듯 하나 넘어 간 옷자락이 왼쪽 팔뚝에 가지런하게 걸쳐져 있어 북위적 요소가 남아 있다. 기존의 북위식과 새로운 남조 양식이 혼용된 착의법이라 여겨지며 이는 남조 복식의 초기적 양태로 이해할 수 있을 것으로 보인다.

이해주 —

경우 두 손을 별도로 끼울 수 있게 만들었는데[153] 이것으로부터 금동불의 제작기법이 석불에 응용되고 있음을 알 수 있다.

넷째, 광배의 형식으로는 주형거신광배(舟形擧身光背)와 두광의 원형 광배가 있다. 전자는 고구려 신묘명 금동삼존상 광배의 형태[사진8]와 같이 광배 하단이 넓고 위로 올라갈수록 좁아지는 보주형 곡선으로 구성되었다. 예산사방불의 거신광배의 형태는 전체적으로 보주형이며 두광을 제외한 전체 면에 화염이 가득 조각되었다[사진9]. 조각의 심도가 깊어서 매우 유려해 보인다.

두광은 머리 부분에 해당하는 원좌를 중심으로 풍려한 13엽의 단판 연화문을 장식하고 그 밖으로 원형문을 한 줄 돌렸다. 그리고 각 연화문 사이에 삼각형의 작은 연판을 하나씩 배치했다. 원형 대 밖으로는 서광(瑞光)처럼 횡선이 조각되었고 다시 굵은 고사리 문양으로 주변이 장식되었다. 이 두광의 중심부 위에는 연화문으로 이루어진 보주형 조각이 섬세하게 표현되었다. 특히 북쪽의 입상과 달리 좌불상[154]에 불두

---

153) 예산사면석불의 좌상은 특징 중 하나는 대의를 길게 대좌까지 늘어뜨린 상현좌 형식이다. 이 형식은 6세기 중엽 경의 군수리사지 출토 석조여래좌상에도 나타나며 고구려 불상인 원오리사지 출토 소조 여래좌상에 나타나는 북위식 대의 형식이다. 예산의 여래좌상이 이들 불상과 다른 점은 수인형식인데 이들 불상들이 모두 선정인인데 비해 이 좌상은 시무외 여원인의 수인을 결하고 있다는 점이다.

154) 입상의 광배는 연화문과 이중 원형으로 구성되었는데 좌상의 광배는 끝이 둥글게 말리는 화염문으로 구성되어 있으며 그 외면은 짧은 직선의 방사선으로 이루어졌다. 이들 광배에 보이는 마니보주가 새겨지거나 광배에 표현된 끝이 원형을 이루면서 말리는 화염문의 표현 등은 산동성 장청현 연화동의

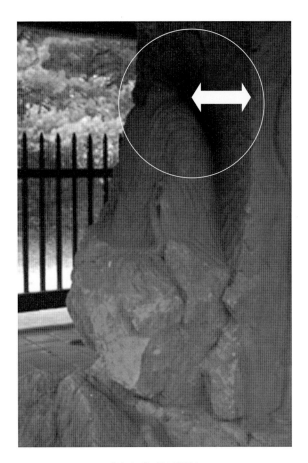

[사진10] 예산사방불

동위시대 작품인 석조불상에서도 확인된다. 또한 산동시 유방시에서 발견된 북위 진태 2년(532)의 광배, 청주시 용흥사 출토 동위 초기 금채불입상 등에서 보이는 특징이다. 따라서 광배 무늬는 북위시대부터 동위 시대에 걸쳐 유행했던 요소임을 알 수 있다(정은우(2005) 예산 사면석불의 미술사적 검토. pp.229~230).

와 두광 사이에 공간을 두고 조각한 점은 일반적인 마애불상과는 다른 양식이다. 불상의 머리 이하 부분, 즉 등 부위부터는 몸돌에 붙어있다. 불상의 배면[사진 10]을 내곡(內曲)지게 조각함으로서 어깨 윗부분과 머리가 광배와 거리를 유지하도록 조각되었다.[155] 두광의 원좌를 도드라지게 한 표현은 동쪽면의 입불상의 경우에 더 뚜렷이 나타난다. 원좌 밖으로 풍려한 단엽 10판의 연화문을 돌렸으며 그 주위에 원권문을 새겼다. 그 밖으로 두드러지게 큼직한 원형 두광을 표시하고 있으나 그 내면에는 별다른 조각이 없다. 광배에 화염문을 조각하지 않은 점은 좌불의 화사한 광배와 대비된다. 이러한 대비적인 구성은 좌불에 주의를 집중시키기 위한 의도라 여겨진다.

예산 사방불에서는 평행선이 조형의 전면에 등장한다. 불의의 평행 의문이 규칙적으로 표현되었다. 두광의 광선무늬와 불꽃무늬의 표현 역시 규칙적이다. 의문 선은 깔끔하고 부드럽게 전개되었다. 이와 더불어 굴곡이 과장된 곡선이 함께 나타나 불상에 활력과 동세를 부여한다. 새김의 심도가 매우 깊어 부조상임에도 불구하고 양감이 두드러져 보인다.

예산 사면석불은 이후의 불상에 영향을 끼쳤다. 먼저 사면석불이라는 형식은 7세기 후반 연기군 출토의 비상(碑像)과 관련이 있다. 여래입상에 나타나는 통견식 착의법이나 Y자형으로 여미는 승각기와 U자

---

155) 정영호(2004) 백제의 불상. pp.77~81.

형을 이루며 흘러내리는 옷주름은 태안 서산마애삼존불로 계승되며, 동그랗게 솟은 육계와 소발은 정읍 보화리 석불입상으로 이어진다. 특히 편삼을 걸치는 착의법은 익산 연동리 석불에서 다시 등장한다. 수인이나 불두를 따로 조각하여 끼우는 조각기법의 영향은 경주 불굴사지를 비롯한 8~9세기 통일신라 석조 불상 가운데 불두를 따로 만들어 끼우는 형태로서 이어진다.

2. 6세기 중엽~7세기 초

고구려의 불상의 경우 계미명 금동삼존불입상, 신묘명금동삼존불, 건흥오년명 금동석가삼존불광배, 그리고 평천리 출토 금동반가사유상 등이 이 시기에 제작되었다.

한편 538년 사비 천도를 단행한 백제는 이 시기 동안 번영을 맞이한다. 불교도 크게 융성하여 사찰과 탑이 즐비하게 들어섰으며 이때 이루어진 불상의 조성 역시 질적 · 양적으로 성황을 이루었다. 군수리사지 출토 납석불좌상, 군수리사지 금동보살입상, 신리 금동보살입상, 정지원명 금동석가불입상, 태안 마애삼존불상, 서산 마애삼존불상, 납석제 반가사유상 등을 이 시기의 대표작으로 꼽을 수 있다. 이 시기 불상에서는 중국의 동위 · 서위 양식 내지 초기 북제 · 북주 양식적 요소가 나타난다. 그러나 우아하고 세련된 백제적인 정체성이 확립된 특징이 나타나고 있다.

신라의 경우 불교가 공인된 것은 527년이지만 본격적인 조상은 최

[사진 11] 계미명 금동삼존불   [사진 12] 신묘명 금동삼존불

[사진 13] 계미명 금동삼존불

대 거찰인 흥륜사가 창건된 544년경부터였고 성황을 이루게 된 것은 574년 황룡사 금동장육존상 조성 전후이다. 전 황룡사 출토 금동불입상, 황룡사장육존상 대좌 및 불상 편 일부 숙주사지금동불상, 군위 의성 출토 금동불보살상, 국보 제78호 금동 미륵보살반가사유상, 안동 옥동 금동반가사유상, 국보 제83호 금동 미륵보살반가사유상과 비중리석불상[156], 중원마애불상군 등이 이 시기에 조성되었다.

1) 구도상의 특징

계미명 금동삼존불[사진11]과 신묘명 금동삼존불[사진 12]은 전체적인 형식이 유사하다.[157] 두 형상의 전반적인 유사성을 기반으로 추정할

---

156) 이 여래좌상은 마멸이 심한 편이고 국적도 확실하지 않지만 조성 시기나 양식적인 면에서 예산사면석불과 친연성이 발견된다. 시무외인·여원인의 수인과 상현좌 형식, 북위 및 동위적인 요소가 강한 점에서 예산 사면석불의 남면 여래좌상과 유사하다. 그러나 조각 수법에서 차이가 나타난다. 신체 비례에 균형적인 안배가 떨어지며 어색한 세부 표현 등이 대조적이다. 청원 비중리 일광삼존불에 대해서는 국적이나 시기에 있어서는 다음의 자료를 참고할 것. 문명대(1982) 청원 비중리 삼국시대 석불상의 연구. pp.257~274; 김춘실 (1990) 삼국시대 시무외 여원인 여래좌상고. pp.1~40; 강우방(1995) 삼국시대 불교 조각론. p.347.

157) 북위양식을 충실하게 반영된 두 삼존상 중 계미명 금동삼존불은 고구려 평원왕 5년 계미(癸未, 563년), 신묘명 금동삼존불은 571년에 제작된 것으로 보인다. 연대상으로 8년 밖에 차이가 나지 않는 계미명 금동삼존불과 신묘명 금동삼존불의 형식을 비교해 볼 때 계미명불이 전대 양식을 오랫동안 끌고 있는 작품이라고 한다면 신묘명불은 신양식을 재빨리 받아들인 작품이라고 할

때 신묘명 삼존불상의 유실된 대좌 역시 계미명 삼존불상의 그것과 크게 다르지 않을 것으로 보인다. 계미명삼존불의 대좌와 광배, 불신의 기본 틀은 연가칠년명 금동불입상의 형식이 유지되었다. 그러면서도 다음과 같은 측면에서 변화가 간취된다. 첫째, 보다 안정감 있는 구성을 꾀했다. 원추형 대좌의 하대 신부(身部)가 보다 원통형에 가까워졌고 광배 하단부가 넓어졌다. 긴장감 있는 곡선미보다는 안정감을 추구해나간 것으로 보인다.

계미명 금동 삼존불입상의 대좌는 복련좌인데 연꽃잎을 세 겹으로 중첩했다. 꽃잎은 끝부분이 살짝 들려 생동감 있게 표현되었고 잎의 윤곽선을 따라 어자문(魚子紋)이 연속적으로 찍혀 화려하게 장식되었다. 이러한 조형 기법이 시각적인 강세(强勢)로 작용하여 상(像)의 하단인 대좌에 힘이 실려 안정감이 느껴진다.

이 삼존상은 광배에도 어자문[사진 13]을 찍어 장식했다.[158] 상의 상단에 위치하는 광배와 하단에 놓인 대좌에 같은 기법의 장식이 조각됨으로써 수미상관(首尾相關)적인 통일성이 부여되었다. 이러한 조형적·시각적 통일성에서 안정감이 느껴진다. 안정감을 부여하는 또 다른 요

수 있다(김원룡(1998) 앞의 책. p.118).

158) 본존의 두광과 신광에 연속된 힘이 가해진 점이 찍힘으로써 광배에 나타나는 화염문에 활기를 더해준다. 연가칠년명 금동여래입상의 경우 광배의 불꽃무늬가 불규칙적인 곡선으로 표현되어 강하고 치열한 힘이 느껴지는 반면 이 광배에서는 화염무늬가 규칙적인 곡선으로 정리되어 나타났다. 그로 인해 연가칠년명 금동여래입상에 비해 정돈된 느낌이 드는데 여기에 점이 압인됨으로 인해 활력이 돋워졌다.

소는 광배 하단의 좌우에 배치된 협시보살이다. 이로 인해 무게중심이 상의 아랫부분에 실리고 광배면 장엄의 균형이 잡혔다.

신묘명 금동삼존불의 경우는 한발 더 나아가 광배 하단에 두 구의 좌우협시가 광배 상부에는 연화화생(蓮花化生)[159] 장면을 상징하는 세 구의 화불이 조각되었다. 그럼에도 그것이 보는 사람에게 무거운 중량감으로 느껴지지 않고 둥둥 떠 있는 것처럼 지각되는 이유는 구도와 배치에 있다.

광배 면에 베풀어진 화염무늬의 꼬리가 광배의 꼭짓점으로 수렴되는 상부지향성을 보이는 가운데 화불이 화염 무늬에 몸을 싣는 형식으로 조각되었다. 그로 인해 인과관계 적용되지 않고 갑자기 생겨나는 '홀연함'이 시각적 · 조형적으로 구현되었다.[160] 광배 꼭짓점에서 대좌

---

159) 건흥오년명 금동석가삼존불 광배에서는 상승감이 돋보인다. 합장한 손은 잘 보이지 않지만 반쯤 핀 연꽃 속에 솟아오른 상반신과 끝이 뾰족한 보주형 두광을 갖춰 일견 화불로 여겨질 수도 있다. 그러나 삼국시대에 제작된 대부분의 조각은 연화대좌가 있는 경우 연꽃잎이 아래로 향한 복련좌(覆蓮座) 형태이며 불보살은 모두 그 위에 앉아있거나 서 있는 형상으로 만들어졌다. 연꽃을 대좌에 뒤집어 얹고 마치 그것을 밟고 있는 것 같은 인상을 준다. 그러나 광배의 화생상들은 연꽃이 새로 피어나는 것과 같은 모습으로 등장한다. 모두 예외 없이 연꽃잎이 위를 향하여 벌어진 앙련(仰蓮)의 형태를 보임으로써 새로 태어나는 존재를 암시한 것으로 보인다(강희정(2011) 동아시아 불교미술 연구의 새로운 모색. p.102). 이로 인해 상부 지향성 구도가 강조된다.

160) 광배에 양각된 화생상이 3구 있는데 건흥5년명 화생상보다 소략하게 처리되어 화불과 구분이 어렵다. 광배의 정점 부근에 있는 화생상만 연꽃이 있고 나머지는 연꽃이 명확하게 보이지 않는다. 또 건흥5년명 금동석가삼존불 광배의 화생상과 달리 두광도 표현되어 있지 않다. 게다가 상체와 하체가 뭉뚱그

가 놓이는 지면을 향해 광배의 양변에서 연장선을 내려 그으면 삼각형을 이룬다. 그리고 이 삼각형 내부, 즉 광배 상단에 새겨진 세 구의 화불이 이루는 구성·배치에서 또 하나의 삼각구도가 간취된다. 여기서 커다란 삼각구도는 전체로서의 상에 안정감을 부여하고 이 안정감 속에서 작은 삼각구도가 상승감을 돋운다. 좁고 작은 대좌에 발을 딛고 선 본존불이 위태로워 보이지 않도록 조형요소가 안배되었다. 그로 인해 전체적으로 안정된 중후한 구도를 갖춘 가운데 경쾌한 상승감도 놓치지 않았다.

평천리 출토 반가사유상[사진 14]은 상반신이 하반신보다 축약되어 조각되었다. 이 축약으로 하반신에 무게중심이 실리고 대좌에 걸터앉은 자세에 안정감이 부여되었다. 가냘픈 상체에 비해 제법 통통하게 처리된 반가한 오른쪽 다리의 양감으로 인해 상·하체의 상반된 대비가 드러난다.

대좌를 덮고 있는 주름은 중량감 있게 표현되었다. 대좌를 덮은 덮개의 길이가 점점 길이를 짧아지게 처리하여 왼쪽 발목이 드러났는데 이 표현은 세련도가 떨어져 경쾌함을 살리지 못했다. 그로 인해 오히

려져 있어서 연꽃 위로 상반신이 올라온 화생상과 달라 보인다. 앉은 모양은 물론 두 손도 보이지 않고 불확실하게 묘사되어 화불로 보기도 화생상으로 보기도 모호하다(앞의 책. pp. 104~105). 화생상의 형태를 기준으로 하면 건흥오년명 금동석가삼존불 광배가 명확성에서 앞선다. 그러나 광배에서 화생상이 전체 구도에 기여하는 바를 기준으로 하면 금동 신묘명삼존불 역시 광배 상단에 위치하여 보는 사람의 시선을 위쪽으로 유도함으로써 상부 지향형 구도에 이바지함을 알 수 있다.

[사진 14] 평천리 출토 반가사유상

[사진 15] 정지원명 불상

[사진 16] 군수리 출토 보살상

[사진17] 신리 출토 금동보살입상   [사진18] 국보 제78호 금동반가사유상

려 상의 하단에 무게감이 실렸다. 이와 더불어 의자와 그것을 받치고 있는 하대 역시 묵직하게 조형되었다. 이러한 제(諸)표현은 안정감에 가치를 두고 조형하려는 의도가 반영된 것이라 판단된다.

　안정감을 추구하는 경향은 백제 불상에서도 나타난다. 정지원명 불상[사진 15]의 구도는 고구려 신묘명 금동 삼존불과 유사하다. 다만 족좌를 구비하지 않고 반구형 대좌 위에 하단부가 넓은 주형거신광배를 배치했기 때문에 신묘명 금동삼존불에 비해 긴장감과 상승감이 감소되었다. 이는 군수리 출토 보살상[사진 16]의 대좌·천의 표현에 나타나는 변화와 궤를 같이 하는 것으로 보인다. 중판 연화문이 새겨진 원추형 대좌 및 그 위에 펼쳐진 넓은 천의자락은 시각적인 안정감이 고려된 표현이라 할 수 있다. 군수리 출토 금동 보살상 역시 높이보다 밑변이 긴 삼각구도를 취함으로써 조형적 안정감을 준다. 여기서 말하는 높이보다 밑변이 긴 삼각구도란 무게중심이 상(像)의 하단에 실려 보기에 편안한 구도를 뜻한다. 군수리 출토 보살상에서, 이 구도는, 옷자락의 좌우 뻗침을 통해 점증적으로 밑변을 넓힘으로써 갖춰졌다. 구체적으로 말하자면, 상의 하단에서 옷자락의 양 끝점을 불상이 놓이는 지면으로 연장할 때 형성되는 밑변과 상의 상부에 위치한 보관이나 육계 혹은 광배의 정점(頂點)을 이을 때 구성되는 구도이다.

신리 출토 금동보살입상[사진 17]에서도 안정감과 상승감이 조화롭게 나타난다. 전체적으로 볼 때, 구도는 넓은 원통형 대좌 좌우로 옷자락이 넓게 퍼진 안정적인 구도이다. 그런데 옷자락 좌우 뻐침의 각도가 날카롭지 않고 그 경사도 완만하다. 그래서 오히려 옷자락의 뻐침이 발에서 머리 쪽으로 올라가면서 점차 완화되다가 목에서부터 이어진 보주형 광배 곡선을 타고 광배 꼭짓점을 향해 상승하는 효과를 낸다.

안정감과 상승감의 조화는 국보 제78호 금동 미륵보살반가사유상 [사진 18]에서도 느낄 수 있다. 이 상은 대좌 부분에서는 묵중하고 안정된 구도를 보이지만, 반가한 오른쪽 무릎과 강건하면서도 날렵한 상체, 그리고 어깨에 드리워진 피건의 날렵한 곡선을 통해서는 힘찬 상승세를 갖췄다. 신라의 경우 550년 이래 제작된 불상은 대체로 이러한 구도를 공유했을 것이라 짐작된다.

둘째, 삼존상들은 신묘명 금동삼존불에서 확인되는 것과 같이 광배와 한 몸으로 주조된 일광삼존불형식을 취하고 있다. 이 형식은 연가칠년명 형식에서 진전된 형식이라고 할 수 있다. 광배와 두 협시보살은 한 틀로 주조하고 본존은 따로 주조하여 결합시킨 본존별주결합식(本尊別鑄三尊佛)으로 불리기도 한다.[161] 삼존상의 경우 세 구를 함께 연결할 틀이 필요한데 그 연결고리 역할을 광배가 담당했음을 알 수 있다. 삼존불 제작 시 신앙·교리적인 측면·미적인 측면·기술적인 측면을 조율하는 과정에서 실용적·현실적인 광배의 기능성·필요성이 요청되었을 것이라 생각된다. 본존별주결합식 광배로 인해 불상 제작 시 실용적이고 현실적인 측면에서의 광배의 역할을 생각할 수 있는 계기가 마련되었다.

이상에서 고구려·백제의 불상을 살펴보았는데 신라 불상의 경우에는 현재까지 남아있는 사례가 거의 없다. 그렇기 때문에 남아있는 황룡사 금동 장육상 대좌와 기록에 근거하여 추정하는 방법을 택하는 수밖에 없다는 한계가 있다. 제한적인 단서에 의거해 볼 때 삼존불 형식이 본존불로 봉안되기 시작하면서부터 본존을 기준으로 좌우협시를 좌우대칭으로 배치하는 구도를 갖췄음을 알 수 있다.[162] 황룡사 금동불입상은 광배와 대좌가 소실되었으나 다음과 같은 특징을 갖췄을 것으로 추정된다.

첫째, 광배꽂이의 묵중한 처리와 중후한 체구, 그리고 묵직하게 처리된 불의 표현으로 보아 전체 구도가 안정감 있고 중후한 고구려 신

---

161) 郭東錫(1992) 製作技法을 통해 본 三國時代 小金銅佛의 類型과 系譜. pp.17~21.
162) 김리나(1979) 황룡사의 장육존상과 신라의 아육왕계불상. pp.195~215; 大韓民國學術院 編(1984) 앞의 책. p.141.

[사진 19] 태안마애삼존불

[사진 20] 태안마애삼존불 대좌

묘명 금동삼존불과 유사할 것으로 생각된다.[163]

둘째, 체구에 비해 머리 · 얼굴 · 손은 아직 큰 편이다. 상징적인 표현이 집약되는 얼굴과 손이 과장된 규모로 나타난다는 점은 이전 시기와 같다. 그러나 그 표현 기법에 차이점이 보인다. 종래 직선적이고 강건한 면모에서 벗어나 부드럽고 유연하게 변모해 나간 것으로 보인다. 끝을 뚝 자른 것과 같은 연가 칠년명 불입상의 무뚝뚝한 발 표현과 비교해볼 때 전반적으로 발과 손의 표현이 세련화해 갔다. 더불어 얼굴이 좀 더 풍만해졌고 광배에 두광과 신광이 따로 배치되었다. 여기에 겹 원 무늬와 겹 타원 무늬가 장식되고 당초무늬가 베풀어지는 등 조각의 비중이 높아졌는데 이로 인해 불신이 훨씬 돋보인다.

셋째, 독자적인 특유의 구도가 나타난다. 태안마애삼존불[사진 19]은 본존 여래를 중심으로 좌우에서 보살이 협시하는 일반적인 형식에서 벗어났다. 중앙의 보살을 중심으로 여래입상이 좌우에 서 있는 독특한 구도와 형식을 창안했다. 하지만 대좌는 좌우 여래상의 것이 보살상에 비하여 훨씬 크고 볼륨감이 있다. 중앙의 대좌를 중심으로 좌우 대좌의 형태는 대칭적이지만 보살의 대좌와 좌우의 불상의 대좌 사이에는 크기와 위치에 차등을 두었다[사진20]. 연꽃 대좌의 위치와 크기로 보아 좌우 여래상 2구는 같은 평면상에 배치된 반면, 보살상의 대좌는 여래의 것보다 뒤로 물러선 후면에 배치되었을 알 수 있다.

---

163) 大韓民國學術院 編(1984) 앞의 책. p.98.

[사진 21] 서산마애삼존불

[사진 22] 본존불의 상호

[사진 23] 우협시보살의 상호

[사진 24] 좌협시보살의 상호

이러한 구성의 묘에 힘입어, 삼존불이 조각된 바위 면에 깊이가 부여되어 전면과 후면의 위계가 차등적으로 세워졌다. 그로 인해 좌우 양쪽 여래보다 중앙의 보살상이 더 뒤쪽에 위치하게끔 표현되었다. 비록 보살을 중앙에 배치했지만, 좌우 여래상보다 후면에 위치하도록 세심하게 조정한 구성·배치라 여겨진다. 더불어 보살상의 크기를 작게 조각함으로써 크기·부피의 대소에 차등을 두어 깨달은 자와 그렇지 못한 자의 위계를 확실히 구분 짓고 있다.

보살상이 삼존을 구성하는 축의 역할을 담당하지만 강조되는 것은 좌우 협시불이다. 왜소하고 어깨가 좁은 중앙의 보살상에 비해 체구가 장대한 좌우 여래의 어깨는 떡 벌어져 위풍당당하다. 좌우 불상의 형태는 거의 흡사하다. 얼굴의 크기는 체구에 비해 작은 편이지만 양감이 두드러지고 강건한 인상이다.

얼굴의 기본 골격이 굵직하고 강직하게 표현되었고 코가 넓고 크게 조각되어 얼굴과 신체 모두 강건해 보인다. 대의 역시 두텁고 힘 있게 처리되어 남성적이고 강한 인상을 풍긴다. 이에 비해 중앙의 보살은 상대적으로 부드럽고 여성적인 인상이다.

한편 서산마애삼존불[사진 21]에서는 본존의 좌협시로 반가사유상을 우협시로 보주를 들고 있는 보살상을 둔 이형대칭의 독창적인 구성이 시도되어 여래를 중심으로 좌우 동형 대칭 형태로 배치되는 기존의 형식을 탈피했다. 어깨가 넓고 호탕한 인상의 본존은 장자풍의 인상을 [사진22], 우협시인 봉지보주 보살은 복스러운 여인과 같은 인상을[사진23], 좌협시인 반가사유상은 앳된 아이의 인상을[사진24] 준다.

2) 형태면의 특징

첫째, 대좌와 광배에 장식이 풍부해졌다. 고구려 불상의 경우 대좌의 형식은 상하 이단(二段)의 원통형·역원추형[팽이모양]으로 서로 유사하다. 특히 계미명 금동삼존불의 대좌는 3중엽의 복판연화문이 장식되었고 연꽃 꽃잎의 가장자리에 점을 찍어 장식함으로써 연가칠년명 금동여래입상보다 화려하고 장식적이다.

한편 광배는 계미명 금동삼존불처럼 한 광배에 본존과 좌우협시보살이 주조되거나 신묘명금동불처럼 화불까지 동시에 주조되는 일광삼존불 형식이다. 광배의 형태는 하단이 넓은 보주형 거신광배가 배치되었다. 문양은 풍부한 장식성이 특징이다. 당초무늬와 연꽃이 새겨지고 어자문이 찍혀 광배가 화려하게 꾸며졌다. 두광과 신광을 겹으로 처리함으로서 나타나는 중첩원문은 원의 상징인 무한함과 완결성을 강조하려는 의도로 보인다.

위와 같이 심화되는 장식적 경향성은 백제 불상에서도 발견된다. 정지원명 불상의 광배는 밑이 넓고 곡선이 풍부한 주형거신형인데, 굵고 힘찬 불꽃무늬와 화불로 장식되었다. 그로 인해 고구려 신묘명 삼존불 광배를 구성하는 곡선보다 율동감이 두드러진다.

둘째, 전체적인 표현이 온화하고 부드러워졌다. 고구려 불상의 경우 연가칠년명 금동여래입상에 비해 얼굴과 체구가 다소 온화·풍만해졌다. 평천리 출토 반가사유상의 경우는 상체가 짧고 유연한데 하체는 상대적으로 길게 표현되어 자태에서 온아함과 부드러움이 흐른다.

대의의 기본 형태는 유지되고 있지만 신체 좌우로 뻗치는 옷자락의 삐침이 완화되었다. 반면 계미명·신묘명 금동삼존불 모두 광배의 불꽃무늬와 U자형 의문을 구성하는 선은 여전히 굵고 강직하다. 하지만 얼굴선과 의문, 두광과 신광에 나타나는 장식무늬, 그리고 연꽃잎을 이루는 선은 유연한 곡선이다. 유연한 곡선미가 조형의 전면에 드러나기 시작하는 것으로 보인다. 특히 평천리 출토 반가사유상에서 이러한 특징이 두드러지게 나타난다.

백제 불상도 이와 유사한 추이를 보인다. 묵직한 표현이 여전히 병존하지만 강직함이 완화된 세련된 곡선과 온화한 표현이 전면에 드러난다. 군수리 보살상이나 신리금동보살의 큼직한 관, 그리고 관 아래쪽 좌우로 늘어진 굵은 머리카락, 좌우로 뻗친 옷깃, X형 천의자락, 굵고 뾰족한 목걸이는 전자[묵직한 표현]의 일례들이다. 더불어 태안 마애삼존불과 서산 마애삼존불의 묵직한 불의의 표현도 이에 해당한다. 반면 정지원명불상의 원통형 대좌에 단판 복연화문을 선각하거나 군수리사지 석불 좌상에 나타나는 것처럼 중판 연화문을 새겨 안정감을 부여하는 방식은 후자[온아한 표현]의 일례들이다.

서산 마애삼존불에서 삼존에 공통적으로 새겨진 보주형 광배는 머리를 에워싼 둥근 원형문과 명쾌하고 날씬한 연화문으로 구성되었는데 이러한 구성은 신리 금동보살상과 유사하다. 광배의 보주형을 이루는 풍려한 곡선과 부드럽고 명쾌한 연화문이 이 삼존불의 전체 인상을 좌우한다. 서산마애삼존불의 경우에는 삼존 모두가 보주형 광배[사진 25]를 갖추고 있다.

[사진 25] 삼존의 보주형 광배

　그런데 유독 본존의 광배에만 연판문 둘레에 화염문이 조식·장엄
됨으로서 위엄이 강조되었다. 겉 테 안쪽에 화염이 표현되었고 그 안
에 세 구의 화불이 조식되었다. 안 테의 내부에 다시 둥근 테가 돌아간
다. 그리고 그 안에 활짝 핀 연꽃이 배치되었다. 좌우 협시의 광배는 화
염이 생략되고 장식이 단순화되었다. 이러한 단순화는 우협시 봉지보
주보살상의 복잡한 보관 장식과 효과적으로 대비된다. 보관의 정면 중
앙에는 꽃술이 양각되었고 그 주변으로 넝쿨 형태의 꽃잎이 둘러졌다.
그 양쪽 아래로 활짝 핀 꽃송이가 장식되었다. 한편 좌협시 반가사유

[사진 26] 삼존의 연화대좌 구성

상의 광배는 연판이 작게 표현되어 아기자기한 인상을 준다. 그로 인해 앳되고 귀여운 이미지가 강조되었다.

이러한 조화에서 위세를 드러내는 방식의 변화·발전상을 알 수 있다. 우선 굵고 강직한 표현으로 위엄을 드러내는 방식이 지양되고 있다. 삼존이 같은 형태의 광배를 공유함으로써 통일성을 추구하는 가운데 보살상과 세심한 대비를 통해 본존의 위엄을 드러냈다. 광배 구성을 통해 통일성과 위계 양 측면을 모두 구현한 이 방식은 부드럽고 유연한 표현으로도 충분히 위계의 대비·강조가 가능함을 보여주는 대표적인 작례이다.

서산 마애삼존불의 경우에는 이러한 면모를 연화대좌의 구성[사진 26]에서도 찾아볼 수 있다. 삼존 모두 단판 복련의 연화대좌를 갖추고 있다. 그러나 연꽃잎의 모양에 차이를 두었다. 본존 연화대의 전면은 잎의 모양이 둥글지만 좌우 측면으로 돌아가면서 잎의 끝 부분이 뾰족해지는 형태이다. 좌협시보살상의 대좌는 전체 연잎이 모서리가 서지 않은 형태를, 우협시보살상의 그것은 호리호리한 전체 이미지에 맞춰

[사진 27] 태안 마애삼존불과 서산 마애삼존불

연잎도 가늘고 뾰족한 형태를 취했다.

요컨대, 연화좌의 연잎 형태가 각 존상의 이미지에 상응하도록 조각되었고 그 중에서도 중앙의 본존상이 좌우를 포용하는 형태를 취함으로써 유대감을 긴밀화한 것이라 여겨진다.[164] 상에 통일감을 부여하고 조화를 추구하는 방식이 형태나 크기의 과장을 통해 삼존의 개별 특징을 내세우는 기존의 방식에서 진일보한 것으로 보인다. 통일감과 조화를 구성하는 방식이 상 전반에 걸친 장식적인 요소를 통해 세심하게 배치되는 은근한 방식으로 이루어지고 있다. 유기적인 구성으로 상의 이미지는 온화하고 세련되었다.

한편 태안 마애삼존불과 서산 마애삼존불 형태의 전반적인 비교를 통해서도 점차 부드러워지는 백제 불상 조각의 경향성을 살필 수 있다. 서산 마애삼존불에서 본존의 체구는 당당하지만 태안 마애삼존불의 양불(兩佛)에 비해 어깨선이 이루는 각이 누그러져 경직감이 해소되었다. 또한 시무외 여원인을 결한 손의 높이에 차등을 두는 세심함도 확인된다. 서산 마애삼존불 본존은 오른손의 위치가 왼손 보다 높다. 게다가 여원인을 결한 손의 끝 두 손가락[약지와 소지]만을 접어 양손 모두 약지와 소지를 접은 태안 마애삼존불의 곡지자세에 비해 보다 자연스러워졌다.

이와 유사한 변화상이 신라 불상에서도 나타난다. 국보 제78호 금동

---

164) 정예경(2007) 서산마애삼존불의 양식고찰-보살상의 양식-. p.260.

[사진 28] 손가락의 율동

[사진 29] 국보 제78호 금동미륵보살반가사유상

미륵보살반가사유상에서 볼 수 있듯 손이나 손가락의 리드미컬한 곡선미와 더불어 세련된 선이 차지하는 비중이 높아져 부드럽고 밝은 인상을 준다. 오른팔을 접어 그 팔꿈치를 반가한 무릎 위에 대고 검지와 중지를 펴서 오른쪽 뺨을 살짝 받치고 있다(사진 28). 손가락의 자태가 발레리나를 연상시킨다.[165] 이 리듬감과 함께 보일 듯 말듯 상호에 띤 독특한 미소는 깨달음의 기쁨과 환희를 보여준다. 이를테면 이 미소와 손동작은 내면의 법열을 짐작케 하는 판단기준인 것이다.

허리는 몹시 가늘고 배의 양감이 없어 비현실성이 한껏 강조되었는데 이는 이상화된 표현의 소산이라 생각된다. 반면 신체에 밀착된 치마 아래로 드러난 둥근 무릎과 정강이의 양감을 통해 짐작되는 하체의 골격은 굵고 튼실하다. 특히 반가한 다리는 조상의 허리 아래쪽에서 묵직하게 무게 중심을 잡아준다.

납작한 배와 가느다란 허리 그리고 얇은 팔뚝이 드러나는 가냘픈 상체에 비해 손과 발은 큼직하다. 이러한 이질적인 성질의 공존은 이제 갓 성년이 되어 미처 소년의 미성숙함을 벗지 못한 청년 몸매가 갖는 특징이라 생각되는데, 전체적으로 탄력감이 강조되어 연약하다기보다 굳센 인상을 준다.

양감 표현에 주력하지 않았음에도 탄력감이 느껴지는 이유는 무엇일까. 그 비결은 천의가 신체를 가리고 드러내며 면(面)을 분할하는 방

---

165) 김원룡(1988) 韓國 古美術의 理解. p.58.

식에 있다. 어깨에서 팔뚝과 가슴 배의 가장자리를 가리면서 세로 방향으로 흐르는 천의의 늘어짐으로 인해 상체가 더욱 가늘어 보인다. 이로 인해 풍만한 하체와 가냘픈 상체가 대비된다. 상의 상부는 가벼워 보이고 하부는 묵직해 보임으로 해서 가벼운 것은 위로 향하고자 하고 무거운 것은 아래로 가라앉고자 하는 극적인 효과가 연출된다.

천의의 날렵한 반전 곡선으로 말미암아 어깨의 탄탄함이 강조되고 팔뚝의 탄력감 역시 부각되었다. 양쪽 어깨에서 반전(反轉)하는 천의의 매무새는 마치 석탑의 옥개석 반전 곡선을 연상시킨다. 어깨선을 따라 어깨에 밀착되어 내려가다가 살짝 뻗쳐 팔뚝과 층을 두고 경쾌하게 반전됨으로써 팔뚝에 두른 환(環)의 일부가 노출되었는데 이로 인해 팔뚝의 탄력감이 부각되었다.

셋째, 상반된 성질이 병립되고 있다. 원칙적으로 규칙성은 생명감과 배치되지만, 규칙적인 선이 좌우로 엄격하게 나타나는 경우에도 생동감이 느껴진다. 또 대좌를 중심으로 나타난 묵중한 의문에서도 누그러진 곡선미가 표현되었다.

신라 불상의 경우, 국보 제78호 금동미륵보살반가사유상의 치마는 반가한 오른쪽 무릎을 옷자락이 감싸며 올라가 무릎 밑에 깔렸다가 다시 나오면서 반가한 무릎을 상·하 이중으로 받쳐주는 양상이다. 윗자락은 사선 방향으로 치솟은 무릎을 향해 S자형의 무늬가 상승하는 것과 같이 아랫자락은 이 무릎을 안정감 있게 받치며 감싸듯이 처리되었다. 이때 양 무릎과 의자 뒷면에 새겨진 곡선 주름의 간격은 일정하다.

반면 반가한 다리를 덮는 주름은 치솟은 무릎을 향해 횡(橫) 으로 상승하듯 S자형 파상문이 전개되고 내려뜨린 다리 위로 흐르는 주름은 하강하듯 종(縱)으로 U자형 파상문이 퍼져나간다. 그리고 의자 덮개의 주름은 모두 수직 방향의 곡선으로 베풀어졌지만 길이와 간격은 다양하다. 한편 송화산 석조미륵보살반가상에서도 연화 족대를 밟고 있는 왼발 정강이를 따라 새겨진 옷 주름선이 서로 연결돼 있는 실례를 볼 수 있다.

국보 제78호 금동미륵보살반가사유상이 주는 인상은 세련됨이다. 이 인상은 규칙성에 기인하는 것으로 보이는데, 규칙성은 내려뜨린 왼쪽 다리를 따라 전개되는 폭이 넓은 U자형 곡선과 가지런한 발가락, 그리고 족좌에 균등한 크기로 조각되고 배열된 복련[사진29], 의자 하단의 세로 방향으로 배열된 투각창(透刻窓)에서 발견된다. 특히 투창으로 인해 경쾌한 인상이 배가되었다.

일반적으로 어떤 대상이 세련되었다는 것은 잘 다듬어진 부드러운 부분으로 구성되고 각 부분이 서로를 압박한다거나 표면이 울퉁불퉁하거나 혼란스럽지 않으면서 규칙적인 모습을 취하고 있음을 가리킨다.[166] 이 상으로부터 받는 규칙적이라는 인상에 투각창과 유려한 옷주름이 기여하는 바가 큰 것으로 보인다.

백제 불상의 경우에도 묵중함이 유지되는 가운데 경쾌함과 조화를 이루는 공존양상이 나타난다. 한편으로는, 두꺼운 옷에 싸여 체구의

---

166) 에드먼트 버크 · 김동훈 옮김(2006) 앞의 책. p.178.

이
해
주
―

197

굴곡이 거의 드러나지 않던 앞 시대의 특징을 공유하면서도, 다른 한 편으로는 다음과 같은 차별상을 보인다. 태안 마애삼존불의 가운데 보살상[167]은 왜소한 반면 좌우 협시인 불상의 어깨가 넓고 체구 또한 장대하여 상대적으로 위압적으로까지 보인다. 그러나 둔탁해 보이지는 않는다. 좌우 불상의 양쪽 어깨를 감싼 대의는 가슴 부분이 U자형을 그리며 타원형으로 크게 열렸는데 그 길이가 발등이 아닌 무릎에 닿는 정도이다. 옷자락이 발목까지 늘어지지 않아 시선을 자연스럽게 불상의 둥근 어깨 위치로 끌어올리기 때문이다.

　서산 마애삼존불의 본존불의 대의는 떡 벌어진 양 어깨를 타고 통견 대의가 U자형 호를 넓은 간격으로 그리며 내려오고 한쪽 끝자락을 왼쪽 팔목에 걸쳤으나 길이가 짤막해서 공중에 매달려 있는 느낌을 준다. 예컨대, 선방사(배리) 삼존불 본존의 소매 옷깃이 짧은 형태가 불상의 앳됨을 귀엽게 강조하는 효과가 있다면, 서산마애삼존불의 팔목에 걸친 짧은 옷자락은 가볍고 밝은 인상을 주어 상승감을 고조하는 것으로 보인다. 본존의 경우 옷이 매우 두껍게 처리되어 신체의 굴곡이 전혀 드러나지 않기 때문에 자칫 둔중한 느낌이 들 수도 있었다. 그러나 팔목에 걸친 옷이 대좌까지 길게 늘어지지 않음으로 해서 경쾌한 느낌

---

167) 신체 표현 표면이 완전히 평편하게 모델링 되어 있다. 이러한 점에서도 북위 후기 이래 고식 양식을 따르고 있다고 할 수 있다. 이에 비해 서산 마애삼존불의 우협시보살의 신체 표현은 다소 양감이 느껴지는 완만하고 둥근 면으로 모델링 되어 있다. 태안 마애삼존불에서와 달리 두 팔이 천의로 덮여있지 않고 분명히 드러나 있어 둥근 맛이 느껴진다.

이 고조되었다.

한편 서산 마애삼존불의 우협시 보살상의 천의는 수(隋) 보살상에서 유행하는 이중 U자형 천의에 변형을 가한 형태이다. 이중 U자형 천의는 어깨에서 내려오는 천의가 신체 전면에서 이중으로 U자형을 그리는 형태를 가리킨다. 그런데 우협시 보살상에서는 중국의 보살상과 달리 신체 전면에 U자형이 이중으로 표현되지 않고 허벅지 부분에서 하나의 U자를 그리는 형태로 나타났다. 천의가 양어깨에서 시작되지 않고 나체로 노출시킨 상체의 두 팔에 감겼다.

이러한 변형은 상체를 가로지르는 천의를 생략함으로써 천의의 형태를 단순화하려는 의도가 반영된 것이라 여겨진다. 이와 같은 생략형 U자형 천의는 중국은 물론 한국의 여타 보살상에서도 그 예를 전혀 찾아볼 수 없는 매우 독창적인 고안물이다.[168]

넷째, 미소 띤 크고 풍만한 얼굴이 강조되었다. 얼굴에 양감과 미소를 조형함으로써 생명감을 부여했다. 신리 출토 금동보살입상[사진17]의 경우와 같이 장식된 광배를 갖춘 경우에는 보는 사람의 시선을 상호에 보다 용이하게 집중시킬 수 있다. 원형 두광과 두광에 조각되는 연화문, 두광을 강조하는 여러 겹 둥근 선, 그리고 이 두광을 배경으로 하여 두광의 정 중앙 지점에 불상의 머리가 배치됨으로써 얼굴과 표정이 강조된다. 결과적으로 겹 원으로 선각된 두광의 중심에 불상의 얼

---

168) 정예경(2007) 앞의 글. p.252

굴이 위치함으로써 복스러운 얼굴과 편안한 상호가 보는 사람에게 선명하게 각인되는 것을 돕는다.

태안 마애삼존불의 중앙 보살의 얼굴은 파손되어 정확한 표정을 알 수는 없지만 볼록하게 솟은 양 볼로 미루어 볼 때[169] 미소를 지었을 것이라 생각된다. 마치 좌우 불 입상의 장대한 체구 사이에 끼어있는 것 같은 인상[170]이지만 통통한 얼굴 전체로 짓고 있는 미소가 압도당하는 느낌을 완화시킨다.

대부분의 삼국시대 불상들이 눈을 지그시 감고 미소를 머금고 있는 데 반하여 서산 마애삼존불의 중앙의 여래입상은 큰 눈을 활짝 뜨고 쾌활한 미소를 짓고 있어 특별한 활력이 느껴진다.[171] 얼굴 전체로 활

---

169) 동그란 안면 형태에 뺨이 부풀어 있는데 이러한 특징은 신체의 고식 양식과 맞지 않는 표현이다. 태안 마애삼존불의 보살상에서는 신체를 구성하는 조형 원리가 일관되게 적용되지 않은 것으로 보인다. 주요한 인체 표현은 북위 후기 이래의 고식 양식을 따르는 가운데 하반신에서 공간감을 부여하는 데에서는 북제 북주 양식의 경향을 보이고 있다(정예경(2007). 앞의 글, pp.245~246).

170) 태안 마애삼존불에서 보주를 들고 있는 보살상의 경우는 팔이 신체 외각선 바깥으로 벗어나지 않았다. 반면 서산 마애삼존불의 보살상의 팔은 동체부 바깥으로 과감히 벗어났다. 그로 인해 자연스럽게 팔꿈치를 바깥으로 내민 상태로 표현되었다. 신체의 외각선을 인위적으로 설정하고 그 안에서 표현하는 공간 폐쇄적인 양식은 북위 양식에서 근원하는 것이다. 그리고 이러한 추상적인 틀로부터 인체를 해방시킨다는 인식은 수대에 발생하고 있다. 당대에 이르면 이러한 해방이 더욱 진척된다. 서산 마애삼존불 우협시 보살상에 나타나는 양 팔의 해방은 수대 양식의 영향을 받아들이고 있음을 의미한다(위의 글. pp.244~245).

171) 본존상은 입을 거의 수평으로 다문 상태에서 입가를 올린 미소를 지음으로써 본존으로서의 위엄을 잃지 않고 있다. 한편 우협시 보살상은 여인네가 수줍

짝 웃는 미소를 지어 양쪽으로 넓게 벌어진 콧방울이 부각되었다. 이와 같이 코끝이 납작한 코의 형태는 폭이 좁고 가는 여타 불상의 코와는 사뭇 다른 모습이다.

서산 마애삼존불의 좌협시 반가사유상은 반가사유 자세를 취하면서도 팔을 괸 오른쪽으로 고개를 숙이지 않고 오히려 얼굴을 들어 오른쪽을 향하고 있다. 현실에서 가능하지 않은 자세를 취한 덕분에 눈웃음 짓는 표정이 그대로 드러나 생기발랄한 인상을 준다. 더불어 아래로 쳐진 눈꼬리로 인해 미소가 순진해 보인다. 코와 입의 길이가 매우 짧아 앳된 느낌을 준다. 작은 입과 쳐진 눈으로 웃는 모습이 천진하다. 얼굴에 가득한 웃음으로 인해 법열에 가득 찬 열락의 정취가 물씬 풍긴다.

한편 우협시 봉지보주보살상의 얼굴은 갸름하니 광대뼈가 두드러졌다. 눈꼬리가 살짝 올라간 상태에서 눈을 가늘게 뜨고 있다. 입술은 가냘프게 표현되었는데 입 전체가 초승달 형태를 띠는 미소를 지었다. 둥글넓적하고 살집이 풍부한 본존의 얼굴과 비교할 때 다소곳해 보인다. 이러한 얼굴 표현은 북위 후기의 양식에 토대를 두고 있는 신라 금동 보살상의 관념적인 안면 표현과는 차별된다. 실재감이 느껴지는 소박하고 수수한 아낙네와 같은 다소곳한 인상이다.

신라 불상의 얼굴에도 이러한 양상이 드러난다. 얼굴이 크고 풍만하

게 웃는 것과 같은 보다 격의 없는 형태를 보이고 있다(앞의 글. p.250). 한편 좌협시보살상은 눈을 가늘게 뜨고 입가에 보조개를 지어 뺨을 팽창시키면서 만면에 웃음을 짓고 있는 어린 아이 특유의 쾌활하고 활기찬 모습을 보인다.

며 밝은 미소를 띠고 있다. 손과 발이 큼직하여 생동감이 느껴진다. 그로 인해 상 전체에서 활력이 느껴진다. 국보 제78호 금동미륵보살반가사유상은 몸에 비해 머리가 크고 얼굴은 좌우로 넓적한 편이다. 눈썹과 눈과의 사이가 멀어 넓게 표현된 눈두덩으로 인해 눈을 내리 감고 명상하는 침착한 성품이 드러났다.

짧게 조형된 턱은 머리에 쓴 높은 보관과 높고 긴 콧대와 대비된다. 구체적으로 조각된 이목구비로 인해 고개를 턱 쪽으로 당겨 숙인 모습이 효과적으로 나타났다. 미소를 머금을 때 솟아오르는 광대뼈 부근의 뺨과 좌우로 퍼지는 콧방울의 미묘한 높낮이·넓이의 변화가 세심하게 반영되었다. 뚜렷하게 조식된 인중(人中)과 입술 아래 생기는 움푹 들어간 보조개 등의 생생한 조형으로 말미암아 마치 살아있는 사람의 얼굴을 대하는 것과 같은 생명감이 느껴진다.

3. 7세기 초～7세기 중반

무왕(600~640)과 의자왕(601~660) 양 대는 백제 말기에 해당하다. 그러나 국가가 걷는 망국의 경로와 무관하게 불교 조각은 역사상 유례없는 절정기를 맞이한 시기이다. 불사(佛事)의 성행으로 불상 조성이 활발하게 이루어져 수많은 걸작품이 탄생되었다. 익산 연동리 석불좌상, 정읍 보화리 석불입상, 규암면 출토 금동보살상, 공주 금동보살상, 부여 현북리 금동보살상, 예산 교촌리 금동보살입상 등이 그 대표작이다.

이 시기의 불상들은 북제 · 북주 후기 내지 수 · 당의 초기 양식의 영향을 받으며 제작되었다.

한편 신라의 경우는 고구려와 수의 전쟁 등으로 중국과의 문화 교류가 일시에 중단되었다가 600년 원광법사의 귀국과 더불어 국가 간 교류가 다시 재개되었다. 더불어 북제 · 북주 및 수나라 초기의 조각 양식이 새롭게 수용되었음을 알려주는 작례가 나타나고 있다. 국보 제83호 금동미륵보살반가사유상, 거창 금동보살입상, 국립중앙박물관소장 금동불입상, 양평 금동불입상, 단석산 마애불상군, 선방사 석삼존불상, 삼화령 석미륵삼존상, 송화산 석미륵반가상, 남산 불곡석불좌상, 경주국립박물관소장 석불좌상, 선산 금동보살상 등이 그 대표적 작품들이다.

1) 구도상의 특징

첫째, 대형 석불이 제작됨으로써 위엄 있고 묵중한 구도가 자리 잡혔다. 이러한 특징은 백제 불상의 경우 익산 연동리 석불좌상[사진30]으로 대표된다. 이 상은 묵중한 상현좌와 거대한 보주형 광배의 중심에 불신을 위치시켜 위엄을 과시한다.

이 석불 좌상은 대좌 위에 결가부좌하고 광배를 갖춘 완전한 형태의 불상이다. 더불어 측면과 배면에도 의문이 조각된 원각상이다. 양쪽 어깨에 걸친 통견 법의는 복부까지 늘어지고 가슴에는 사선 의대를 그리고 그 밑으로 군의대와 매듭을 갖췄다. 복부 아래 옷자락은 정면에서 큼직한 원호를 그리며 대좌까지 흐른다. 양쪽 팔에 걸친 의문은 유

[사진 30] 연동리 석불좌상　　　　　[사진 31] 연동리 석불좌상의 두광

려하게 흘러 양쪽 무릎을 덮고 대좌에 이르렀다. 불상의 정면과 양쪽
무릎에서 흘러내린 의문은 방형대좌에 연결되어 펼쳐짐으로써 대좌
상면과 측면에 의문이 연속적으로 조각되는 상현좌를 이루었다.

　　대좌의 의문은 전면에서 백제 특유의 양식인 호형 의단으로 처리되
었다. 좌상의 거대한 규모(어깨 높이: 156cm, 어깨 너비: 110cm, 무릎 높이: 48cm,
무릎 너비: 72cm)에 상응하는 큼직한 대좌(225cm×98cm×40cm)를 구비하
여 안정감을 부여했다. 대좌 뒤편에는 광배를 받들기 위한 네모난 대
석(140cm×45cm×40cm)이 나란히 놓였다. 두 대석의 너비를 합산하면 약
2.8m에 이른다. 이 위에 광배를 올렸다.

광배의 규모는 높이 326cm, 너비 266cm, 두께 30cm에 이른다. 이처럼 거대한 광배를 지탱하기 위해서 묵중한 대석이 요청되었을 것이다. 광배는 거신광으로 두광과 신광을 구별해 새겼는데 거대한 화강암 1매로 조성되었다. 파손된 상단부를 복원해 보면 보주형을 이루므로 주형 거신 광배로 제작되었음을 알 수 있다. 이 형상은 금동불에서 흔히 볼 수 있는 삼존상의 광배와 같다.

두광[사진 31]은 머리가 놓이는 부분에 원좌를 두고 짧은 선문을 돌린 다음 단엽의 큼직한 연꽃 문양을 조각했다. 이 연꽃 문양은 백제시대의 수막새 기와에서 볼 수 있는 연화문의 형태이다. 연꽃 문양 주변으로 길쭉한 선문대가 일정한 간격으로 장식되었으며 그 밖으로 6겹의 원권문이 돌아가는 두광이 표현되었다.

신광은 원형 두광에서 두 줄의 선문을 평행으로 내리는 방식으로 조각되었다. 2조의 선문 내에는 5좌의 보주형 문양이 장식되었다. 이 보주형 문양은 연화좌 위에 큼직한 보주를 받들고 그 위에 삼산형 문양이 조각되었다. 거대한 광배면에는 두광을 따라 좌·우 3구씩의 화불과 정상에 1구의 화불, 이렇게 총 7구의 화불이 배치되었다. 화불은 모두 단엽의 앙련좌 위에 결가부좌했으며 보주형 두광을 갖추고 있다. 간지에는 주연에 이르기까지 화염문이 가득 조각되어 광배가 화사하게 장엄되었다. 연동리 석불좌상은 규모면에서 불상 자체의 거대함과 대좌·광배의 웅대함이 다른 불상에서 찾아볼 수 없는 거작이다. 그러

면서도 구도 면에서 안정감 있는 조상이다.[172)]

한편 신라 불상에서는 대형 석불의 제작이 삼존불 형식으로 조성되는 것이 보편화되었다. 선방사 석삼존불과 삼화령 미륵삼존불 등 대형 석조불상들이 삼존불 형식으로 조성되었으며 마애불인 단석산 미륵상[173)]도 삼존불로 제작되었다.

둘째, 보살상에 독특한 구도가 나타났다. 이러한 변천은 체형의 변화와 삼존의 구성배치 상의 특징으로 표현되었다. 먼저 체형 변화를 살펴보면, 묵중한 표현이 신체와 장신구에 여전히 잔존하지만 얼굴 크기가 줄어들고 전대에 비해 신장과 체구가 장대·세장해졌다. 원통형의 가느다란 몸통에 비해 굵은 팔뚝과 손, 그리고 크기는 작지만 통통하게 살이 오른 얼굴, 안정된 원통형 대좌, 묵중한 X자형 영락장식 등이 조화를 이룬다. 이로 인해 세장·장대함과 묵중함이 공존하는 독특

---

172) 정영호(2004), 앞의 책. pp. 87~94.
173) 경주 단석산 마애미륵입상은 명문을 통해 미륵불로 확인되는 상이다(단석산 마애불상에 대해서는 황수영(1973) 한국 불상의 연구; 양은경(2007) 신라 단석산 마애불: 공양주와 조성시기를 중심으로. 참조). 수인은 시무외·여원인의 통인을 결했다. U자형으로 넓게 파진 대의 앞 섶 아래 내의를 묶은 매듭과 착의 형식이 태안 마애 삼존불상의 여래입상들과 유사하다. 이 마애불상군에는 미륵불 입상과 더불어 반가사유보살상이 포함되어 있다. 도솔천 상의 미륵보살과 하생 성불한 미륵불에 대한 신앙을 함께 나타낸 것으로 보인다. 반가사유보살상 측면의 존상들은 모두 손으로 반가사유보살상을 가리킴으로써 마애불상군 안에서 미륵보살의 중요성을 알려준다. 그러나 반가사유보살상으로 표현된 미륵보살상에 비해서 미륵불입상이 현격하게 크게 조성된 점으로부터 하생미륵불에 대한 신앙이 보다 중시되고 있었음을 알 수 있다(최성은(2010) 동아시아 불교조각을 통해 본 백제 미륵사의 불상. pp.140~141).

한 구도가 연출되었다.

규암리 출토 금동보살상(사진32)에서는 아기 같은 체구와 굴곡진 자세가 세련된 구도로 나타났다. 가냘픈 신체에 비해 얼굴은 매우 통통한 편이다. 오른 손을 가슴 위로 들어 보주를, 그리고 왼손을 내려서 천의 자락을 쥐었는데 엄지와 검지 두 손가락만을 사용했다. 작고 통통한 손으로 지물을 집는 일면은 앳된 인상을, 손 전체가 아니라 손가락 두 개만을 따로 떼어 물건을 집는 동작은 세련된 인상을 준다. 이 상을 측면에서 보면 약간 배를 내밀고 선 것으로 보이지만 정면에서 보면 직립한 자세로 보인다. 서 있는 자세가 미묘한 굴곡으로 조정되었다.

왼손으로 가볍게 천의 자락을 잡았고 오른손을 높이 들어 작은 보주를 집는 자세를 취함으로써 반듯한 직립 자세가 주는 시각적 단조로움을 깨뜨렸다. 가냘픈 신체에 크고 두툼한 영락 장식을 몸의 앞뒷면에 걸치고 있다. 그리고 신체 측면을 따라 흘러 대좌 끝부분까지 내려오는 천의를 착용했다. 이때 신체 측면을 타고 내려오는 가느다란 천의가 일종의 틀과 같은 역할을 함으로써 신체와 팔 사이의 공간이 부각되어 보이고 그로 인해 신체 탄력감이 강조되었다.

한편 체형의 변화는 양평 출토 금동보살입상과 같이 길쭉한 얼굴·장대한 체구 등으로 장대성이 강조되는 방향으로 조형되기도 했다. 거창 출토 금동보살입상은 소박한 두 줄의 목걸이, X자형의 구슬 띠, 그리고 날개 같은 옷깃 등 백제 보살상과 유사한 특징을 보여준다. 국보 제83호 미륵보살반가사유상도 이와 같은 소박한 형태미를 조형화했다

[사진 32] 규암리 출토 금동보살상

는 점에서 같은 계열의 양식으로 볼 수 있다.[174]

양평 출토 금동여래입상[사진 33]은 직선과 각진 선과 같은 강건한 표현이 없이 철저하게 타원형 곡선으로 구성되었음에도 매우 남성적 힘을 발산한다. 턱을 약간든 채 지긋이 내려감은 눈, 힘을 주어 다문 입으로부터 결연함과 자신감이 드러난다.

납작한 육계와 턱에 통통하게 살이 붙은 타원형 얼굴을 갖췄는데 얼굴 뿐 아니라 상을 구성하는 모든 형태가 철저한 타원형 곡선이다. 상 전체가 길쭉한 타원구 형태로 양감이 풍부하다. 얼굴형과 가슴의 U자형 옷깃, 그리고 옷 주름까지 타원형이다. 물고기 지느러미처럼 좌우로 뻗치던 옷자락이 완전히 사라졌다. 단순하게 표현된 옷 주름이 신체의 양감을 반감시키지 않고 생명감을 드러냈다.

거창 출토 금동보살입상[사진 34]의 경우에는 얼굴 광대뼈 부분의 뺨은 팽만한데 반해 코와 입이 매우 작아 표정이 자연스럽지 않다. 또한 목이 유난히 굵다. 목의 두께가 어깨 폭보다 약간 좁은 정도여서 괴이한 인상을 준다. 좌우로 뻗친 옷자락표현이 주는 인상도 이와 유사하다. 따라서 이 옷자락은 불상의 생명력을 돋우기보다는 구도 상 안정감을 부여하는 역할을 한다고 볼 수 있다.

특이할 만한 사항은 보관과 영락장식 그리고 천의자락에 어자문(魚子紋)이 압인되었다는 점이다. 이 장식은 금동 계미명 삼존불의 광배와

---

174) 강우방(1978) 금동삼산관사유상고-삼국시대 조각론의 시도-. p.24; 황수영 (1973) 한국불상의 연구. pp.47~56.; _____(1976) 불탑과 불상. p.106.

[사진 33] 양평 출토 금동여래입상 　　　　[사진 34] 거창 출토 금동보살입상

[사진 33] 양평 출토 금동여래입상 　　　　[사진 34] 거창 출토 금동보살입상

대좌 장식에 깊게 찍힌 어자문[사진 13]과 비교해볼 때, 장식성을 높이기보다는 상(像)에 찍는 힘을 불어넣음으로써 안정감을 실어주는 역할을 하는 것이라 여겨진다.

한편 보살상에 나타나는 독특한 구도는 신라 불상의 경우 선방사(배리) 삼존불[사진 35]의 좌우협시 배치 방식에 잘 드러난다. 서로 다른 양식을 취한 좌우 협시를 배치함으로써 변화 있는 구도를 보여준다. 한편 삼화령 삼존불[사진 36][175]의 경우 본존은 의좌상이고 좌우에 입상이 배치된 형태인데 협시들이 작게 처리되어 삼존의 위계적 조화를 이룬다. 배리 삼존불의 경우처럼 삼화령 삼존불도 좌우협시보살이 든 지물과 이것을 받드는 손동작이 서로 다르다.

셋째, 서로 대조적인 비례관계를 보여주는 양식이 공존한다. 삼화령 삼존불과 선방사 삼존불은 머리와 신체의 비율이 1:4인 4등신 어린이 체구이다. 그런 반면에 거창 보살상과 양평 출토 불상은 신체 비율이 장대한 편이다. 같은 시기에 서로 대조적인 비례관계를 보여주는 양식이 공존한 것이다. 예컨대 순진무구와 위엄이라는 대조적인 성질이 함께 존재한다. 이로부터 북제 · 북주 그리고 수나라 초기 양식의 영향이 확인된다.

---

175) 경주 삼화령 석조 미륵 삼존불상은 삼국유사 기록을 통해 644년경에 조성되었음을 알 수 있다(『三國遺事』卷 第3 塔像 第4「生義寺石彌勒」條). 중앙의 본존 조상이 삼국시대 조각에서 유일한 미륵불의좌상이며 제작 시기는 신선사 마애불보다 늦다. 제 · 주 조각 전통을 이은 수대의 조각의 영향을 받아 앳된 얼굴과 단신이 특징이다. 신선사(입상) 미륵불과 삼화령 미륵불(의좌상)은 비록 서로 형식은 다르지만 7세기 전반에 하생 미륵불에 대한 신앙이 신라에도 퍼져 있었음을 알게 하는 자료다(최성은(2010) 앞의 글. p.141~142).

[사진 35] 선방사 삼존불

[사진 36] 삼화령 삼존불

역시 높고 널찍한 대좌 위에 결가부좌하였고 대좌는 옷자락에 거의 가려있다는 점에서 연동리 석불좌상과 공통되나 전자는 재질이 단단한 화강암이고 후자는 무른 납석제라는 차이가 있다. 이러한 측면에서 조각 기법의 발달을 감지할 수 있다.

규칙적인 선이 존재하는 가운데 자유분방한 선의 특징이 지배적으로 나타나는 변화상은 규암리 출토 보살상에서도 찾아볼 수 있다. X자형 영락장식과 같은 굵고 묵직한 표현 방식이 여전히 나타나고 있지만 명쾌하고 유연한 곡선미가 삼곡 자세와 같은 신체 표현에 적극적으로 드러났다. 이러한 경향으로부터 앞 시대부터 나타나던 부드럽고 명쾌한 곡선적 특징이 점차 확고하게 자리 잡아 가고 있음을 확인할 수 있다.

한편 신라 불상인 선방사 삼존불에서는 묵직하고 힘 있는 선이 많이 남아있지만 일면 유연한 선의 흐름도 상당히 드러나고 있다. 삼화령 삼존불에서도 이러한 특징이 나타난다. 상을 구성하는 선 가운데는 묵직한 선도 보이지만 곡선미가 전면으로 드러나 밝고 명쾌한 인상을 준다. 삼화령 미륵불삼존상의 본존은 미륵보살이 아닌 미륵존상인데 이 삼존불은 주존인 미륵불이 의자에 걸터앉은 의좌상(倚坐像) 형식을 취했다. 주존은 머리가 큰 단신상(短身像)으로 눈을 내리 감고 잔잔한 미소를 띤 채 사색하는 표정이다. 본존 좌우에 서있는 두 협시보살 역시 단신(短身)이며 미소를 띤 앳돼 보이는 얼굴로 마치 어린 여자 아이와 같은 인상이다. 남성과 여성, 혹은 아이와 어른, 그리고 의자에 앉은 자세와 바로 선 자세가 조화를 이루고 있다고 할 수 있다.

본존의 얼굴은 체구에 비해 몹시 크고 둥글며 표정은 친근하고 편안

[사진 37] 연동리
석불좌상의 손

[사진 38] 연동리
석불좌상의 상현좌

[사진 39] 군수리 출토 여래좌상의 상현좌

2) 형태면의 특징

첫째, 우람한 체구가 강조되는 가운데 신체 모델링에 굴곡미가 진척
되었다. 곡선적 특징이 잘 드러나는 삼곡 자세 등으로부터 신체 표현
에 대한 새로운 관심이 싹텄음을 짐작할 수 있다. 특히 수말 당초의 영
향을 받은 선산 출토 금동 보살상에 나타나는 삼곡 자세에서는 현실의
인체와 유사한 비례·구성을 살펴볼 수 있는데 이러한 특징은 새로운
양식의 대두를 뜻한다.

백제 불상의 경우 연동리 석불좌상이나 정읍 보화리 석불입상에서
는 우람한 체구가 강조되고 있다. 우람함과 세련미가 공존한다. 보화
리 석불 입상의 얼굴형은 갸름하고 세련되었다. 이 상에 나타나는 풍
만한 미소는 여전히 견지되고 있는 백제적 특징이다. 또한 연동리 석
불좌상은 오른손을 무릎 위에 올리고 왼손을 가슴에 대고서 내장(內掌)
하였는데 그 중 가운데 손가락을 접은 표현 [사진 37]이 나타났다.

신라 불상 역시 선방사(배리) 삼존불, 삼화령 삼존불과 같이 우람·
묵중한 체구이면서도 신체 굴곡미가 상당히 진척되어 동시에 세련미
를 갖추고 있다. 그러면서도 어린아이 같은 순진한 모습을 보인다.

둘째, 묵직한 선이 세련화해 나감으로써 유연한 선의 흐름이 불상의
전면에 드러났다. 규칙적인 선이 여전히 존재하지만 자유분방한 선의
특징이 지배적으로 나타나고 있다. 백제 불상의 경우 연동리 석불좌상
의 상현좌[사진 38]인데 군수리 출토 납석제 여래좌상의 묵중한 주름선
이 한결 세련화된 것을 확인할 수 있다. 군수리 출토 여래좌상[사진 39]

하다. 코의 면적이 넓고 볼이 통통하여 미소가 번진 얼굴과 같은 효과를 낸다. 삼화령 미륵삼존상[사진 40]과 경주 남산 불곡 선정인상(禪定印像)[사진41]의 감은 눈 표현에서 느껴지는 인상이 매우 유사하다. 안정적이고 온화하다.

양감이 풍부한 얼굴 표현과 대비되게 옷 주름은 얕은 선각으로 처리되었기 때문에 얼굴의 표정이 더욱 부각되었다. 본존 석불의 넓은 눈두덩은 가늘게 뜬 눈을 생략하고 눈을 아예 감아 눈망울을 크게 보이도록 하여 동안(童顔)을 나타내고자 한 것으로 보인다.[176] 결과적으로 반쯤 감고 내려다보는 명상형(瞑想形) 눈으로 이상화되었는데 조각가가 큰 눈망울을 표현함으로써 동심(童心)을 상징하고자 한 것이라면, 부처님 몸은 영원히 소년의 몸이라는 불신소년관(佛身少年觀)의 조형적 해석이 반영된 것이라 생각된다.[177]

넓고 둥근 얼굴과 큰 머리, 짧은 목과 귓불이 어깨를 덮어 내릴 만큼 길게 늘어진 귀, 큼직한 손 발 표현, 둥근 어깨와 무릎의 조화는 신체의 팽만감을 두드러지게 한다. 만약 이때 걸치고 있는 옷마저 두껍고 무겁게 조형했다면 몹시 답답해 보였을 것이다. 옷 주름이 간소화되고 얕게 표현됨으로써 입고 있는 옷이 얇다는 인상을 주고 이로 인해 답답함이 느껴지지 않는다. 본존은 왼손으로 옷자락을 잡고 있으며 오른손을 시무외인처럼 무릎 위로 올리고 왼손을 무릎 위에 대고 여원인을 지었다.

176) 강우방(2001) 한국미술, 그 분출하는 생명력. p.95.
177) 최완수(2002) 한국불상의 원류를 찾아서 1. pp.45~48.

[사진 40] 삼화령 미륵삼존상의 눈

[사진 41] 불곡 선정인상의 눈

[사진 42] 삼화령미륵세존

　　본존이 취한 이와 같은 변형된 수인[사진42]과 관련하여 "시무외여
원인의 본뜻을 헤아리지 않고 조형성에 탐닉하다 보니 손가락을 모두
꼬부려 수인의 의미를 망각"[178]했다는 견해가 제시된 바 있다. 그러나
수인을 인식할 수 없을 정도가 아니기 때문에 '두려움과 고난에서 벗
어나 안락을 얻게 해주며 원하는 모든 것을 얻게 해주겠노라는 약속'
과 더불어 '생명감'이라는 가치를 함께 표현한 것으로 볼 수도 있다. 이
러한 수인은 의자에 앉은 자세에서 동작을 통해 생명감을 극대화하기

---

178) 앞의 책. p.105.

위해 모색한 조형적 방편이라 여겨진다.

주불의 양 옆에 시립한 좌·우 보살입상은 아기보살이라는 애칭을 가지고 있을 만큼 앳된 모습이다. 신장에서 차지하는 머리의 비중이 높아서 체구가 마치 동자(童子)와 같다. 주불의 위엄있는 인자한 미소와 비교해볼 때 두 보살의 웃음은 천진하고 밝아 생동감이 깃든 미소이다.

삼화령 미륵삼존상에서 보살상이 자아내는 밝은 분위기는 웃음에서 뿐만 아니라 손동작에서도 간취된다. 왼쪽 보살은 왼손에 연꽃봉우리를 들고 오른손으로는 연잎을 들었다. 오른쪽 보살은 왼손으로 악기 같은 지물을 어깨 높이까지 받쳐 들고 오른손으로 그것을 받치는 듯한 손짓을 하고 있어 율동감이 느껴진다. 보살의 어깨에 걸친 천의가 양쪽 발끝까지 흘러내리고 있는데 어린 몸을 지탱해주는 버팀목과 같은 역할을 한다.

선산 출토 금동보살상에서는 생경한 선의 흐름도 있지만 유연한 곡선미가 지배적으로 나타나기 시작했다. 삼곡 자세를 취하는 등 신체 양감 표현이 상당히 진전된 모습을 보인다. 국보 제183호 선산 출토 금동보살입상[사진 43]은 상체의 길이가 짧아지고 몸이 가늘어져서 늘씬해 보인다. 얇아진 법의가 신체의 굴곡이 잘 드러나는 여성적인 자태를 강조한다. 그리고 눈과 입에 미소 역시 뚜렷하다. 오른팔을 접어 올려 오른손을 높이 들고 작은 연꽃봉오리를 가볍게 쥔 채 오른쪽 무릎을 가볍게 구부리고 고개를 반대로 튼 우아한 삼곡 자세를 취하고 있다.

가볍게 들어 올린 오른 손의 높이가 어깨 높이까지 올라와 생동감과

[사진 43] 선산 출토 금동보살입상

[사진 44] 선산 출토 금동보살입상

날렵함은 물론 그 움직임이 적극적인 인상을 준다. 목걸이와 X자의 영락 장식 그리고 양팔을 감싸고 대좌까지 드리워진 천의가 운동감과 함께 세련된 느낌을 더해준다. 이때 세련된 느낌은 세밀·세장한 선각과 주름의 방향, 그리고 간격의 규칙성에서 기인하는 것으로 보인다.

국보 제184호 선산 출토 금동보살입상[사진 44]은 신체에 가슴의 양감과 허리의 곡선이 리드미컬하게 표현되었고, 신체와 분리시킨 영락 장식이 조각되었다. 오른손으로 영락 띠를 살짝 쥐어 좌우대칭을 깨뜨렸다. 영락장식이 매우 구체적으로 표현되었는데 이 장식을 신체와 분리시킴으로써 조상에 공간감을 부여했다.

상의 정면에서 여러 방향으로 공간을 분할하며 이 장식과 신체 사이에 존재하는 공간감을 드러냄으로써 밋밋할 수 있는 신체 표현에 활력을 불어넣었다. 그로 인해 직립한 자세의 정적인 느낌과 다소 경직된 듯한 표정을 중화하고 심오한 깊이에 대한 느낌까지 획득했다.

신체와 분리된 상(像) 정면의 장식과 달리 뒷면은 섬세한 선각으로 꾸몄는데 정밀하고 구체적인 조각이 마치 회화작품을 보는 것과 같다. 어깨까지 늘어진 보발과 하반신까지 길게 늘어진 영락장식, 그리고 어깨에 걸쳐 팔을 휘감고 하체까지 길게 떨어지는 천의를 시각적으로 드러낼 때 가장 효과적으로 부각시킬 수 있는 특징은 신체 움직임에 따라 흔들리는 '율동미'라고 할 수 있다. 이때 제반 장식이 흔들리거나 휘날릴 수 있기 위해서는 가볍고 섬세하고 부드러운 느낌이 강조되어야 하는데 이 상에서는 이러한 특징이 성공적으로 구현되었다.

[사진 45] 국보제83호
금동미륵보살반가사유상

[사진 46] 국보제83호
금동미륵보살반가사유상

셋째, 국보 제 83호 금동미륵보살반가사유상[사진45]과 같이 단순·소박·우아한 형태의 불상이 조형되었다. 국보 제83호 금동미륵보살반가사유상의 초승달 같은 양 눈썹에서 콧마루로 내려진 선의 흐름이 시원하다. 코는 길고 높다. 긴 눈을 가늘게 뜨고 있는데 눈매 끝은 치켜 올라가 있다. 입가엔 미소가 빚어졌다. 풍만한 얼굴과 굵고 건장한 목에 비해 상체는 가냘프다.

그런데 이러한 부조화가 어깨에서 팔뚝, 그리고 가슴에서 어깨로 이어지는 자연스러운 흐름과 가슴과 허리를 잇는 연접부의 유연한 곡선으로 상쇄되었다. 이상화된 표현으로 초월성과 신비감을 드러냈다. 가슴과 팔은 가냘프지도 풍만하지도 않은 적당한 넓이와 두께로 조각되었지만 국보 제78호 금동미륵보살반가사유상과 비교할 때 가슴과 팔뚝에 미묘하게 근육의 양감이 표현되었음을 알 수 있다.

반가한 오른쪽 무릎에 팔꿈치를 대고 오른 손으로 오른쪽 뺨을 짚었는데 이때 새끼손가락을 살짝 구부리고 있다. 손의 크기는 작고 손가락과 손등에는 통통하게 살이 올랐다. 얼굴에 살포시 가져다 댄 오른손 손가락 마디마디를 자연스럽게 굽혀서 손가락 하나하나에 움직임을 암시하는 힘을 표현했다[사진 46].

오른쪽 발목 근처에 포갠 왼손 손가락 끝에 힘이 들어간 것은 무엇인가 깨달았을 때 내면을 가득 채운 열락의 징표로 이해된다. 특정 정신 상태를 나타내는 순간의 동작으로부터 강렬한 생동감이 감지된다는 것은 보는 사람이 공감할 수 있다는 것이고 이것은 조각가의 표현이 의미를 얻었음을 뜻한다. 이러한 발랄한 생동감이 불상 조각에 생명력을 불어 넣고 사람들과 직접 교감할 수 있는 활력소로 작용하는 것이다. 이러한 특성을 기반으로 불상이 사람들의 마음을 결집시키는 위력을 발휘할 수 있었던 것으로 보인다.[179]

---

179) 불상 제작의 예는 아니지만 불교 조형물인 황룡사 구층목탑의 경우 백제와 고구려의 침공으로 수십 성이 함락당해 국가의 존망을 위협 받고 있는 상황에서 적국 백제의 명장 아비지를 보배와 비단으로 청해 엄청난 규모의 탑을 지었다는 것은 그들의 열렬한 신앙심과 당시의 절박한 정세를 가늠할 수 있게 한다. 오직 그 일을 해냄으로써 불보살의 가피력으로 전쟁에서 승리하고

[사진 47] 국보제83호 금동미륵보살반가사유상

앞면의 치마는 반가한 오른쪽 무릎을 따라 올라가기 때문에 오른쪽 치맛자락이 들려 올라가기 마련이다. 이 상에서는 무릎 아래 비스듬한 경사면을 만들고 그 아래로 딸려 올라 온 치마의 끝부분을 흘러내리게 하여 마무리했다[사진 47]. 이러한 구성은 논리적·사실적인 것과 거

적국의 항복을 받아낼 수 있다는 일념으로 전 국민이 단합하여 이루어낸 위기 상황의 소산이자 굳건한 믿음의 발로인 것이다.

리가 멀다. 현실세계에서는 무릎 밑에 받침을 받쳐 넣지 않는 한 이루어질 수 없는 상상적·가상적 표현이다. 보는 사람에게 신비감을 주며 초월성을 띠는 이상화된 표현이라고 할 수 있다.

왼쪽 무릎을 덮고 오른쪽 방향으로 진행되는 치맛자락은 가장 긴 끝이 앞면 중앙부 의자 밑 부분까지 내려왔다. 그리고 연꽃잎 모양의 입체조각으로 물결치듯 둥글게 마무리 되었다. 그 위로는 엉덩이 밑에서 빠져나온 치마 자락이 덮여내려 자유분방한 옷자락이 연출되었다. 이러한 표현은 단순화된 상체의 함축적 생략에 조응하여 조화를 도모하고자 하는 계산된 복잡성으로 생각된다.

탑좌는 매우 구체적으로 표현되었다. 엉덩이가 닿는 부분은 신체의 굴곡에 따라 가운데가 높고 좌우가 낮아지는 굴곡이 가미되었다. 치마 뒷자락은 국보 제78호 미륵보살반가사유상에서처럼 세로 주름이 겹겹이 접혀 내렸는데 이 상보다는 주름 간격의 변화가 다채롭다. 중앙 주름을 크게 접고 좌우 주름을 일정치 않게 처리하면서 주름 끝이 치마 굴곡에 따라 부드럽게 흘러내렸다. 국보 제78호 미륵보살반가사유상으로부터 세련미가 느껴진다면, 이런 자연스러움으로 인해 국보 제83호 미륵보살반가사유상으로부터는 우아함이 느껴진다.

우아함은 자세와 움직임과 관련이 있다. 이때 자세나 움직임 모두 우아하기 위해서는 힘들어 보이지 않아야 하며 전체를 구성하는 부분들이 서로 걸치적거리지 않으면서 날카로운 각도로 갑작스럽게 나눠

지지 않도록 구성되어야 한다.[180] 자세나 움직임의 이러한 편안함·원만함·섬세함 속에 정확하게 설명할 길 없는 우아함의 마력이 존재한다. 세련됨과 우아함의 차이는 간취되는 규칙성의 유무에 좌우되는 것으로 보인다.

국보 제83호 미륵보살반가사유상의 보관은 테를 구획하지 않음으로써 관과 머리카락이 이어져 마치 머리카락이 그대로 관의 아래 부분인 듯한 묘한 느낌을 주어 신비롭다. 반면 국보 제78호 미륵보살반가사유상의 경우는 경계를 두는 방식의 복잡하면서도 단순한 표현이 묘연함을 자아낸다. 초월적이고 이상화된 표현이다.

국보 제83호 반가사유상의 관은 원을 사등분한 것 같은 매우 단순한 형태인데 이러한 형태는 평양 평천리 출토 반가사유상에서도 볼 수 있다. 그런데 이미 언급했듯이 국보 제83호 반가사유상의 경우에는 이 관은 깎은 머리처럼 표현된 머리카락과 그대로 이어진다. 그로 인해 마치 머리카락 부위가 그대로 관의 아랫부분인 것과 같은 묘한 느낌을 준다. 관의 테를 생략함으로써 얻은 신비감이다.

또한 양쪽 어깨에 걸치는 천의를 생략하고 화려한 구슬 장식을 배제하는 등 장식을 최소화함으로써 단순함과 균일함을 추구했다. 이러한 단순함은 목걸이와 허리띠와 같은 장신구에도 나타난다. 국보 제78호 미륵보살반가사유상의 경우에는 내부를 사각으로 파고 그 안에 원을

---

180) 에드먼트 버크·김동훈 옮김(2006) 앞의 책. pp.177~178.

돋을새김 한 규칙적인 연속무늬가 조각된 심엽형 목걸이를 걸고 있는데 반해 국보 제83호 미륵보살반가사유상의 경우에는 장식이 없는 둥근 목걸이를 착용하고 있다. 허리 양쪽에서 나온 장식 띠 역시 국보 제78호 미륵보살반가사유상의 경우에는 엉덩이 밑으로 들어갔다가 다시 나오는 복잡한 양상이지만 이 상에서는 띠가 둥근 고리 가운데로 들어가 엮여 나옴으로써 두 가닥 모두 엉덩이 아래로 들어가는 단순한 방식을 택했다.

이러한 경향이 옷 주름 표현에도 나타난다. 둥글고 자연스러운 신체곡선을 살리기 위해 왼쪽 발 위에는 옷 주름을 두지 않았다. 왼쪽 다리를 연화 족대 위에 두었는데 정강이를 따라 무릎 밑 부분에 베풀어진 주름은 좌우에서 두세 줄이 나오다가 중심에서 자연스럽게 사라지게 처리함으로써 입체감을 심화했다.

지금까지 언급한 이러한 단순화의 힘은 광륭사 목조 보관 미륵반가상과 국보 제83호 미륵보살반가사유상과의 비교에서 쉽게 확인할 수 있다. 마치 국보 제83호 미륵보살반가사유상의 삼산관 지름을 높인 듯한 광륭사 목조 미륵반가상에서는 상대적으로 단아함과 우아함이 느껴지지 않는다. 또한 보관 아래 머리카락을 선각한 결과 보관과 머리카락의 경계를 무화(無化)함으로써 얻었던 신비감도 잃었다.

국보 제83호 미륵보살반가사유상의 경우 반가한 무릎 아래를 살짝 받쳐 올려주던 무릎 받침 부분이 여기서는 마치 무릎에 매달려 무게를 더하는 인상을 준다. 무릎과 치마와 경계를 없앤 일체감으로 신비감을 부여했던 표현이 여기서는 무릎과 무관해 보인다. 반가한 오른쪽 무릎 아래로 흘러내린 옷 주름도 고요히 멈춘 듯 정지된 느낌이다. 날아가는 것 같은 느낌이 들지 않는다.

이상에서 살펴본 삼국시대 불상의 양식적 특징은 시기별 변화상이 뚜렷하다는 점이다. 굵고 강한 직선적 표현이 점차 명쾌하고 곡선적인 표현으로 변화해 나간 양상이 확인되었다. 비록 인위적 · 의도적으로 구성한 선이지만 인공적인 요소가 느껴지지 않도록 자연스러움을 추구해 나갔음을 알 수 있다.

굵고 강한 직선은 자연스럽게 흘러내린 편안한 선으로 변화해 나감으로써 점차 세선(細線)이 추구되었다. 곡선은 초기에는 완만한 곡선이었으나 점차 굴곡이 가미된 율동이 나타나는 선율적인 곡선으로 변했다. 그리하여 점차 곡선과 곡선의 조화로 이루어지는 조형적 특성을 갖춰나갔다.

요컨대, 깨달은 자의 상징이며 이상적인 인간상으로 제작되는 불상은 이상화 · 미화되는데 그러한 결과물이 삼국시대에는 자연스럽고 어떤 틀로 정형화되지 않고 인간과 같은 상호로써 드러났다. 이러한 특징은 자연스러움 · 친근함, 그리고 동적인 생명감 추구가 삼국시대 사람들의 미적 이상임을 짐작할 수 있게 하는 근거이자 단서가 된다.

V. 미의식

미의식은 심리학적 관점에서는 미적 태도에 있어서의 의식과정을 가리키고, 철학적 관점에서는 미적 가치에 관한 직접적 체험을 의미한다.[181] 즉, 미적인 것의 창조·관조 등 미적 태도 일반에 관한 정신활동을 뜻한다. 그러므로 미의식의 개념은 미적 내용을 창출하는 정신활동을 뜻하는 창조적 측면과 미적 내용의 향수를 뜻하는 관조적 측면의 양면성을 동시에 갖는다.

이때 미의식의 창조적 측면은 미적 대상을 제작하는 작가의 조형의지로, 관조적 측면은 조형의지에 의해 표현된 미적 대상을 바라보는 경험으로 대변된다. 요컨대, 미(美)에 대한 마음의 상태 내지 미적 태도, 혹은

181) 竹內敏雄·안영길 외 옮김(2003) 앞의 책. pp.225~230.

미에 대한 가치관과 같은 의미로 이해할 수 있다.

그런데 미적 태도는 개인에 따라 다르고 개인의 경우에도 시간과 장소에 따라 달리 적용되기도 한다. 불상에 투영된 삼국시대 사람들의 미의식이 가리키는 것은 삼국시대 사람들 개개인의 미의식의 총합이 아니다. 그것은 개개인이 지닌 미의식의 교집합에 해당하는 공통인자를 기반으로 하는 미의식이다.

따라서 구성원 개개인의 미의식에 대해서는 보편적 의식으로서의 위상을 갖는다고 할 수 있다. 정리하자면, 삼국시대 사람들의 미의식은 삼국시대 사람들의 보편적 취향이며 다른 시대 다른 민족의 미의식에 대해서는 특수한 위상을 갖는 미의식이다.

Ⅳ장에서 다룬 미적 특징에 대한 고찰은 불상 조형의 미적 요인이 무엇인가에 관심에서 출발하여 그것을 분석한 것이고, 이 장에서 시도하는 미의식 탐구는 그러한 특징이 배태되는 정신적 특질과 태도·관점에 대한 천착이다. 미의식이 바로 미적 특징을 형성하는 조형의지로 작용하기 때문이다.

이와 같은 맥락에서 이 장(章)에서는 앞 장에서 검토한 불상조형의 미적 특징을 토대로 하여 그 특징 안에 용해되어 있는 삼국시대 사람들의 미적인 태도를 파악함으로써 미의식을 추출하고자 한다. 그러기 위해 다음과 같은 사항이 고려되어야 한다.

첫째, 미적 특징과 미적 가치관에 대한 개념을 명확화할 필요가 있다. 왜냐하면 가시적 특징이 표현된 미적 현상 자체가 곧 미의식을 뜻하는 것은 아니기 때문이다. 미의식은 미적 특징의 근저(根底)에 내재하는 미

삼국시대 불상의 미의식 연구 ─

적 가치 판단 기준이다. 이를테면 미의식은 미적 특징을 배태한 모태인 것이다.

둘째, 이 연구에서 미적 특징을 통해 표출되는 미적 가치를 몇몇으로 범주화하여 도출한 미의식은 예시적인 성격을 띤다. 다양한 접근과 해석을 통해 다채로운 미의식이 도출될 수 있음을 염두에 둘 필요가 있고, 어떤 미적 특징을 특정 미적 가치의 소산만으로 한정지을 수 없기 때문이다. 또 하나의 미적 가치가 고정적인 특정 미적 특징만을 창출하는 것이 아니기 때문이기도 하다. 하나의 미적 특징에 여러 미적 가치가 내재될 수 있으며 하나의 미적 가치가 다수의 미적 특질의 창출에 연관될 수도 있다. 요컨대 미적 가치에 대한 접근 방식은 다원화되어야 하고 그것에 대한 판단은 종합적이어야 할 것이다.

이러한 주안점을 토대로 하여 Ⅴ장에서는 Ⅳ장에서 검토한 삼국시대 불상에 나타난 미적 특징을 배태한 가치관으로서 원만(圓滿)·무애(無碍)[182]·화합(和合)을 추출했다. 원만은 상호의 둥근 맛과 표정의 온

---

182) 앞서 Ⅱ장에서 한국 미술 혹은 불교 미술에 관련된 담론에 대해 미학이라는 용어와 그 학문적 방법을 적용하는 것이 과연 타당한가 하는 문제를 소략하게 검토한 바 있다. 서양 미학 이론의 기본적인 문제들은 형식상 근대적인 것이지만 모두 과거로부터 물려받은 개념들이기 때문에 서양의 고대와 중세의 미학사를 근대적 관점에 따라 구성하는 작업은 충분한 정당성을 갖는다. 반면 그러한 역사적 과정을 거치지 않은 한국 문화의 구조 속에 서양의 사고를을 그대로 적용하는 것은 문화와 사고를 왜곡시킬 위험이 있음을 언급했다. 서구 근대 사고의 소산을 동양미술에 적용하는 문제점에 공감하며 한국미의 대안을 모색하는 시도의 일환으로 일찍이 '무애'가 검토된 바 있다. 이 개념은 첫째, 한국 역사에서 생성되어 역사와 공존해 왔다는 점, 둘째, 원효사상과 불

화함과 같은 미적 특질로 구현된 인격미를 가리킨다. 무애는 입상과 반가사유상의 형식과 자세에 발현된 거리낌 없음, 형식에 구애받지 않는 특질을 가능하게 한 배경을 가리킨다. 화합은 삼존의 조화를 구성하는 미의식이다.

1. 원만(圓滿)

1) 정형화된 형용으로 규정된 상호(相好)

불상은 사람들을 깨달음으로 인도하기 위해 실천적인 중생제도 · 인류구원[183]을 위한 방편으로 제작된다. 그러므로 깨달음을 구해야겠다

교사상이라는 사상적 종교적 전거가 뒷받침되고 있다는 점, 셋째, 우리의 용어라는 점, 요컨대 한국 미술 문화의 생성과 발전 과정에서 맥락을 함께 해 온 개념이라는 점에서 설득력이 있다. 가장 한국적인 사상에서 가장 한국적인 미의 개념을 추출하는 것이 바람직할 것이기 때문이다.

거리낌이 없음을 뜻하는 무애는 자연 친화성, 소박함, 무기교의 기교, 해학, 자유분방함 등의 용어와 개념을 포용할 수 있는 용어다. 주지하듯 앞서 열거한 성질은 한국미의 특성으로 꼽히는 주요소들이다. 이것이 곧 한국인의 심성이며 이것을 토대로 발전해온 한국미술의 단면이기도 하다. 한국 미술이 자연적인 상태를 동경하고 자유분방하고 형식에 구애를 받지 않고 해학과 파격을 선호한다면 이 같은 특성을 모두 아우르는 용어로 무애를 상정할 수 있다(尹凡牟(2006) 韓國美論-佛敎的 觀點 혹은 無碍美論. pp.30~32). 원효의 사상으로 한국 미술의 특성을 파악하고자 한 연구로는 장충식(2003) 한국 불교미술의 현황과 그 성격 문제. pp.19~20을 참고할 것.

183) 구원의 의미에 대해서는 각주 109) 참고.

는 마음을 갖게 하거나 깨달음을 얻는 실제적인 방법을 보여 줄 수 있어야 한다. 즉 불상이 구원적 기능을 수행·실현시키기 위해서는 유한한 형상으로써 불교적 진리를 제시할 수 있어야 한다는 뜻이다. 그렇다면 불상을 보는 체험이 사람들의 삶에 실천적인 전환을 가져다 줄 수 있기 위해서는 어떻게 해야 할까.

불교에서는 모든 존재가 연기(緣起)로서 존재하므로 공(空)하다고 강조한다. 그러므로 불상과 같은 형상 역시 '관계' 속에서 이해될 필요가 있다. 불상을 바라보는 감각적 지각이 깨달음을 촉발하는 기연(機緣)이 되기 때문이다. 현상세계가 가상임을 인식하고 그것을 초월하는 것을 목표로 하지만 감각적 지각에 의해 파악되는 가상적인 현상이 바로 그것을 초월하는 기반이 된다.

그러나 상을 실재하는 것으로 간주하여 그것에 집착하면 윤회의 고통을 벗어날 수 없다. 상(相)[184]은 인간의 인식능력인 육근(六根)[185]의 대

---

184) 상(相)은 형상(形相)을 뜻하며 체(本體) 용(作用)의 대어(對語)로 쓰인다. 볼 수 있고 알 수 있는 것의 모습을 의미한다(홍법원 편집부(1988) 앞의 책. pp.783~784).

185) 육근(六根)은 육식(六識)이 육경(六境)을 인식하는 경우 그 소의(所衣)가 되는 여섯 개의 뿌리다. 곧 안근(眼根)·이근(耳根)·비근(鼻根)·설근(舌根)·신근(身根: 피부)·의근(意根)의 총칭이다. 육근 중에서 안근 등의 전(前) 오근(五根)은 감각기관 또는 그 기능을 의미하고 그 체(體)는 색법(色法), 곧 색근(色根)이다. 여기에 대해서 의근(意根)은 심법(心法)으로 무색근(無色根)이다. 유부(有部)에서는 전찰나의 육식(六識)이 과거에 낙사(落謝)해서 다음 찰나의 육식(六識)으로 이어지기 위한 등무간연(等無間緣)이 되기 위해서는 항상 의근을 소의로 한다고 한다. 전오식에서는 의근 외에 각기 특

상을 뜻하는데, 그것은 중생이 살아가는 현상세계를 구성한다. 그러므로 이 현상들이 실재하는 것이 아니라 인간의 인식 능력과 인식 대상이 상호 결합하여 이루어낸 가상에 불과하기 때문에 본래 공(空)이라는 사실을 인식할 때 그것에 대한 집착을 버릴 수 있게 된다.

이것이 곧 무상(無相)이다. 관계를 부인하거나 떠나지 않고 공을 깨닫게 되고 감각세계를 철저하게 부인하지 않고 오히려 그것을 기연으로 삼아 깨달음에 이르게 되는 것이다. 바로 이와 같은 깨달음을 형상을 통해 인도하기 위해 경전에 32상 80종호를 정확히 구체적·명시적으로 규정하지 않고 비유적으로 기록한 것이라 여겨진다. 32상 80종호에는 부처의 용모에 대한 아래 제시한 것과 같은 정형적인 표현이 다수 등장한다.[186]

· 눈썹이 초승달 같음(眉如初生月 3.80)
· 넓고 긴 눈(廣長眼 54.80)

———

정의 근이 있어서 이것까지도 소의로 하는데 의식은 의근을 소의로 할 뿐 특정의 근을 갖지 않는다. 한편 육식(六識)이란 안이비설신의(眼耳鼻舌身意)의 6근에 따라 색(色)·성(聲)·향(香)·미(味)·촉(觸)·법(法)의 6경에 대해 견(見)·문(聞)·후(嗅)·미(味)·촉(觸)·지(知)의 료별(了別)작용을 하는 안식(眼識)·이식(耳識)·비식(鼻識)·설식(舌識)·신식(身識)·의식(意識)의 여섯까지 심식(心識)을 말한다(앞의 책. pp.1,193~1,194).

186) 이하에 제시된 규정은 문명대(1997) 한국불교미술의 형식. pp.107~111의 32상 80종호에 따랐다. 그리고 괄호 안의 숫자가 뜻하는 것은 32상 80종호에 해당하는 번호이다. 예컨대 (눈썹이 초승달 같음3.80)은 80종호의 세 번째 규정, 그리고 (연꽃 같은 눈 29.32)은 32상의 29번째 규정을 뜻한다.

[사진 48] 군수리 출토 납석제 여래좌상　　　[사진 49] 동위천평이년명좌상

[사진 50] 공현석굴 제3굴 여래좌상　　　[사진 51] 공현석굴 제2굴 여래좌상

이해주

237

· 연꽃 같은 눈(眞靑眼相 29.32)

· 입술이 붉음(盾赤如頻婆果色 29.80)

· 손발이 붉고 흼(手足赤如蓮花色 56.80)

· 몸이 깨끗함(身淨潔 11.80)

· 몸이 윤택함(身潤澤 18.80)

· 손발이 정결하고 부드럽고 윤택함(手足淨潔軟澤 64.80)

· 덕스러운 손발 모습(手足有德相 80.80)

· 얼굴 크기가 적당함(面不大長 26.80)

· 용모가 단정함(正容貌不僥色 27.80)

· 얼굴이 구족함(面具足滿 28.80)

· 넓고 둥근 얼굴(面廣姝 39.80)

· 달과 같은 얼굴(面淨滿如月 40.80)

· 보면 즐거워짐(一切惡心衆生見者知悅 38.80)

· 다 볼 수 없음(一切衆生不能盡觀 74.80)

· 보는 이가 싫증을 안 느낌(觀者不厭足 75.80)

· 즐겁게 봄(一切樂觀 25.80)

· 어깨가 둥근 모습(肩圓好相 21.32)

· 두 손, 두 발, 두 어깨, 정수리가 둥글고 단정한 모습(七處隆滿相 17.32)

한편 사슴, 사자, 소, 그리고 코끼리와 같은 동물에 빗대어 표현되기
도 한다.

· 어깨가 사슴 어깨와 같은 모습(伊泥膊相 8.32)

· 상체가 사자 같은 모습(上身如師子相 19.32)

· 사자 같은 얼굴 모습(師子顔相 25.32)

· 사자 같은 모습(儀容如師子 44.80)

· 소 같은 눈시울을 가진 모습(牛眼睫相 30.32)

· 몸을 한번 돌리면 코끼리 왕과 같음(身一時回如象王 7.80)

· 나아가고 물러남이 코끼리 같음(進止如象王 45.80)

이상에서 볼 수 있듯 상호를 개별 구체적으로 묘사하지 않고 정해진 비
유를 사용했다. 개성적이라기보다는 '달과 같은 얼굴', '초승달 같은 눈
썹', '사자 같은 모습'과 같이 정형화된 형용으로 그 외모를 규정함으로
써 나머지 부분은 만드는 사람과 보는 사람의 상상의 몫으로 남겨두었
다. 상호가 관념적으로 제시되었기 때문에 불(佛)의 상호는 조각가와 불
상 그리고 관자(觀者)의 상호지향적인 관계 속에서 형성되는 것이다.[187]

---

187) 일련의 제작과정 속에서 조각가는 곧 관자(觀者)이다. 불상 제작에 앞서 경
전, 의궤, 이미 존재하는 다른 불상들, 전통, 그 불상을 수용할 사회의 감수성,
그 당시 유행하는 양식을 바탕으로 제작할 불상에 대한 구상을 한다. 그리고
그 스스로가 관자가 되어 자신의 체험을 계획 하에 혹은 무의식적으로 구현
한다. 그렇기 때문에 조각가가 조성한 새로운 불상에는 필연적으로 수많은
범본들이 겹쳐 존재한다. 그는 제작된 불상을 바라 볼 사람의 내적 시각화를
돕기 위해 당시의 심미적 기풍과 세계관 등을 고려하여 관자의 시선으로써
제작 과정을 통제하게 된다. 즉 그의 의식 속에는 이미 타인이 내재된다. 설
령 본인이 소지할 소형 호신불을 제작하는 것이라 해도 그의 조각행위는 누
군가를 향한 표현이 된다. 이런 의미에서 상을 제작하는 것은 만드는 자와 보
는 자의 상호작용의 결과라고 할 수 있다. 자신의 의도대로 조각한다기보다

[사진 52] 운강석굴 제6동 미륵의좌상   [사진 53] 돈황석굴 제410굴 미륵불의좌상

[사진 54] 삼화령 미륵의좌상

현전하는 삼국시대 불상의 특징에는 위와 같은 규정에 대한 삼국시대 사람들의 해석이 담겨있다. 더불어 당시의 미의식이 불상을 조형하는 가치관으로 작용하여 원만하고 친근한 사람의 얼굴과 같은 상호로써 구현되었다. 그로 인해 바라보면 마음이 즐거워지는 삼국시대 불상이 탄생한 것이다. 삼화령 미륵 세존과 같은 달처럼 둥글고 원만한 상호, 서산 마애삼존불의 좌 협시 반가사유상에 표현된 어린 아이와 같이 티 없이 맑고 깨끗한 미소는 삼국시대 사람들의 감각과 사고의 틀을 거쳐 탄생한 작품이다.

완벽하게 똑같은 외양을 가진 불상이 존재하지 않는 현상 역시 상호에 대한 규정이 정형화된 비유로서 기술된 특징에서 그 원인을 찾을 수 있다. 이러한 규정상의 특성이 만드는 사람의 해석과 결합하게 되므로 같은 형식·동일한 양식을 기반으로 제작된 불상에서도 서로 다른 미감이 느껴지는 것이다.

6세기 후반에 제작된 군수리 출토 납석제 여래좌상[사진48]의 특징은 여유 있고 부드러운 면모와 그로 인한 특유의 편안하고 친근한 분위기이다. 자세는 목을 약간 앞으로 빼서 얼굴과 턱을 가슴 쪽으로 당겼는데 얼굴에는 엷은 웃음을 띠고 있다. 이 상에서는 차분한 명상적 분위기가 느껴진다.

이러한 군수리 출토 납석제 여래좌상을 동위천평이년명좌불(東魏天平二年名座佛, 535년)[사진49]과 비교하면 U자형으로 길게 늘여진 가슴 앞의 깃, 그 속에 보이는 좌견에서 사선으로 조식된 내의, 배 앞에서 겹친 두 손, 옷 전체의 평행단상 주름 등의 요소에서 간취되는 동위불 양식을 확인할 수 있다.

한편 이 상에서 상하 이단으로 구분한 옷 주름의 중앙에 큼직한 역오메가형 주름이 배치된 점은 용문의 북위양식의 전통이며, 옷자락의 좌우 벌림이 거의 없는 점은 북위 후기에서도 그 말기 양식을 따라 복잡하지 않게 정리하여 단순화한 공현석굴 제3굴의 여래좌상[사진50]과 통하는 특징이다.[188]

그러나 역오메가형 옷 주름의 좌우 폭이 확대 전개되면서 생긴 넓은 호형 공간에 평행 호선을 조식한 것은 공현석굴 제2굴의 여래좌상[사진 51]의 양식과 직결되고 있는 듯하다.[189] 다만 공현 석불의 옷 주름은 북위에서 출발하여 새로운 형식으로 탈바꿈했다면, 군수리 출토 석불의 옷 주름은 공현 동위불의 양식 쪽으로 진행되면서도 아직 용문의 북위 양식 전통이 남아있음을 확인할 수 있다.

---

188) 공현석굴은 북위 후기부터 동위 대에 걸친, 6세기 초에서 530년에 이르는 시기에 조영되었다. 조각의 특징은 장식적이며 신비적인 용문양식에 비해 복잡한 선이 질서 있게 정리되어 밝고 소박하고 부드러우면서 단정하면서 우아해 그것이 남조의 영향으로 생각된다(鈴木敬・松原三郎(1957) 東洋美術史要說 하권. pp.218~219). 공현조각이 무엇인가 근원적인 공통성을 백제조각과 공유하고 있는 이유에 대해서는 앞으로 진지한 검토가 이루어져야 할 것이다(김원룡(1998) 한국미의 탐구. p.159). 공현조각의 예로서 제3굴 여래좌상을 보면 용문의 요란했던 대형 주머니형 의습군을 없애고 세로 평행성을 이루는 기와골 같은 조용하게 가라앉은 옷 주름으로 변화했다.

189) 제3굴의 양식이 제2굴의 동위대 석불(535~550)이 되면 상반부에는 기와골 같은 의습이 남아 있으면서 옷자락이 좌우 두 개의 게의 복갑 같은 주름으로 변화한다(위의 책. p.159).

군수리 출토 납석제 여래좌상의 또 다른 특징으로 어깨 부분 선각 옷 주름은 용문 공현 이래의 평행단상 옷 주름에서 출발하면서도 전혀 다른 것으로 변화시킨 형식을 꼽을 수 있다. 이 불상을 관통하는 철저하게 친근한 표정과 정서는 백제적인 감각과 사고의 독특함으로 이해된다. 이러한 면모는 우리 불상과 중국 불상의 양식적 유사성으로써 설명되지 않는 부분이다.

삼화령 미륵좌상과 같은 의좌불 형태의 미륵불상은 600년대를 전후한 수·당 통일기에 집중적으로 나타나고 있다[사진52]. 삼화령 미륵좌상은 그 중에서 수 양제 대업(大業) 6년(610) 전후에 조성되었으리라 추정되는 돈황석굴 제410굴 서벽 감실 속에 모셔진 미륵불 의좌상[사진53] 양식을 계승한 듯하다.

넓고 큰 동안형의 앳된 얼굴, 머리카락을 표현하지 않은 깎은 머리 형태에서 나지막하고 작은 육계, 오른손을 시무외인처럼 무릎 위로 올리고 왼손을 무릎 위에 대고 여원인을 지은 손짓 등은 돈황석굴 미륵상과의 양식적 연결점으로 보인다.

다만 삼화령 미륵좌상[사진54]의 수인이 손가락을 굽혀 수인을 변형시켰다는 점과 양 무릎에 옷 주름 무늬를 나선형으로 돌리는 양식화 현상을 보인다는 점, 그리고 신장에서 얼굴이 차지하는 비례가 높아졌고 표정이 보다 친근감을 주는 인상으로 조각되었다는 점에 차이가 있다.

이마가 좁아지고 백호가 없으며 코가 넓고 커진 점, 볼이 통통해지고 목이 짧아지고 귀가 길어진 것도 삼화령 미륵좌상과 돈황석굴 의좌상의 차이점이다. 목의 길이는 짧아진 반면 귀의 길이는 길어져서 귓불이 어깨를 덮어 내리는 특이한 표현이 나타났다. 이로 인해 더욱 후덕하고 푸근한 인상을 얻었다. 옷 주름을 간소화하면서 얇게 표현한 것은 신라적인 특색이라 여겨진다.

군수리 출토 납석제 여래좌상과 삼화령 미륵 의좌상의 예에서 볼 수 있듯이, 문화교류 과정에서 중국 양식이 유입되어 우리 불상과 중국 불상이 특정 양식을 공유하더라도 상호에 나타나는 미감이 서로 다름을 알 수 있다.

특히 예시적으로 언급된 불상들에는, 보는 이로 하여금 '중국불상과 이들이 양식적 디테일을 공유하는 현상을 가리켜 과연 '영향'이라 할 수 있을까'하는 의구심마저 품게 하는 결코 간과할 수 없는 독특한 면모가 담겨있다. 우리 불상에서는 둥근 맛이라든지 친근함 또는 자연스러움과 같은 독특한 정서가 느껴지기 때문이다. 이러한 견지에서 볼때, 삼국 문화의 정수는 외래문화를 독창적으로 번안하여 우리 것에 적용시키는 해석의 독창성에서 찾아볼 수 있다.

삼국의 불상의 출발은 중국 불상 양식을 수용하는 데서 비롯되었기 때문에 중국과 양식을 공유하지만 중국불상에 비해 인간적이고 친근한 표정이 표현되었다. 삼화령 미륵 존상이나 배리 삼존불, 그리고 서산 마애삼존불과 같이 체구가 큰 불상의 경우에도 우람함과 함께 세련된 기풍이 견지되고 있다. 체형은 지나친 풍만으로 치닫지 않았고 얼굴형은 지나치게 길쭉하지도 넓적하지도 않은 둥근 맛이 견지되고 있다.

같은 한역(漢譯) 경전을 공유·기반으로 하는 동아시아 불교 문화권 내의 불상이라도 중국과 우리의 불상에 나타나는 차이는 불상을 만든 사람들의 감각과 사고, 문화적 감수성과 취향의 차이에서 기인하는 것이라 여겨진다. 삼국시대 사람들의 경전에 대한 해석과 더불어 당시의 미의식이 함께 작용하여 원만하고 친근한 사람의 얼굴과 같은 상호로 구현된 것이다.

중국과 한국 불상 간의 비교에서 드러난 양식적 상이점이 미미할지라도 바로 그 차이가 우리 불상과 중국 불상을 가름하는 핵심적인 정서적 기반에서 기인했을 가능성이 높기 때문에 미감상의 미묘한 차이를 예민하게 받아들일 필요가 있다. 불상의 영향력은 감각적 형식을 통해 보는 사람의 감각에 직접 작용함으로써 발휘되기 때문이다.

교의와 사상이 조형으로 구현되는 불상의 형식은 궁극의 의미를 향해 수렴되며 성좌를 이루는 방식으로 접근해 나갈 뿐이다.[190] 만약 부처의 신체적 특징을 규정한 규정이 일대일 대응방식으로 구체적이고 세밀하게 특정하여 지정·제시되었다면 사람들은 그것을 붓다의 전형으로 받아들이게 되고 그것의 표현에 집착하게 될 가능성이 존재한다. 바로 이러한 점을 경계했기 때문에 32상 80종호의 제 규정이 개성을 추구하기보다는 보편적·정형적 형용으로 구성된 것이라 여겨진다.

주지하듯, 깨달음은 모든 사념작용을 억제하거나 특정 생각에 머무

---

190) 불전도·변상도는 경전의 내용을 설명하기 위한 표현 위주로 제작되는 반면 불상의 표현은 보다 함축적이고 직관적 상징적이다. 개념이나 추론을 매개로 하는 인식은 간접적인 반면 시각을 통해 직관에 의존하는 상징에 대한 인식은 직접적이다. 불상 형상의 이러한 특징에 대해서는 II장 3절 예술작품으로서의 불상 참조.

는 것이 아니라 일체의 생각에 머물지 않음으로써 이르는 것이다. 모든 것이 마음에서 일어나는 현상이기 때문에 하나의 현상에 대한 깨달음은 곧 마음의 깨달음이며 따라서 모든 작용에 차별 없이 적용된다. 즉 하나를 통하면 전체를 통하게 된다. 그러므로 만약 모든 형상이 그 형상이 아님을 알면 곧 여래의 참 모습을 보는 것이다. 만약 불상이 고정적인 특정 형식을 고수하여 보는 사람에게 오직 특정 형상을 부처라고 믿게 한다면 형상으로써 구원론적 역할을 수행하지 못 하는 것이라 할 수 있다.

요컨대, 깨달음의 방편으로서의 형상(불상)의 역할은 단순히 보이는 어떤 것이 아니라 도리어 어떤 것을 보게 해 주는 것이라 할 수 있다. 불상 이미지의 본질은 어떤 것을 보게 함에 있다.[191] 그것은 존재하는 것을 내몰아 현상함으로써 드러내 보인다.[192] 비유컨대 불상의 이미지란 마치 가시성을 차단시키고 있는 어떤 것을 찔러 구멍을 뚫는 활동, 또는 그렇게 해서 볼 수 있도록 해 주는 어떤 구멍과도 같다. 그것 자체로 보이는 어떤 것이라기보다 그것을 통해 무엇인가를 볼 수 있게 하

---

191) Martin Heidegger(1978) *Vorträge und Auflage*. Neske, Pfullingen, p.194(김동규(2010) 이미지 창작의 원동력, 멜랑콜리: 아리스토텔레스의『문제들』을 중심으로. p.83에서 재인용).

192) 이러한 견지에서 볼 때 이미지는 고정된 명사적 실체이기 이전에 역동적인 움직임 자체 그 작용을 뜻하는 것으로 파악된다. 어떤 것을 현상하게 하는 이미지의 전진 운동은 뒤로 물러서는 이미지의 후진 운동을 전제한다. 이런 이미지의 전후(前後) 부침(浮沈) 운동이 일으키는 상반(相反) 작용을 통해 생겨난 균열 속에서 이미지는 어떤 것을 볼 수 있게 해주는 것이다.

는 작은 구멍인 셈이다.[193]

그런데 모든 물적 대상 · 존재는 객관적인 실체이거나 사물들의 관계에 의해 규정되는 것이 아니라 인간의 마음에 의해 현상된 경계이다. 현상세계는 육근(六根)에 의해 지각되는 육식(六識)의 경계로 구성된다. 현상세계가 곧 식(識)이며 이때 식은 마음의 식이다. 그러므로 현상세계를 지각하는 것은 바로 마음을 지각하는 것이다. 요컨대, 마음이 근본이다. 색(色)을 볼 때 그것은 마음을 보는 것이다.

그런데 이러한 마음도 실체로서 존재하는 것이 아니라 관계 속에서 색으로 인해 존재한다. 그러므로 색은 순수한 현상인 동시에 마음을 증명하는 것이다. 육근으로 본 것이 다 마음이라고 하는 것은 일체의 현

---

193) '구멍'과 '뚫기'라는 이미지의 어원적 내용에 좀 더 철학적으로 천착한 사람은 롤랑 바르트일 것이다. 바르트는 사진 이미지를 분석하면서 '스투디움'과 '푼크툼'이라는 두 개념을 고안해낸다. 지식이나 교양을 통해 알 수 있는 문화적인 스투디움studium과 대비되는 푼크툼punctum은 라틴어로 '뾰족한 도구에 의한 상처, 찌름, 상흔', '작은 구멍, 작은 반점, 작은 홈'으로서 스투디움을 깨뜨린다고 한다. 또한 푼크툼은 "내가 이 요소를 찾는 게 아니라, 그것 스스로 마치 화살처럼 그 장면을 떠나 나를 꿰뚫기 위해서 오며", 주사위 던지기와 같은 우연적인 것이며, "그 때문에 나의 시각은 변화되는 것을 느끼며, 내 눈에는 그 사진이 탁월한 가치를 지니게 되고 새롭게 보여지는 것"이고, 결국 "매개체로서 스스로를 무화하고 의미가 아닌 사물 그 자체가 되는 것"일 것이라고 생각하게끔 하는 부분이다. 바르트의 논의를 확대해석해 보자면, 진정한 이미지란 이런 푼크툼이 있어서 보는 이의 가슴에 꽂혀 강렬한 감동을 자아내는 이미지이고, 한갓 제작된 산물이 아니라 또는 인간의 손이 미치지 않은 사물 자체(자연)로까지 격상될 수 있는 이미지다(Roland Barthes(1981) La Chambre Claire. p.26 이하 참조).

이해주

247

상이 마음과 통일되어 있기 때문에 만법이 마음일 뿐이며 그러므로 일체의 감성이 모두 열반의 경계와 통한다는 의미다. 마음과 색은 본체와 기능으로서 서로 통일되어 있기 때문에 서로 의지해 있다. 시각적 형상인 불상이 이러한 역할을 수행할 때 깨달음의 방편이 되는 것이다.

불상의 제(諸) 표현을 통해 우리가 보게 되는 것 중의 하나는 부처와 중생이 불이(不二)라는 사실이다. 불·보살상이 근엄한 자세를 고수하지 않고 자연스럽고 편안한 표정과 자세를 취하는 이유도 이러한 측면에서 이해될 수 있을 것이다. 분명한 것은 이때의 자연스러움과 편안함 역시 고정적인 전형이 따로 존재하는 것이 아니라는 점이다. 사람들에게 현시되는 양상이 인간다움으로 드러나는가, 신다움으로 드러나는가, 동적인 생명력이 강조 되는가, 정적인 초연함으로 표현되는가 하는 범주에 있어서는 다양한 가능성이 존재한다.

삼국시대 불상의 경우에는 인간다운 친근함과 동적인 생명감이 그 특징으로 나타났다. 서산 마애삼존불의 본존과 좌우협시상을 통해 전면에 드러나는 것은 초세간적인 권위가 아니라 소탈한 인간적인 분위기이다. 특히 우협시보살의 얼굴은 마치 한 동네에서 마주칠 것만 같은 수수한 아낙네의 다소곳한 인상이다. 예배대상과 예배자라는 좁힐 수 없을 것 같은 간극을 뛰어넘어 중생과 하나가 되는 경지가 체현된 것이다.

여기서 주지할 것은 이러한 자연스러움이 치밀한 계획 하에 추구하여 도달한 예술적인 경지라는 점이다. 불상은 선험적이거나 주어진 것이 아니라 제작되는 인공지물이지만 그것에서 인공적인 기운이 느껴지지 않는 자연스러움 편안함에 이르렀다. 이러한 견지에서 볼 때, 미를 추구하고 실현하는 과정이 종교적 수행을 하는 것과 유사한 측면이 존재한다고 할 수 있다.

2) 상호(相好)가 주는 인상

'얼굴'이야말로 그것이 누구인지 알려주는 대표적인 지표이다. 그런데 불·보살상 얼굴 표현은 살아 있는 사람을 재현하거나 묘사하는 것이 아니기 때문에 핍진성(逼眞性)을 구현하는 것으로부터 자유로운 측면이 있다. 그로 인해 현존 인물을 재현하는 것에 비해 미화(美化)·이상화(理想化)의 입지가 상대적으로 넓다. 그런데 여기서 주목해야 할 것은 깨달은 자(붓다(佛))의 얼굴로서 이상화되고 미화된 삼국시대 불상의 얼굴에 나타나는 특징이 정형화되지 않고 편안하고 자연스러우며 소박하다는 점이다. 마치 혼이 깃든 사람의 얼굴을 보는 것과 같은 생생한 인상인데 그 생생함은 보는 사람을 편안하게 한다. 자연스러움과 충만한 생명감이 곧 삼국시대의 미적 이상(理想)이었던 것이라 여겨진다.

인상(印象)은 커다란 눈이나 우뚝 솟은 코와 같은 세부의 단순 합산으로써 파악되는 것이 아니다. 그것은 산술적인 부분의 합을 넘어선다. 그것은 오히려 제 요소들이 함께 통합되어 만들어내는 총체적인 분위기에 가깝다. 즉, 명확하게 분석하고 수량화할 수 없다는 것이 바로 인상(印象)의 본질이다.

특정한 요소로써 환원되지 않는 인상의 이러한 특성이 32상 80종호를 구성하는 원리가 된 원인에 대해서는 앞에서 살펴봤다. 원만한 인상은 고정적인 실체가 아닐 뿐만 아니라 근육과 뼈대의 단순 결합을 통해 취할 수 있는 성질의 것도 아니다. 좋은 인상·편안한 인상은 내면의 장점이 바깥으로 드러난 분위기로서 연출되는 것이다. 32상 중의 29번째 규정인 '남을 좋은 마음으로 바라보는 눈'은 눈의 외형을 가리키는 말이 아니다. 더불어 '보면 즐거워짐', '보는 이가 싫증을 안 느낌' 등은 모두 보는 사람에게 주는 인상을 표현한 말이다.

이러한 인상은 얼굴 뿐 아니라 체형에도 해당된다. 수신(瘦身) 혹은 풍만(豊滿)에 대한 심미적인 기준은 물론 적당함이었을 것이다. 그러나 치열한 항쟁 중이었던 당시 삼국의 사회 상황을 토대로 하여 시대의 결핍과 요구를 고려한다면,[194] 풍요로움·충만함·따뜻함에 대한 동경

---

194) 삼국 간의 항쟁이 구체적으로 본격화된 시점은 고구려가 남진정책을 추진하기 위해 수도를 평양으로 옮긴 직후부터였고 이들이 앞 다퉈 확보하려 했던 지역은 일찍이 중국 문화 수용의 관문이자 군사적 요충지이며, 사회문화적으로는 남북 문화권의 경계였던 한강 유역이었다. 한강 유역 확보를 위한 항쟁의 치열함은 아래 제시된 표의 전쟁횟수를 보아도 짐작할 수 있을 것이다.

세기 삼국	1			2			3			4			5			6			7			합계
	신	고	백	신	고	백	신	고	백	신	고	백	신	고	백	신	고	백	신	고	백	계
신라			8			8	1	12					12	1		2	6		13	35		98
고구려									1	17	12		4	2		13	13			1		64
백제	8			8					12		17				1	4	6	13	35	1		106
전쟁횟수	8			8			13			17			17			21			49			

<표> 삼국의 전쟁 횟수 (신형식(1990) 한국 고대사의 신연구. p.287. 표 4-2에서 인용).

내지 갈망을 외면할 수 없었을 것이다.

전란으로 가정과 지역 사회가 파괴되는 극도의 경제적 궁핍을 겪으며 더 이상 현실 권력에 기대할 것이 없는 상황에서 인간이 구하게 되는 것은 포용적이고 푸근한 신적대상일 것이라 생각된다. 이러한 원망(願望)이 달처럼 둥글고 원만하며 아이와 같이 티 없이 맑고 깨끗해서 궁극적으로는 '보면 즐거워지는' 둥근 모습으로 구현되었을 개연성이 높다.

불상들을 바라보면서 우리가 체험하는 평온함은 소위 황금비율에 의해서 좌우되는 것이 아니다.[195] 이런 감화력은 불상이 주는 원만한 인상으로부터 나오는 것이라 할 수 있다. 그렇다면 과연 둥글고 친근한 이미지가 보여주고자 하는 것은 무엇이며 또 둥근 형태를 보면서 편안함을 느끼는 이유는 무엇인지에 하는 물음이 제기될 법하다. 이러한 의구심은 가시적인 현상을 발생시키는 동인(動因)을 고찰하고자 할 때 해명되어야 할 성질의 것이다.

"죽음의 경직성은 삶보다 더 생동적이다. 여기 가면의 비밀이 있다"[196]는 언급에서 드러나듯 엄격성은 사물의 깊은 본성을 표현하는 데

---

195) 황금비율에 대해서는 이 논문의 II장 3절 불상 표현의 미적 특질 서술 부분 참조.
196) "죽음의 경직성은 삶보다 더 생동적이다. 여기 가면의 비밀이 있다." 그리고 이것은 모든 형상에 적용되는 개념이다(Schmalenbach, H(1927) *Die Entstehung des Seelenbegriffes*(게라두스 반 데르 레우후(1996) 종교와 예술. p.45에서 재인용)). 여기서 가면이 뜻하는 범주에는 도상적 특징을 매우 엄격하게 고수하는 태도도 포함된다.

있어서 운동보다 훨씬 효과적인 측면이 있다. 그러나 종교적 감흥을 불러일으키는 데 있어 불상 이미지의 선명함·명확함이 필요조건이 아님을 삼국시대 불상의 양식 변화상을 통해 확인할 수 있다.[197] 삼국 시대 불상 표현의 실제적인 변화 양상은 직선적이고 강한 표현으로부터 점차 명쾌한 표현으로 곡선화되어 나갔다. 그것이 둥근 것이기 때문에 의미가 있는 것이 아니라 이 곡선적인 형태가 삼국시대 사람들의 미적 감각에 맞도록 전이되어 왔다는 점에서 곡선화 현상이 의미 있는 것이다.

예각을 포함하는 각진 선은 긴장감·활기·젊음·진취성·능동성·생기발랄한 힘을 내포한다. 반면 부드럽고 유연한 궁형곡선은 각의 뾰족함·날카로움이 완화·둔화되어 전진하는 긴장감은 소멸되지만 성숙·인내·포용 등의 완숙한 울림을 전달하는 자의식적인 에너지를 발산한다. 각진 선에 비해 곡선은 분명 덜 진취적이고 덜 능동적이지만 곡선에는 그것과 다른 종류의 힘인 인내심 혹은 포용력이 내포됨을 알 수 있다. 여기서 직선을 탄생에 비유한다면, 곡선은 성숙에 그리고 직선과 곡선 사이에 위치하는 각진 선은 젊음에 비견될 수 있

197) Ⅳ장에서 살펴본 바와 같이 점차 자연스러운 선을 추구해 나간다. 비록 인위적·의도적으로 만든 선이지만 인공적인 요소가 느껴지지 않도록 표현되는 자연스러움을 추구해 나감을 알 수 있다. 굵고 강한 직선은 자연스럽게 흘러내린 편안한 선으로 변화해 나감으로써 점차 세선(細線)이 추구되었다. 곡선도 초기에는 완만한 곡선이었으나 점차 굴곡이 가미된 파상의 율동이 나타나는 선율적인 곡선으로 변했다. 점차 곡선과 곡선의 조화로 이루어지는 조형적 특성을 갖춰나갔다.

다.[198]

이러한 견지에서 부드럽고 유연한 이미지를 향해 전개되는 불상 양식의 흐름을 발전이라 규정할 수 있다. 기능 적합성이 고려된 사실성이 추구되어 불상의 신체 표현이 현실 세계의 인간에 근접했기 때문에 '발전'이라 규정하는 것이 아니다. 오히려 이와는 정반대의 이유에 근거한다. 즉 점차 신적인 것이 신적인 것으로 귀착되었다는 측면에서 발전이라 규정할 수 있는 것이다.

곡선에 근거하여 생겨나는 면들은 원과의 친연성(親緣性)을 보유한다. 그런데 원은 직선적인 것보다 인위성이 덜 느껴지고 생활 속에서 늘 보는 풍경과 같이 자연스럽고 부드럽다. 둥근 이미지가 주는 충만감과 푸근함을 깨달은 자의 인격적 이미지(인상)와 결합시키고자 하는 심미적 가치관이 삼국시대를 풍미했던 것으로 보인다.

불상을 처음 제작하면서 여러 실험단계를 거쳐 원만상이 구현되었을 때 둥근 것이 주는 시각적인 만족감 속에서 사람들은 편안함을 느꼈던 것이라 생각된다. 그때 불범(佛凡) 관계의 위계만이 아닌 '가족과 같다'[199]는 친숙한 신뢰감, 즉 불범일여(佛凡一如)라는 불이(不二)의 경지

198) W.칸딘스키(1997) 앞의 책. pp.59~71.
199) 서산 마애삼존불의 발견 과정에서 드러난 삼존에 대한 흥미로운 인식이 소개되었는데 그 지역 사람들은 삼존을 다음과 같은 가족 구성원으로 이해하고 있었다고 한다. "부처는 부처인데 바람둥이 부처여서 마나님을 좌우에 하나씩 거느리고 있다. 그런데 한 쪽은 작은 마나님이 앉아서 생글생글 웃고 있고 다른 한쪽 마나님은 화가 나서 벌떡 일어나 돌 하나를 손에 쥐고 때리려고 한다. 이때 가운데 서 있는 부처님은 양손을 벌려 싸우지 말라고 말리고 있다

를 체험했을 것이고 이때의 충족감이 다시 불상에 원만함을 기대하는 동력으로 작용했던 것으로 보인다. 이러한 시대적인 요청이 미의식으로 작용하여 사람과 같은 친숙한 삼국시대 불상의 이미지를 만들어나간 것이라 할 수 있다.

그런데 원은 불상의 도상을 구성하기 위해 고안해낸 형태가 아니다. 원형은 고래로부터 존재했고 본원적 공간, 즉 일차적 공간으로서 원시 주거 형태나 거석문화의 유적 등에서 쉽게 접할 수 있는 가장 단순하면서도 완전한 기본형이었다. 이러한 연유에서 원은 고대로부터 신의 상징으로 인식되었다.[200] 주몽신화 · 혁거세신화 · 김수로신화 · 석탈해신화는 각기 신성 동물의 상징이 다르기는 하나 그 공통된 모티프는 모두 난생이다.

난형은 존재의 비밀이 담긴 근원적 형태로 특수한 미적 매력을 선사한다. 둥근 알의 형태는 우리 민족의 미의식의 기반을 밝히는 단초라고 할 수 있다. 이를테면, 우리의 난형 신화는 곧 "음양의 태극지묘(太極

(정영호(2004), 앞의 책. pp.60~64)." 실제 세간의 인간관계를 그대로 불보살의 관계에 적응해 이해하는 것에 어색함이 없을 만큼 서산 마애삼존불의 삼존의 인상은 친근하고 친숙하다. 이와 같은 이해의 연장선상에서 "삼존 모두 얼굴에 백제인의 초상적 성격이 강하게 나타나면서 전체적으로 소박하고 밝고 유쾌한 분위기가 지배하고 있는데 이는 한 가정의 화기애애하고 단란한 가족사진을 보는 것과 같은 느낌을 준다(정예경(2007) 앞의 글. p.260)"는 견해가 제시된 바 있다.

200) A. 야페 · 이희숙 역(1979) 미술과 상징. pp.35~48.

之妙)를 알리는 조화와 균형을 둥글게 상징한다"[201]. 그리고 그 논리는 "중용 · 중정의 논리, 원융무애의 논리를 대변한다."[202] 이러한 관념의 연장선상에서 삼국시대 사람들이 원의 속성을 새로운 신상인 불상 이 미지와 결합시키고 그것으로부터 안식과 평온을 얻고 또 그것을 추구 했을 수 있다. 이러한 견지에서 원형(圓形)의 속성을 파악할 필요가 있 는데, 구체적인 특징은 다음과 같다.

첫째, 힘의 평형(平衡)과 형태의 균분(均分)을 나타낸다.

> "정좌(正坐)의 엄(嚴)과 만월(滿月)의 미(美)가 다 같은 곳에서 오나니
> 역(力)의 평형에서 상(相)의 등분(等分)에서 부동심(不動心) 만족의 법
> 열(法悅)이 느껴진다. 신(神)의 권위는 항상 좌우상칭(左右相稱)의 엄연
> 한 직선적(直線的) 태도(態度)로 표현되며 만원(滿圓)은 항상 원만(圓
> 滿)의 뜻으로 채용된다."[203]

위의 언급처럼 원형은 균정(均整)의 상(相)이기 때문에 단일 개체로서 완전을 상징하며 보는 사람의 기대를 충족시켜 준다. 중심선을 기준으 로 좌측을 보면 굳이 우측을 보지 않아도 전개양상을 알 수 있다는 특 징이 있다. 이러한 측면이 보는 사람에게 안정감을 준다. 실제 상칭(相

---

201) 김형효(1976) 한국사상산고. p.11.
202) 위의 책, p.45.
203) 高裕燮(1993b) 앞의 책. p.314.

稱)의 미(美)는 이러한 기대가 충족되는 데서 찾을 수 있다. 조형 중에서도 건축, 신상(神像) 등 안정과 위엄 그리고 충만이 요청되는 대상은 상칭(相稱)을 요한다.[204]

둘째, 원의 중심은 완전한 휴식을 상징한다. 원은 형태가 매우 단순하면서도 은근한 변화가 있어 어느 한 방향으로 뻗는 직선적인 요소가 없이 모든 것을 포용하고 뚜렷이 나아가고자 하는 방향이 없다. 그래서 원주 상에 한 점을 찍으면 그 점은 원주 자체의 시작이자 끝이 된다. 또한 처음도 끝도 없이 영원하기 때문에 열반의 세계에서나 도달할 수 있는 부처의 경지를 상징한다.

원의 중심은 원심력과 구심력이 균등하게 작용하고 그 둘레가 지닌 압력이 사각형이나 삼각형 형태에 비해 고르기 때문에 원내의 중심점은 점이 지닌 가장 완전무결한 휴식을 나타내고 그 특성을 보유한다. 요컨대, 원심력과 구심력이 균형을 이루는 원의 중심은 긴장감이 영(零, zero)인 지점이다. 이러한 특징이 불상 조형에 원용되었다. 여러 겹의 겹원을 둘러 강조된 원형의 두광 중심에 불두(佛頭)가 위치한다. 그

----

204) 그러나 반면 상칭의 법칙에는 무활동성의 약점이 있다. 일단 기대가 충족되면 더 이상 활동의 여지가 없기 때문이다. 여기서 문제는 정지된 것 같은 형상, 박제화된 것 같은 형상으로부터는 감흥을 느끼기 어렵다는 데 있다. 그러므로 불상 조형에서 상칭을 지양하여 새로운 의미를 추구해야 할 필요가 있는데 그러한 필요가 다름 아닌 상칭 본연의 속성에서 나옴에 주목해야 한다. 그러므로 상칭의 이러한 속성을 고려할 때, 적어도 엄격한 좌우상칭에 근거한 힘의 평형과 형태의 등분을 추구하기 위해서 둥근 형태를 불상에 원용하지 않았을 것임을 알 수 있다.

로 인해 머리와 얼굴을 강조하는 불상의 표현은 보는 사람을 이완시키는 효과를 낸다.

셋째, 포용력으로 말미암아 무한하다는 인상을 준다. 32상 80종호 가운데 '다 볼 수 없음'이라는 규정이 있다. 이 규정이 '달과 같은 얼굴'과 결합됨으로써 '보면 즐거워'지고 '보는 이가 싫증을 느끼지 않는' 원형(圓形)으로 드러난 것이라 생각된다.

감각적으로 인식의 대상이 될 수 있으면서 실제로 무한한 사물은 존재하지 않는다. 그렇지만 우리가 사물의 한계를 지각할 수 없을 때 그 사물은 무한해 보이고 무한한 것과 같은 효과를 발휘하게 된다.

이때 인위적인 무한성을 이루는 요소로 연속성과 균일·단순성을 꼽을 수 있다. 어떤 변화가 나타날 때마다 하나의 심상이 끝나고 다른 심상이 시작되기 때문에 중단 없는 연속이 불가능해진다. 중단 없는 '연속'을 강조하는 까닭은 연속이라는 속성이 유한한 대상에 무한의 특질을 부여하기 때문이다. 이 속성을 매개로 인위적인 무한성과 원의 접점이 마련된다. 처음과 끝이 없이 연속되는 둥근 형태가 불러일으키는 효과는 무한성과 깊은 친연성이 있다.

그런데 여기서 단순성·균일성과 관련하여 먼저 검토되어야 할 요소들이 있다. 예컨대 불상의 두광의 경우에, '어떤 연유에서 가능한 커다란 규모의 원판(圓板)으로 제작하여 아무런 장식을 하지 않은 채 균일성을 유지하도록 비워두는 방식 대신, 비록 두광의 규모가 크지 않더라도 거기에 겹원을 새겨 넣거나 원과의 친연성이 있는 곡선이나 점[어자문]으로 장식하여 위엄을 갖추려고 하는가.'하는 물음이 제기될 수 있기 때문이다.

　아무런 장식이 없는 빈 바탕으로 이루어진 원형은 끊긴 데 없이 이어져 있고 그래서 우리의 눈도 그것을 보는 데 아무런 방해를 받지 않기 때문에 그보다 더 균일한 대상을 접할 수는 없다고 생각할 수도 있다. 그러나 우리는 아무런 장식이 없는 원판이 겹원을 둘러 장식한 경우보다 장엄한 인상을 연출하지 못한다는 것은 경험적으로 알 수 있다.

　비어있는 면을 바라볼 때 우리의 눈은 그 전체 면적을 순식간에 가로질러 끝에 도달하게 된다. 눈의 진행을 멈추게 할 어떤 것도 만나지 못하기 때문이다. 적당한 시간동안 눈의 진행을 멈추게 함으로써 지속적인 자극을 주며 그 자극을 증폭시키는 요소를 만나지 못한다. 아무런 장식이 없더라도 모난 데 없는 커다란 둥근 형태는, 한편으로는, 의심할 여지없이 자체 완결성을 띠는 신적인 것의 상징이자 또 다른 한편으로는, 중심을 향해 균등한 압력이 작용하므로 보는 사람을 편안하게 하는 힘을 지닌 형태이다. 하지만 이것은 하나의 관념일 뿐 유사한 관념들의 반복은 아니다. 따라서 이것으로부터 어떤 힘을 느낄 수는 있지만 그것은 이를테면 무한성의 원리보다는 거대성의 원칙에 입각하여 발휘된 힘이라고 할 수 있다.

　어떤 시각적 자극이 그 자체 내에 거대한 힘을 갖고 있지 못한 경우에는 그 자극 하나만으로는 비슷한 자극이 연속적으로 주어질 때만큼의 인상적인 느낌을 줄 수는 없다. 현실적인 제작 여건 상 모든 불상을 거불(巨佛)로 제작할 수도 없고 또 전체 크기와의 조화에 대한 고려 없이 두광만 거대하게 만들어 부착할 수도 없는 노릇이다. 그러므로 적

삼국시대 불상의 미의식 연구 —

258

당한 간격으로 시선을 붙들어 인상을 강화하고 그 자극을 반복하는 타협적인 방법이 요청된다.

그래서 원만한 인상의 불두를 두광의 중심에 위치시키고 두광에는 여러 겹의 원을 둘러 그 의미를 증강시키는 시도가 이루어진 것이라 여겨진다. 이때 긴장감이 소멸하는 지대인 원의 중심은 푸근함과 친근함의 자장(磁場)이 형성되는 발원지가 된다. 그리하여 원만한 얼굴에 미소를 띠운 온화한 표정의 감각력으로 보는 사람들에게 위안을 주는 것이다.

이상에서 살펴본 바와 같이 원이 주는 무한하다는 인상은 각이 없기 때문에 그 끝을 특정할 수 없다는 특징에 기인하는 바가 크다. 사실 각이 많은 것보다 무한해 보이는데 불리한 조건은 없다. 우리 눈에 제시될 수 있는 형태 중에 그 효과가 보잘 것 없는 것은 물체의 꼭대기가 한 점에 불과하게 되어 전체 모습이 일종의 삼각형이 되는 형태인 경우와 대상의 크기가 작은 경우이기 때문이다. 주의를 끄는 대상의 크기가 작으면 그 대상이 미치는 효과도 미미하기 마련이다. 대상의 경계에 따라 정신의 작용도 제한을 받기 때문이다.

그런데 광배를 갖춘 초기 금동불의 경우에는 첨예한 정점을 가진 광배를 매달고 있는데다 그 크기 또한 매우 작고 불상을 구성하는 조형요소, 특히 옷 주름 표현에 직선적인 요소가 다분히 담겨있다. 그럼에도 불구하고 우리는 작고 모난 형태의 금동불, 예컨대 V형 옷 주름과 직선적이고 강한 표현이 지배적인 연가 칠년명 금동여래입상과 같은 10센티미터 정도의 금동불을 바라보면서도 경건함과 평온함을 느낀다.

그 이유는 불상의 얼굴, 그 상호의 원만함, 그리고 그 얼굴이 두광을

이해주 — 1

배경으로 위치한다는 데서 찾을 수 있다. 이때 불상의 둥근 얼굴이 두 광의 정 가운데 위치한다는 사실은 외곽선과 불상의 머리가 놓인 거리와의 관계를 고려할 때 중요하다. 광배의 최외각선과 선, 면, 문양 등이 맺고 있는 유대관계에 있어서는 변(邊)과의 거리 혹은 형태와의 위치가 특수한 역할을 담당하기 때문이다.

최외각선에 접근하는 문양의 형태는 경계선에 닿아 긴장이 갑자기 소멸되는 순간까지 점차 그 긴장이 고조된다. 어떤 형태가 경계에서 멀리 떨어져 위치할수록 그 형태의 경계에 대한 긴장도는 떨어진다. 경계 가까이 놓인 형태들은 구성의 극적 울림을 고조시킨다. 이에 반해 경계선으로부터 멀리 떨어져 중심 부근에 있는 형태들이 보이는 구성은 서정적인 울림을 띤다.[205] 따라서 불상의 얼굴이 놓이는 위치는 완전무결한 휴식을 나타내는 곳임을 재차 확인할 수 있다.

또한 이러한 위치를 3차원의 공간 속에서 살펴보면, 환조(丸彫)인 불상은 동서남북(東西南北) 그리고 확장된 천정(天頂)과 천저(地底)의 구조로 둘러싸인 입체적인 방위를 갖추며 그 중심에 놓인다. 엄밀히 얘기하면, 동서남북·천정·천저와 같은 방위개념은 모두 중심을 기준으로 한 것이다. 그러므로 천정(天頂)과 천저(天底)를 잇는 불신은 마치 알(卵)과 같은 입체를 구성한 세계 속에서 그 중심을 관통하는 우주축의 역할을 한다. 이를테면 불신은 눈에 보이지는 않지만 어머니의 자궁

205) W.칸딘스키(1983) 앞의 책. pp.127~128.

과 같은 난형(卵形)의 중심, 완벽하게 안정적인 공간에 위치하는 것이다.[206]

만약 불상이 세부의 조화를 갖춰 아름다운 형식으로 구성되었더라도 보는 사람이 그것으로부터 위화감이나 생경함을 느낀다면 감정 이입이 쉽지 않을 것이다. 이러한 견지에서 불상 상호의 자국화 현상에 대해 접근해 볼 수 있다. 신도들이 불상의 인상과 표정에 감정이입을 할 수 있기 위해서는 그들이 신에게 기대하는 모습이 조형으로 표현되어야 한다. 그런데 이때 신도들이 생각하는 바람직한 신의 용모와 자태는 이국적인 아름다움이나 그저 멀게만 느껴지는 완벽함은 아닐 것이다.

예배대상에 대한 특별한 조형이 존재하지 않을 때에도 우리는 절대자[신]의 존재에 두려움을 느끼며 감히 가까이 대할 수 없을 것 같다는 감정을 느낀다. 그렇기 때문에 조형에는 그렇게도 먼 존재가 매우 친숙하게 느껴질 수 있도록 원(遠)과 근(近)의 동시성을 느낄 수 있도록 돕는 형식이 표현되어야 한다. 이것이 불상의 상호에 익숙하고 편안한 인상과 표정이 구현되어야 하는 이유이다.

---

206) 한편 난형은 원 가운데서도 자연스럽고 저절로 친근감을 갖게 하는 형태이다. 기하학적인 동심원이나 타원형과도 다른 독특한 성격을 갖는다. 그것이 자연이 낳은 형태이며 생명성을 지닌 유기적인 형태이기 때문이다(민주식 (1988) 한국 고대의 조형과 신화에 나타난 미의식. pp.155).

삼국시대 불상에는 이러한 측면이 만월(滿月)이 주는 이미지로서 드러난 것이라 여겨진다. 그리고 이러한 형태를 낳은 미적 가치관이 바로 원만성이다. 즉, 불상 조형에 드러난 원만성은 자연스러운 것을 추구하며 정확하고 치밀한 것보다 편안한 것을 더 아름다운 것으로 인식한 삼국시대 사람들의 경향이 반영된 것이다. 여기서 추구된 자연스러움이나 자연 친화성은 자연의 단순 모방과 재현과는 구별된다. 이상적 표현을 위해 인위적으로 고안되었지만 그 표현이 전체적으로 잘 어울리고 보기에 편안하다는 의미이기 때문이다.

2. 무애(無碍)

무애는 계율이나 권위 등 일체의 굴레로부터의 자유로움을 뜻한다. 특히 인간적이고 친근한 삼국시대 불상은 사람들에게 범불일여(凡佛一如)의 깨달음을 주기에 적합했으리라 여겨진다. 삼국시대 불상은 완전히 해탈한 자의 모습이 지극히 평범하고 상식적인 인간의 모습임을 보여주고자 하는 방편으로 제작된 것으로 보인다.

특히 입상의 경우 직립 자세가 주는 단정하면서도 정제된 인상을 정적으로 흐르게 두지 않고 동적인 생명감을 부여함으로써 보기에 편안한 자세를 추구해 나간 경향에 주목한 속성이다. 실제 삼국시대에 제작된 입불·보살상 표현의 변화 양상은 정제성이 강화되는 방향으로 전개되지 않았다. 비록 자세에 나타나는 특징에 주목하여 도출한 미의식이지만, 정신은 신체를 통하지 않고서는 표현될 수 없으므로 조형에서 자세는 곧 정신의 반영이라고 할 수 있다.

입상에 나타나는 미적 특질을 꼽아보면 다음과 같다. 두 발의 위치에 차이를 두어 앞으로 걸어 나가는 것과 같은 동세 표현, 옷깃을 살짝 잡음으로써 반듯한 자세에 더해진 동적인 느낌, 삼곡 자세를 취함으로써 고취되는 곡선적인 율동감 등이 대표적으로 간취되는 특징들이다. 이러한 특징은 영월 출토 금동보살입상에서 잘 드러난다. 이 상에는 여성적인 자태가 완연한 삼곡 자세가 표현되었다. 왼쪽 무릎을 앞으로 살짝 구부리고 엉덩이를 오른쪽으로 내밀에 전체적인 자세에 율동감이 부여되었다.

그런데 이러한 표현이 보살상뿐만 아니라 여래상에도 나타난다. 국립중앙박물관 소장 금동여래입상은 여래가 삼곡 자세를 취하며 구슬을 손에 쥐고 있다. 또한 오른쪽 발가락이 약간 들려있어서 마치 앞으로 발걸음을 내딛고자 하는 동세(動勢)마저 느껴진다. 그러므로 틀에 얽매이지 않는 이러한 특징을 배태한 미적 가치관을 거리낌 없음의 사고(思考)인 무애의 경지에서 구하는 것은 큰 무리가 없어 보인다.

한편 반가사유상은 그것이 표방하는 정서가 심각하지 않고 밝다는 점에 주목하여 그러한 정서를 배태한 가치관에 주목했다. 형식에 구애받지 않는 무애의 경지에서 초기 불상의 공식적이고 딱딱한 경직성을 극복하고 정적인 것 가운데 동(動)을 느끼게 하는 구성을 추구했던 것으로 보인다. 이를테면 불보살상이 '즐겁게 보기 때문에(一切樂觀 25.80)' 신도들이 '보면 즐거워(一切惡心衆生見者知悅 38.80)'지는 원리이다. 입상과 반사사유상의 조형미를 비교하자면 전자가 정중동(靜中動)을 나타낸다고 할 때, 후자는 동중정(動中靜)을 표방한다고 할 수 있을 정도로 동적(動的)인 요소가 상대적으로 풍부하다.

요컨대 핵심은 입상이든 반가사유상이든 드러나는 정서가 정적(靜的)인 가운데 동적인 생명감을 추구하는 데 있다는 것이다. 그렇다고 하여 조형의 생명감·율동감이 외향적·격동으로 흐르지는 않았다. 내향성을 유지하는 가운데 생동감을 표현했기 때문에 반가사유상에서 간취되는 정서를 무애 경지의 발로라고 하는 것이다. 입상과 반가사유상을 차례로 살펴보면 아래와 같다.

1) 입상의 조형미

삼국시대 불·보살상의 입상에서 정해진 틀이나 엄격한 자세에 구애받지 않고 보기에 편안한 자세를 구현하는 경향이 발견된다. 그것은 정(靜) 가운데 동(動)을 추구하는 것이다. 이러한 측면은 손에 보주형 지물을 들고 있는 편단우견의 국립박물관소장 금동여래입상[사진55]에 나타나는 매우 곡선적인 몸의 형태에서 잘 드러난다. 이 여래상의 특징은 편단우견식 대의 착의법과 삼굴 자세, 그리고 오른손에 보주형 지물을 든 수인이다. 이러한 특징은 일반적으로 보살상에 나타나는 것으로써 여래상에 있어서는 매우 특이한 모습이라 할 수 있다.

일반적으로 삼국시대 7세기의 불상은 서산 마애삼존불이나 경주 배리삼존불에서 볼 수 있는 것과 같이 얼굴이 크고 둥글다. 그리고 표정은 어린아이와 같이 천진하다. 어깨는 넓은 편이며 신체 조형에 양감이 뚜렷하게 표현되었다. 그리고 통견의 대의는 부드러운 둥근 U자형 선을 그리며 아래로 늘어진다. 이러한 조형적 특징은 석불 뿐 아니라 금동불에서도 찾아볼 수 있는 공통점이다. 그런데 여래입상의 경우는 7세기의 삼국시대 불상의 양식적 특징을 공유하면서도 보주를 들고 있거나 편단우견을 착의하고 몸을 꺾은 자세를 취한다.

[사진 55] 국립박물관소장 금동여래입상

보살상이 아닌 여래상이 이러한 특색 있는 자세를 취하는 까닭은 대중 속으로 보다 가깝게 다가가기 위한 방편이라 여겨진다. 사상적으로 엄숙주의·근본주의를 내세우지 않았고, 조형적으로 고정적인 틀에 가두지 않았기 때문에 여래가 보주를 들고 삼굴 자세를 취하는 것과 같은 불상형식이 제작될 수 있었던 것으로 보인다.

한편 정(靜) 가운데 동(動)을 추구하는 면모는 몸의 자세에서 뿐만 아니라 구도상의 특징에도 나타난다. 일반적으로 입상은 광배를 갖추고 대좌에 직립하는 자세를 취하는 것이 보편적이다. 그런데 현전하는 불

[사진 56] 연가칠년명금동여래입상

상 가운데 광배가 유실되지 않고 남아있는 것은 대부분 삼존불의 경우이다. 광배는 삼존을 연결하고 지탱해야 하는 실용적인 측면에서도 그 필요성이 요청된다. 더불어 광배 틀 안에 삼존이 배치되어야 하므로 그 크기가 큼직해야 한다는 현실적인 조건을 만족시켜야 했을 것이다.

이러한 측면을 고려하더라도 금동불의 경우에는 불신(佛身)의 크기가 작고 그로 인해 대좌 역시 좁고 작기 때문에 광배의 폭과 길이를 키워 그 크기와 광배 면에 베풀어지는 각종 장엄을 통해 위엄을 강조하고자 했던 의도가 간취된다. 즉, 불상의 작은 크기와 왜소한 이미지를 극복하려는 시도의 일환으로 볼 수 있다. 이러한 특징은 연가 칠년명 금동여래입상(사진 56)의 경우에서 잘 드러난다.

초기 불상은 불신의 상반신을 구성하는 얼굴과 머리, 그리고 손이 크게 표현되고 체구에 비해 큼직한 광배를 갖추고 작은 대좌를 딛고서 있다. 그렇기 때문에 자칫 위태로워 보이거나 무거워 보일 수 있다. 실제 일상적인 경험에 비추어 보더라도 무거운 것은 아래로 가라앉고 가벼운 것은 위에 떠오르는 것이 자연스럽다. 그러나 삼국시대 불상은 그러한 경험과 반대로 구성되었음에도 상승감과 안정감이 느껴진다. 그렇다면 이러한 느낌은 어떻게 획득한 것인지에 대한 고찰이 요청된다. 결론부터 이야기하자면, 그 해답은 상승형 구도와 상부지향적인 상승형 구도와 안정감을 추구하는 중심 지향적인 배치에서 찾을 수 있다. 이러한 구성상의 특징을 자세히 살펴보면 다음과 같다.

첫째, 상부 지향성을 갖췄다. 전체적인 구성에 있어서는 광배의 꼭짓점을 향해 나아가는 듯한 추진성과 지향성이 부여되었다. 연가 칠년명 금동불입상의 광배 꼭짓점[207]은 뾰족한 첨탑처럼 강조되었다. 광배 정점으로 향해 나아가는 광배의 틀을 구성하는 체감률이 높은 상칭적인 곡선[208]이 꼭짓점에서 만나 정착한다. 상의 전체 구성에 따라 곡선

---

207) 기하학에서의 점은 눈에 보이지 않는 비물질적인 본질이다. 하지만 대상 속에서 물질화된 점은 크기와 형태를 갖는 일종의 통일체로 존재한다. 점은 우리가 생각해볼 수 있는 가장 작고 둥근 것이다. 가장 이상적으로 작은 원이며 시간적으로 가장 간결한 형태이다. 점이 가진 긴장감은 중심 집중적이며 순수하게 원심적이다. 중심 집중적인 긴장만이 원과 내적으로 유사한 관계임을 나타낸다. 긴장감은 조형요소에 내재하는 힘을 뜻한다. 이때 힘은 움직임과 이 움직임에 의해 결정되는 방향으로 포착된다. 조형에서 점은 다수의 면이 교차되면서 생긴다. 면과 면이 공간에서 마주치는 모서리의 끝이며 이 면들이 성립되는 중심이기도 하다. 선의 특수한 성질 중 하나가 면을 구성하는 힘을 지녔다(칸딘스키(1983), 앞의 책, pp.17~46).
208) 기하학적 선 역시 눈에 보이지 않는 본질이다. 선은, 이론적으로는, 점이 움직

은 가장 높은 곳을 향해 움직여 나아가는 것처럼 보인다. 더불어 화염 무늬 화염 꼬리도 광배 중앙 꼭지점을 향한다.

이로 인해 긴장감이 고조된다. 광배를 구성하는 전체적인 선의 흐름은 곡률 변화가 극적이다. 팽팽한 긴장감이 흐르는 날씬한 곡선미가 돋보인다. 이 원추형 대좌 위에서 광배는 좁은 밑변의 좌우로부터 각각 뻗어나간 두 선이 둥글고 풍만한 곡선을 그리며 부풀다가 얼굴 옆을 지나면서부터는 급격하게 좁아지기 시작하여 불두(佛頭) 정수리 위에서 양 곡선이 광배의 첨예한 정점을 이루며 맞닿는다.

광배를 틀 지우는 곡선은 팽팽한 긴장감을 조성한다. 하나의 지향점을 두고 두 곡선이 수렴된 양상이다. 여기서 가볍게 위로 치솟는 힘, 상승세가 느껴진다. 대좌 연화문은 끝이 뾰족하고 날카로우며 통통한 연꽃잎의 탄력적인 긴장감을 드러내준다. 이때 대좌는 팽이 모양의 날씬한 곡선을 이루는데 이 위에 다시 반구형 단을 짧게 두어 발 딛는 곳을 올려 쌓았다.

한편 두 팔과 손 주변에 잡히는 밑변이 열린 역삼각 형태의 V형 밀집선, 즉 예각을 이룬 각진 선이 상의 중심에서 환기하는 집중도, 좌우

여 나간 흔적으로 점이 만들어낸 소산이다. 자체 내에 오직 원심적인 정지·휴식을 지닌 점의 성질이 파괴됨으로써 생겨난다. 정적인 점이 역동적인 것으로 비약된 것이다. 점은 그 자체 내에 오직 하나의 긴장만을 지닐 뿐 점에는 그 어떤 방향성도 존재하지 않는다. 선은 긴장 뿐 아니라 방향에도 관여한다. 만약 직선을 긴장 상태로만 판별한다면 수평선과 수직선의 구별이 불가능해진다 (앞의 책, pp.47~104).

로 뻗친 날개모양의 옷자락에서 간취되는 세찬 운동감, 날카롭고 강인한 기운 등의 이러한 제(諸) 요소로부터 젊음의 활력이 느껴진다.

불신이 발 딛고 선 대좌의 정상인 자방과 불신의 정상인 머리와 광배의 정상 첨예한 꼭짓점이 일직선상에 배치됨으로써 보는 이의 시선을 일단 이 가상의 중심선과 그 중심에 놓인 머리로 유도한 후, 다시 광배 틀 곡선을 따라 꼭짓점으로 유도한다. 즉 시선을 가장자리에서 중심으로, 그리고 중심에서 꼭대기로 끌어올린다.

둘째, 중심 지향성을 추구한다. 불신은 대좌 위에 올라서서 광배의 중심축에 직립했다. 광배 꼭지점, 불두 정점, 대좌 정점이 수직방향으로 일직선의 중심축을 형성하여 반듯하게 고정되어 있는 것처럼 보이게 함으로써 안정감을 부여했다. 입상은 광배가 유실된 경우에도 직립한 자세의 특성 상 반가사유상이나 좌상·의좌상에 비해 (수직방향) 중심 지향성이 강하다. 그로 인해 수직 방향으로 (가상의) 중심축을 두어 상승구도를 갖춤으로써 불신에 관심을 집중시키는 효과를 얻었다.

중심축에서 시선을 잡아끄는 팽창된 얼굴과 육계를 얹어 강조된 머리, 그리고 커다란 손에서 풍기는 긴장감과 활력으로 말미암아 중심축에 위치하는 불신, 그 중에서도 불두에 시선이 집중된다. 겹 동심원이 새겨진 두광 면에 연화문이 조식되었고 그 연화문 중심에 불두가 놓이고, 불신은 겹 타원형 신광으로 둘러싸인 배치에서 확인되듯이 반복·중첩을 통한 중심지향성이 강조된다.

셋째, 광배에서 원심적(遠心的)인 방사 문양을 통해 역동적인 에너지를 강조했다. 광염무늬와 의습 자락의 뻗침을 통해 사방으로 퍼져나가는 에너지와 빛을 표현했다. 이때 빛 혹은 불꽃이 직선이 아닌 '곡선'으로 처리된 점에 주목할 필요가 있다. 단위 면적을 통과할 때 직선보다는 곡선이 주는 울림의 진폭이 크다. 곡선의 율동으로 인해 통과하는 데 시간이 더 소요되기 때문이다. 광배 면에서 사방으로 빛이 방사되고 있다. 마치 중력이 지배하지 않는 공간이라는 느낌이 든다.

이때 광배에 새겨진 빛(光焰) 혹은 불꽃(火焰)의 관념 혹은 속성이 광배와 불신, 그리고 대좌의 전일체로서의 불상에 상승감을 부여하는 교량 역할을 하는 것으로 보인다. 불꽃이나 빛은 가볍고 중량이 없다. 그렇기 때문에 공간에서 자유롭게 확산된다. 그러므로 이 광배무늬의 의미를 단순히 현상적인 빛과 불꽃으로 국한시켜 받아들일 것이 아니라 '제한되지 않은 공간 내에서 중량감 없이 상승함'이나 '널리 퍼져나감'과 같은 추상적 · 관념적 영역으로까지 확장시켜 이해하는 것이 바람직하다.

특히 연가 칠년명 금동여래 입상의 경우에는 광염 문양에 규칙성이 없다. 그로 인해 심지어 광염이 격렬해 보이기까지 하고 고조된 긴장감으로 인해 확산과 방사의 역동적인 면모가 강조되었다. 자유분방하게 소용돌이치듯 선각된 밀집문은 마치 미지의 영역에서 뿜어져 나오는 원초적인 힘을 표상하는 것처럼 보인다.

이 무늬가 배경 역할을 하며 시각적인 후퇴 효과를 유발하여 마치 불신이 보는 사람 쪽으로 다가오는 것과 같은 효과를 낸다. 그런데 방사 역시 중심으로부터 퍼져나가는 패턴이므로 엄밀하게 말하면 중심을 강조하는 구성이라 할 수 있다. 천의나 대의자락의 뻗침 역시 똑바로 선 신체를 중심으로 좌우방향으로 대칭적으로 전개되므로 여기서 말하는 중심으로부터의 방사에 해당된다.

넷째, 삼각구도를 통해 안정감을 부여했다. 머리에서 빈약한 대좌를 향해 내려갈수록 점차적으로 넓게 뻗치는 옷자락의 좌우 끝점을 광배 꼭짓점 혹은 (광배가 유실된 경우에는) 불상의 정수리와 연결하면 좌우 뻗침의 규칙적인 배열이 안정적인 삼각구도를 형성한다.

입상에서 느껴지는 상승감과 중심 지향성은 광배와 불신의 전체적인 좌우상칭 구도가 주는 전체적인 안정감 속에서 만들어지는 것이기 때문에 보는 사람은 정(靜)적인 가운데서 동(動)적인 것을 느낀다. 좌우 한 쌍(雙)으로 반복적으로 배치된 옷자락 뻗침으로부터 힘의 평형에서 오는 안정감과 익숙하고 예상 가능한 데서 오는 친밀감이 느껴진다. 같은 것의 반복은 보는 사람의 정서에 평화를 가져오고 기분을 안정적이게 하고 호흡을 차분하게 한다. 즉 침착하고 안정된 정서는 가지런함에서 나오는 것이며 이러한 정숙한 분위기에서 사람들은 경건함을 느끼는 것이다.

다섯째, 자세에 변화를 주고 장신구를 착용하여 그것을 통해 율동감을 부여하더라도 기본적으로 직립의 구도는 반가사유상과 비교할 때 상칭적이고 엄정한 편이다. 앞서 원만성을 논하는 가운데 상칭의 특징을 언급한 바 있다. 상칭은 형태가 동형동량으로 전개될 것이라는 기대를 충족시킨다. 힘의 평형, 즉 중심축을 기준으로 좌우 혹은 상하의 형상이 똑같이 나뉘는 데서 부동심(不動心)과 만족의 법열(法悅)을 느끼게 된다.

그런데 바로 이러한 만족감에 상칭 원리의 약점이 내포된다. 대칭·
상칭은 중심축을 기준으로 좌우, 상하의 힘이 균등하게 전개·작용되
기 때문에 그 예측 가능성이 한편으로는 보는 사람의 기대를 충족시키
고 정제된 호흡을 유도할 수 있지만, 다른 한편으로는 지루함을 유발
할 수 있다. 기대의 충족은 곧 활동력 상실로 이어지기 때문이다.

이러한 약점을 영월 출토 금동보살 입상의 경우에는 삼곡 자세로,
호암미술관 소장 금동관음보살입상은 옷자락을 살짝 잡는 등의 방식
으로 보완했다. 선산 고아면 출토 금동보살 입상의 경우에는 신체와
영락장식을 분리하여 신체 입체감을 부각시켜 탄력감을 두드러지게
하고 오른손으로 영락 띠를 살짝 쥐어 좌우대칭의 밋밋한 구도를 깨뜨
렸다.

경험적으로 볼 때 누군가의 무표정한 얼굴이나 경직된 박제와 같은
모습을 보면서 아름답다고 느끼는 경우는 극히 드물다. 일반적으로 우
리는 살아서 움직이고 생활하는 인간의 총체적인 모습에서 아름다움
을 느낀다. 그렇기 때문에 불상에도 생명감을 불어넣고자 한 것으로
보인다. 이를테면 불보살이 중생을 즐겁게 보기 때문에 그것을 바라보
는 중생의 입장에서도 즐거움을 느끼게 되는 일련의 상호작용 메커니
즘에 대한 통찰을 조형으로 구현하고자 힘쓴 것이다.

이러한 노력의 결실이 예컨대 삼곡 자세를 취하는 여래상, 두 눈을
크게 뜨고 함박 미소를 짓는 여래상, 그리고 발가락을 까닥이는 보살
상으로 탄생한 것이라 여겨진다. 이것은 불상 조형이 사실성의 획득이
나 재현을 위한 노력과 거리가 있음을 뜻한다. 절대자라고 생각하는

모습 · 절대자에게 기대하는 모습을 구현하기 위해 조형적 · 예술적 상상력을 발휘했고 이러한 관념이 조형으로 구체화된 결과물이 바로 생명감 넘치는 불상이기 때문이다.

2) 반가사유상의 조형미

반가사유상이 도상적으로 어떤 존격을 염두에 두고 조성된 것인지를 입증할 수 있는 명백한 증거는 전하지 않는다. 다만 일본의 재명 반가상을 근거로 반가사유상이 미륵보살일 것이라는 판단을 해왔을 뿐이다.[209] 우리나라의 경우에도 반가사유상과 관련된 분명한 명문이나 문헌기록이 전하지 않는다. 그렇지만 미시랑과 진자사 설화 등으로 미루어 볼 때[210] 일찍부터 미륵신앙이 성립되었고 그로 인해 불상 제작도 이루어졌을 것이라 생각된다. 미륵상이 여래의 형태로든 보살의 형태로든 조성되었겠지만 명확한 근거 없이 반가사유상이 대표적인 미륵상으로 받아들여졌다. 특히 신라는 화랑도와 미륵신앙이 연결되어 범국가적인 신앙으로 발전된 것으로 보인다. 신라 뿐 아니라 미륵에 대한 신앙은 삼국불교의 중요한 일면이다.

현전하는 불상의 조상기(造像記)를 통해서 망자추선 목적으로 많은

---

209) 일본의 野中寺 半跏思惟像에는 彌勒御像也라는 명문에 있어서 일본의 반가사유상은 쉽사리 미륵보살로 판단이 된다.
210) 『三國遺事』卷3 彌勒仙花未尸郞眞慈師 條.

불보살이 조성되었다는 사실과 망자 또는 자신의 명복을 비는 내용을 통해 삼국시대 사람들의 현세 삶에 대한 강한 애착을 엿볼 수 있다. 몇 몇 예를 살펴보면 다음과 같다.

먼저 병진명 금동 석가여래상의 조상기에는 불제자인 청신녀(淸信女) 상부(上部) 아암(兒庵)이 다음과 같이 적고 있다.

"생생세세(生生世世)에 부처님을 만나 법(法)을 듣기를 바라며, 모든 중생이 또한 이러한 원을 한가지로 하기를 바란다."211)

또, 신묘명 금동 아미타 여래상의 조상기에는 아래와 같은 기원이 나타난다.

"돌아간 스승 및 부모가 다시 날 때마다 마음속에 늘 부처님을 기억하고 선지식(善知識) 등은 미륵(彌勒)을 만나기를 원하나니, 소원이 이러하니, 함께 한 곳에 나서 견불문법(見佛聞法)하게 하여 주기를 바란다."212)

---

211) 황수영(1994) 韓國金石遺文. p.239.
212) 평원왕 13년(571)에 조성된 것으로 추정되는 경사년 신묘명 삼존불 광배에는 "景四年 辛卯에 비구 道須와 善知識 那婁, 賤奴, 阿王, 阿踞 등 5인이 無量壽佛 1구를 함께 조성하여, 돌아가신 스승과 부모가 世世生生의 마음 속에 언제나 모든 부처님과 선지식 등을 만나고, 미륵의 처소에 태어날 것을 원하오며 그와 같이 바라나이다. 원하옵건데 모두 한 곳에 태어나서 부처님을 뵈옵고 법문을 듣게 하옵소서.(徐永大(1992) 譯註 韓國古代金石文. p.129; 景四年辛卯比丘道須 共諸善知識那婁 賤奴阿王阿踞五人 共造无量壽像一軀

다음으로, 영강 7년명 금동광배의 명문은 아래와 같다.

"영강(永康) 7년 되는 해에 돌아가신 어머니를 위하여 미륵존상을 조
성하였으니, 원하옵건대 돌아가신 이의 신령이 깨달음의 세계로 나아
가 미륵님을 뵈옵고, 또 그 3회의 설법에는 첫 설법 때에 무생의 법리
를 깨달아 구경(究竟)의 실상을 염하여 반드시 그 과덕을 이루게 하여
지이다. 만약에 죄업이 남아있다면 이 발원으로 소멸하게 하옵고 함께
기뻐하는 이들도 모두 이 발원을 함께 하게 하옵소서."213)

이상의 기록 중 병진명 금동 석가여래좌상의 조상기에 등장하는 부처
님을 만나 법을 듣기를 바란다'는 표현은 미륵이 하생하여 용화수 아
래서 삼회의 설법을 할 때 만나기를 원한다는 것이다. 그러므로, '생생
세세(生生世世)'란 인간세계를 말하는 뜻하는 것으로 보인다. 사후 세계
에 대한 관심이 존재했지만 다시 태어나기 바라는 곳이 타력구제에 의

願亡師父母生生心中常 値諸佛善知識等値 遇彌勒所願如是 願共生如是 願
共生一處見佛聞法)." 불상의 명문은 용문 석굴군 형태와 흡사하여 북위에서
성행했던 미륵신앙과의 상관성이 파악된다(安哲賢(1990) 韓國佛敎思想史研
究. pp.9~10).
213) 永康七年銘金銅光背의 명문을 보면, 永康七年歲次口 爲亡母造彌勒尊像
福願令亡者神昇覺 慈氏三會之初 悟无生念 究竟必㮈提 若有罪 右願一時
消滅 隨喜者等同此願 라고 기록되어있다. 명문은 어머니를 위하여 미륵존
상을 조성하고 彌勒龍華三會에서 깨달음을 얻기를 바라는 내용을 고구려인
의 彌勒下生信仰이 나타나있다(黃壽永(1994) 앞의 책. p.237).

해 왕생 가능한 서방정토가 아니었다는 점이 주목된다. 그 당시 사람들은 서방정토가 아니라 인간세계에 다시 태어나기를 원했던 것으로 보이며 이러한 발원은 곧 미륵 하생의 현세적 신앙고백을 뜻하는 것으로 이해된다.

죽은 뒤에 어느 특정한 세계로 갔다가 미륵을 설법을 듣기 위해 인간세계에 태어나기를 바라는 것이 이 시기 미륵상 조성의 배경이었던 것으로 보인다. 미륵을 만나고 싶다는 것은 미륵의 설법을 듣고 싶다는 뜻이기 때문이다. 미륵하생 신앙은 기본적으로 죽은 뒤에 이 세상에 되돌아와 미륵의 설법을 들음으로써 구원받기를 바란다. 그러므로 삼국시대 사람들이 불교를 생활 속에 받아들인 데는 사후세계에 대한 그들의 관심이 크게 작용했고 하생한 미륵불의 설법을 듣고 구원받을 수 있다는 점에서 미륵신앙이 그 중심을 이루었던 것으로 보인다. 그러다가 통일 초기 무렵부터 무량수로 알려져 있던 아미타불에 대한 신앙이 대두되면서 점차로 미타정토신앙이 미륵신앙을 대신했다.[214]

그러므로 정토신앙이 풍미하기 이전의 미륵신앙은 삼국시대 고유의 종교적 · 문화적 산물이라고 할 수 있다. 현세 중심적인 삼국시대 사람들의 신앙의 중심에 미륵이 있었고 그의 존상이 반가사유상으로 제작

---

214) 중국에서도 용문석각록을 통해 당대에 이르면 아미타 신앙이 석가와 미륵신앙을 압도한다는 것을 확인할 수 있다. 북위기인 510년~520년대에 주류를 이루었던 석가모니와 미륵 대신 아미타조성이 급속도로 늘어 두드러진 신앙 변화를 짐작하게 한다(塚本善隆(1941) 龍門石窟の研究. pp.236~240).

된 것이다. 그러므로 특정 시기 특정 신앙의 존상이었던 반가사유상에는 삼국시대 사람들 특유의 정서와 가치관이 담겨있다고 볼 수 있다.

예술작품에 어떤 가치가 있다는 것은 가치를 부여하는 만드는 사람과 보는 사람의 경험이 그 안에 내재되어 있다는 뜻이며, 이것을 달리 표현하면, 보는 경험의 배후에 제작 활동이 존재한다는 뜻과 통한다. 그리고 제작 활동은 어떻게 표현했으며 무엇을 표현했는가의 문제로 압축된다고 할 수 있다.

그러므로 불상에 구현된 표현을 파악하고자 한다면 제작 행위와 제작된 물적 대상을 함께 아울러 다뤄야 한다. 또한 제작된 불상을 통해 무엇이 표현되었는가[실체] 하는 것과 더불어 그것이 어떻게 표현되었는가[형식] 하는 것을 구명해야 한다.

예술작품에서 드러나도록 만들어진 것[실체]와 그것을 드러낸 방법[형식]이 보는 사람에게 별개의 것으로 인식되는 것은 아니다. 그리고 이 결합은 조각가의 해석에 입각한 것이므로 필연적인 것이라 할 수 없다. 그러므로 표현된 실체를 깊이 이해하기 위해서는 주제와 그것에 대한 그 시대에 사람들의 생각, 즉 조각가가 중점을 두어 표현한 것과의 관계 속에서 논의를 전개할 필요가 있다.

조각가가 보는 사람에게 사유삼매(思惟三昧) 혹은 선정(禪定)등과 같은 '주제'를 전달하는 것은 가능하지만 '실체'를 온전히 전달하는 것은 불가능하다. 왜냐하면 실체는 축적된 의미들을 통해 구체화되기 때문이다. 그리고 복합적이고 다양한 감정이나 관념을 온전하게 표현할 수 있는 표징이 존재하지 않기 때문이다.

그래서 누군가 어떤 주제에 대해 표현할 경우 그는 그저 그 주제를 전달하기만 하는 것이 아니라 자신이 그 주제로부터 어떻게 감정적으로 영향을 받았는가 하는 것도 함께 전달하게 된다. 표현적 실체의 온전한 전달이 불가능하다는 이유가 바로 여기에 있다. 그러므로 주제와 조각가가 중점을 두어 표현한 것과의 관계가 함께 고려되어야 한다. 이러한 견지에서 조각가가 불상에 자신의 해석을 투영하여 의미를 부여한 표현을 반가사유상 조형에서 고찰해보고자 한다.

이 상은 일반적으로 의자에 앉아 오른쪽 다리를 왼쪽 무릎에 올리고 오른쪽 팔꿈치를 오른쪽 무릎에 대고 손으로 턱을 고여 깊은 명상에 몰입해 있는 자세를 취한다. 이러한 기본적인 자세를 토대로 하여 손을 뺨에 대되 검지와 중지로 살며시 뺨을 짚고 나머지 손가락들 각각의 움직임을 표현한 것이 국보 제78호 반가사유상[사진57]의 특징이라면, 뺨에 댄 손가락의 운동감 표현에 조응하듯 반가좌한 오른발의 발가락에도 힘을 주어 엄지발가락을 돋우고 긴장된 발바닥을 표현한 것이 국보 제83호 반가사유상[사진58]의 특징이다.[215] 반가한 오른발을 왼쪽 무릎 위에 두었는데 이때 오른쪽 발의 엄지발가락을 따로 떼어서

---

215) 32상 80종호에는 손·발에 대한 규정이 다수 등장한다(장지상(長指相): 손가락이 섬세하고 단정하며 곧고 길다. 수족유연상(手足柔軟相): 손과 발의 부드럽기가 짐승의 배에 난 솜털과 같다. 칠처륭만상(七處隆滿相): 두 손, 두 발, 두 어깨, 몸의 일곱 곳의 살이 풍만 단정하고 색이 깨끗하다). 이러한 규정에 대한 해석이 국보 제 78호·83호 반가사유상의 유연한 손가락·발가락의 운동감을 낳게 한 것으로 보인다.

[사진57] 국보 제78호 반가사유상   [사진58] 국보 제83호 반가사유상

조형함으로써 운동감을 돋웠다. 오른손 손가락에 조응하듯 발가락에 힘을 주어 까닥이는 동작감(動作感)이 나타났다. 여기서 '까닥이다'는 고개나 손발 따위를 앞뒤로 또는 아래위로 가볍게 조금 움직이는 모양을 나타내는 말이다.[216)]

따라서 우리는 이 동작으로부터 표현 대상이 긴장된 상태가 아니라 이완된 상태임을 알 수 있다. 이를테면, 까닥이는 발가락 조형은 이제 막 무엇인가를 알아차린 깨달음의 즐거움을 보는 사람에게 전달하기 위해 조각가가 만든 하나의 징표(徵表)인 것이다. 그러므로 이와 같은

---

216) 이기문 · 임홍빈 감수(2003) 동아 참 국어사전. p.245.

동작은 뭔가 깨달았을 때 내면을 가득 채운 기쁨이 흘러넘치는 정황임을 암시하는 일종의 판단기준이 된다.

앞서 표현적 실체와 형식을 통합하는 문제와 별도로 '주제'와 '표현적 실체'는 구분할 필요가 있음을 언급한 바 있다. 주제와 실체의 차이를 인정할 때 '불성(佛性)'을 형상화한 불상(佛像)의 형태가 한결같지 않고 다종다양한 까닭을 이해할 수 있는 기반이 마련된다. 결국 불상의 표현적 실체는 조각가의 개성화된 경험을 통해 창안된 의미와 통한다. 조형사상 내지 작가정신이 바로 여기서 말하는 '의미'라 할 수 있다. 이러한 사실을 바탕으로 하여 반가사유상에 드러난 밝고 자유스러운 면모를 살펴보고자 한다.

첫째, 삼국시대 말기에 제작된 반가사유상들은 초기 불상의 정형화된 경직성에서 완전히 탈피한 것으로 보이는데 그 대표적인 예로 국보 제83호 금동미륵보살반가사유상을 꼽을 수 있다. 정적인 것 가운데 동감(動感)을 자연스럽게 구현했다. 그로인해 단정하면서도 우아하다. 특히 동체의 접합부분이 유연하게 처리되어 유려한 미감을 자랑한다.

이러한 반가사유상의 특징을 검토하기에 앞서 먼저, 제작 초기 불상의 일반적인 특징을 정리해보면 다음과 같다. 복련 대좌 위에 선 입상이 대다수인데 직립한 자세에서 양팔은 수직으로 떨어진다. 의대와 영락장식은 복부 중앙에서 대각선으로 교차하며 의문은 경직된 편으로 끝이 '之'자형으로 형식화된 옷자락으로 처리되었다. 안면은 구장형(矩長形)이며 두 눈은 행실형을 이루어 다소 경직된 근엄미를 보이는 가운

데 유독 입 주변에 미소를 띠운 자비스러운 표정을 지었다.[217]

　이러한 공식적 형식으로부터 확실히 탈피한 예가 바로 국보 제83호 금동미륵보살반가사유상이다. 이를테면 종래의 공식적인 형식을 '일반화하는 추상'에, 그리고 국보 제83호 미륵보살반가사유상의 자유로운 형식을 '이상화하는 추상'에 비정할 수 있다. 일반화하는 추상은 불변의 본질을 발견하는 것을 목표로 어떤 대상에서 본질적이라고 생각되는 부분을 떼어내어 그것을 원래의 실제적 기능으로부터 독립시킨 후에 그 해체된 형식을 전혀 다른 문맥으로 전이(轉移)시킨다. 따라서 대체로 기하학적 추상형식을 띤다. 이에 반해 이상화하는 추상은 원형이 갖는 특성·속성·관계 중 일부를 떼어내 해체하지 않고 구체화하여 전체로서의 연관성을 고려한다.

　일반화하는 추상의 극단에 방형대좌 반가사유상(사진59)이 위치한다. 극도로 추상화된 이 조상에는 정교한 세부 표현이 가미되었다. 여기서 느껴지는 초월적이고 세련된 인상에서 새로운 질서 확립을 위한 노력이 확인된다. 방형대좌 반가사유상 불신의 체구는 극도로 수척하다. 둥근 무릎과 허벅지 종아리 부분에는 양감이 빈약하게나마 표현되었지만 가슴은 납작하고 허리와 팔도 지나치게 가늘고 길다. 양평 출토 금동여래 입상(사진60)의 구성이 타원형·달걀형의 곡선으로 일관된 것과 같이 이상은 처음부터 끝까지 가늘고 긴 직선적인 구성으로 이루

---

217) 고유섭(1993b) 앞의 책. p.83.

[사진 59] 방형대좌 반가사유상　　　　[사진 60] 양평 출토 금동여래 입상

어졌다. 양평 출토 금동여래 입상의 곡선적 구성으로부터 남성적인 힘
이 발원됨을 확인한 바 있는데,[218] 방형대좌 금동 반가사유상의 가늘고
긴 선에서는 이 세상 것이 아닌 것과 같은 초월적이고 강단 있는 남성
적인 힘이 느껴진다. 대담한 감도법(減刀法)으로 복잡한 표현에 치심하
지 않고 현대적인 기질에도 맞는 참신한 맛을 냈다. 즉, 일반화하는 추
상과 이상화하는 추상이 서로 우열을 다투는 관계가 아님을 알 수 있다.

218) 이 논문의 Ⅳ장 3.1 구도적인 특징 pp.145~153 참조.

한편 국보 제83호 미륵보살반가사유상의 흐르는 듯한 자태와 의문(依紋)에 나타난 자유로운 경향은 기존 도상을 떠남으로써 얻은 것으로 보인다. 특히 세완(細腕)과 동체(胴體)가 완곡히 연접되는 흉견부(胸肩部)에서 느껴지는 미감과 손가락 표현이 보여주는 기교는 신비로움과 우아함의 경지를 은근하게 드러낸다. 유창(流暢)하고 활달(豁達)한 옷 주름 또한 기존에 볼 수 없었던 자유자재한 곡선이다. 이러한 변화는 국보 제83호 미륵보살반가사유상이 북위식의 졸박(拙朴)한 일률적·규칙적인 기하학적 형태를 뛰어넘었음을 뜻하는 증거이다.

이것으로부터 먼저, 기교의 발전 정도를 확인할 수 있고, 더불어 생명감을 구현하는 것이 사실적·재현적인 묘사에서뿐만 아니라 기하학적·추상적 표현에서도 추구해야 할 핵심 가치임을 확인할 수 있다. 일반적으로 옷 주름을 기하(幾何)화한 정도가 팔·다리의 감각적 형태와 대립되거나 한데 엉기지 못하고 겉도는 경우에는 상(像)의 조형적 유기성 구현에 오히려 방해가 되지만 이 상에서는 옷 주름과 신체 표현의 균형이 절묘하게 성취되었다. 이와 함께 깊은 사상성이 미의 내용이 되어 조형이 의미를 획득했고[219] 그로 인해 희망과 환희의 정서가 깃들었음을 알 수 있다. 이 상에서는 명상적인 분위기와 특유의 밝은

---

219) "사상적 깊이에서 나오는 명랑성에는 희망과 환희가 있지만 명석함·영리함에는 아무런 감정 체계가 없이 순수지정의 투명이 있을 뿐이다(고유섭(1993b) 앞의 책. p.317)." 깊은 사상성이 이 상의 미의 내용이 되었다는 본문의 언급은 깊이 없이 반짝이는 단편적인 낱낱의 관념이나 지식뿐인 순수 지성과 구별하기 위한 것이다.

정서가 느껴진다. 이 정서로부터 사색의 성격을 가늠할 수 있다. 침울한 명상이 아니라 환희의 명상이다. 방황하거나 고뇌하는 정서가 아니라 법열(法悅)의 정서가 깃들었다.

주지하듯 불교에서 형상은 그것의 향유가 목적이 아니다. 그것을 통해 깨달음에 이르고자 하는 진지한 탐색의 방편으로 제작된다. 그런데 이때 불상을 제작하고 바라보는 행위를 통해 심화된 감각적 세계에 대한 이해는 삼국 문화의 현세 이익적인 기복적 성향과 궤를 같이했던 것으로 보인다.

불상이 자연스럽게 기존의 신상을 대체하며 사회적 보편성을 획득하는데 성공했을 뿐만 아니라 그것을 방편으로 사람들이 불교 사상을 이해하는 데 기여했기 때문이다. 이것은 깨달음을 향한 구원론적 관심이 예술적 관심과 결합되어 나갔음을 뜻하며, 불상이 삼국 사회에 효과적으로 적응하여 불교가 시대적 보편성을 확보하고 교세를 확장하는 데 실질적인 역할을 담당했음을 뜻한다.

형상불상은 외적형식으로써 추구된 것이 아니라 사람들의 마음을 깨치는 계기로 작용했기 때문에 깨달음에 긍정적으로 작용할 수 있었다. 즉, 국보 제83호 미륵보살반가사유상이 획득한 예술성은 불교의 교리적 가르침이 일상생활 속에서 유기적으로 얽혀 깊이 있게 무르익었음을 보여주는 증거이며, 이러한 생활 정서를 조형을 통해 외적으로 표현하는 것이 삼국 말기의 시점에 가능해졌음을 보여주는 증거이다.

조형물을 만들고 바라보는데 관련된 중요한 개념 중의 하나가 바로

'표현'이다.[220] 무엇이 무엇을 표현한다고 할 때의 '표현하다'[221]는 '의미를 전달한다'는 것을 뜻한다. 그리고 이것은 표현이 광의의 언어적 역할을 수행함을 의미한다. 종교미술작품이 상호작용을 전제로 제작되는 의도적인 활동의 소산인 한 적어도 전달하려는 의미가 가리키는 방향은 분명해야 한다. 그런데 여기서 말하는 명확한 의미는 사전적 정의를 통해서 규명되는 것이 아니라 맥락과 연결되어 이해되는 것이다. 그리고 이러한 측면은 표현적 움직임에도 마찬가지로 적용된다.

"감정은 사람들의 일상적인 행동에서 매일 볼 수 있는 것이다. 감정은 움직임의 분리시킬 수 없는 부분으로, 어떤 사람의 정신 속의 분별 가능한 영역에서 벌어지는 별도의 사건이 아니다. 감정이란 움직임 그 자체의 표면에 있는데, 그 표면에 보이는 것을 간과하여 어떤 내적인 일면을 찾고자 한다면 움직임이 표현하고 있는 감정을 찾는데 실패하는 것이다."[222]

요컨대, 우리는 정신과 신체, 혹은 움직임과 감정이라는 두 존재를 보유하는 것이 아니라 하나의 신체를 가졌으며 그것을 감정적이거나 지

---

220) 신길수(1995) 예술에서의 '표현'의 의미. pp.33~39.
221) 호스퍼스는 예술을 논할 때 '표현'이란 말이 네 가지의 다른 의미로 해석될 수 있다고 한다. 과정, 환기, 전달, 그리고 속성소로서의 표현을 의미한다(위의 책. p.34의 각주3).
222) David Best(1974) *Express in Movement and the Art*. p.63.

이
해
주
—

적인 방법 등으로 다양하게 사용한다는 것이다. 그리고 그 의미는 맥락에 의해서 이해된다. 그런데 여기서 말하는 '맥락'은 '정서'의 의미와 서로 통한다.

정서는 확실히 자아의 것이지만 그러나 그것은 어떤 결과를 향해 운동하는 사건들에 관심을 갖는 자아에 속한다. 예컨대 우리는 부끄러워하는 순간 얼굴이 붉어지는 것처럼 놀라는 순간 소스라치곤 한다. 그러나, 이러한 수줍음과 경악은 정서적인 상태가 아니라 자동적인 반사 행동에 지나지 않는다.

이것이 정서적인 것이 되기 위해서는 대상과 결과들에 대한 관심을 포함하는 포괄적이고 지속적인 정황의 일부가 되어야만 한다. 어떤 위협적인 대상이 존재한다는 것을 알았을 때, 혹은 그런 대상이 존재한다는 생각을 했을 때 놀라 소스라친다면 그것은 정서적인 공포이다. 마찬가지로, 어떤 사람이 자기가 한 행동과 그것에 대해 타인이 좋지 않게 반응하는 것을 마음속에서 결합시킬 때 얼굴을 붉히는 것은 수치의 감정을 드러내는 것이라 인정된다. 요컨대, 병리적인 경우를 제외하고 정서는 개인적인 것이 아님을 알 수 있다.[223]

한편 불상 표현에 '의미'와 '정서'가 담겼다는 측면을 이해하는 데 '판단기준' 이론이 도움이 된다. 불상에 표현된 신체 움직임과 그것이 표현하는 감정 간의 관계를 명료하게 설명할 수 있기 위해서는 움직임과

---

223) 존 듀이(2011) 경험으로서의 예술. pp.82~83.

감정 사이의 논리적 연결이 이루어져야 한다.[224] 여기서 뜻하는 논리적이라는 것은 판단기준에 의해 논리성이 보증되는 경우이다.[225] 이때 판단기준이라는 의미는, 필연적인 이유가 될 수는 있으나 반드시 논리적으로 충분한 이유는 되지 않는 것이다.

예를 들어 누군가 깊은 명상 끝에 무엇인가를 깨달은 순간을 맞이했다고 가정하자. 그는 열락의 기쁨에 겨워 손가락을 가볍게 움직이며 미소를 짓는다. 이때 그가 그저 그러한 시늉을 하고 있을 뿐이라는 의심을 할 만한 이유가 없다면, 그와 같은 자세와 표정만으로 그가 즐거움을 느끼고 있다고 말할 수 있다는 의미이다.

이러한 판단기준이라는 개념은 증거와 비교할 때 그 의미가 선명해진다. 예컨대, 비가 온다는 것은 우산과 우비라는 간접적인 증거와 차가운 물방울의 감각이라는 직접적인 판단기준에 의해 알 수 있다. 달리 말하면, 어떤 내용이 현존하거나 사실이라는 것을 알 수 있는 가장 직접적인 방법이 판단기준이고, 여러 가지 간접적인 방법들이 증거라는 것이다.

그러므로 불·보살상(像)에 나타나는 신체적 움직임과 표정은 표현되는 감정의 판단기준이 된다고 할 수 있다. 증거와 판단기준을 비교

---

224) 여기서 논리적이라는 말은 피할 수 없는 결론을 낳는 변할 수 없는 추론적인 단계들이 관여된 단 하나의 논리적 연결이 있는 경우만을 뜻하는 것이 아니다(David Best(1974) 앞의 책. p.99).

225) 위의 책. pp.101~102.

해서 설명하자면, 움직임이 표현되는 감정의 증거라고 여기면 움직임과 감정을 구별하는 것이고 움직임이 표현되는 감정의 판단기준이라고 여기면 감정이 움직임 자체에 있다고 보는 것이다.[226]

표현적 움직임은 무언가를 상정하지도 않고 무언가의 증언도 아니다. 단지 그것들이 표현하는 감정의 판단기준이 되는 것이다. 열락(悅樂)의 표출은 행동으로 환원될 수 없고 행동적 증거에 대한 표출을 통해 파악될 수도 없다. 그것은 다만 행동적 판단기준에 의해 의미를 얻는다. 결국 심적인 갈등이나 평온, 기쁨 등의 구체적인 감정은 행동의 대상을 포함한 맥락에서 행동적 판단기준을 적용해 정신적 경험에 도달하는 것이다.

따라서 감정에서 판단기준은 단순한 행동패턴이 아니다. 그것이 지향되는 어떤 대상을 지닌 상황에서의 행동의 패턴인 것이다. 그렇기 때문에 반가사유상에 '정서'가 표현되었다고 말할 수 있다. 반가사유상의 정서가 밝고 명랑하다는 것은 상상력과 무한한 생명의 힘이 결합해 나타났던 종래의 애니미즘적인 차원—자기만족적인 주관적 · 감정적인 차원—에서 벗어났음을 뜻한다. 즉, 불교의 심오한 사상성이 미의 내용이 되었음에 대한 증거인 것이다. 삼국시대의 미의식은, 고구려와 백제의 경우, 국가가 걸었던 망국의 경로와는 달리 고양(高揚)되었다고

---

226) David Best(1974) 앞의 책. pp.106~108. 전통이론의 이원론적 관점을 피하면서도 논리성을 잃지 않은 바로 이 지점에 베스트의 독창성이 빛을 발하는 곳이다(신길수(1995) 앞의 글. p.38).

할 수 있다.

반가사유상에 드러난 밝고 자유로운 정서에 대한 논의로 돌아가서 조형에 드러난 특징을 살펴보면, 둘째, 반가좌한 오른쪽 무릎과 탑좌 사이의 공간을 날렵한 곡선으로 처리한 수법은 조각가의 상상적 산물인 듯하다. 반가좌한 다리를 받친 두툼한 의단(衣端)이 상승하는 곡선의 흐름으로 표현되어 상은 운동감을 얻었는데, 선이 힘 있는 운동감을 얻었다는 것은 선(線)이 의미를 얻었음을 뜻한다.

선이 의미를 얻었다는 것은 조각가가 대상을 사실적으로 표현하려는 데서 벗어났음을 뜻한다. 즉 사실이 아니라 개념의 표현이라는 의미다. 관념적 이상화(理想化)가 기하학적 형식주의로 흐르는 것을 기존 도상을 통해 경험했기 때문에 표현의 구상화(具象化)를 시도한 것이라 생각된다. 그 결과 사람들은 상(像)을 보며 사람들은 마치 살아있는 것을 보는 것 같은 실재감(實在感)을 느끼는 것이다.

그러나 여기서 말하는 구상화는 실제 인간의 체형과 해부학적 구조의 사실성을 고려하지 않음으로 해서 획득한 이상적인 형태이다. 즉 구상은 '사실'의 대척점(對蹠點)에 위치한다. 상(像)의 신체와 옷 주름의 표현은 전혀 사실적인 것이 아니라 사실의 반대 지점에서 의식적으로 고안된 '이상주의'의 소산이다.

비록 불상이 역사적 인물인 싯다르타와 무관하지 않지만, 상(像)으로 성립된 불상은 그와 전혀 다른 존재임을 유념해야 한다. 일단 불상으로 성립된 형상은 실존 인물에 대한 단순한 기념상이 아니라 완전한 전환이 이루어진 제례(祭禮)의 이미지로서의 형상이자 신성한 예배대상이다. 이를테면, 조각가는 모방자가 아니라 조형자이며, 절대자에 대한 이들의 표현은 새롭고 전혀 다른 실재를 연결하는 행위(聖禮)인 것이다.

그런데 이러한 순수한 이상(理想)의 소산이 '사실적'으로 보인다는 것은 제작자가 만든 미적 형식 구조와 보는 사람의 감정이 조응(照應)되었다는 의미다. 비록 당시 사람들의 내면의 정감 형식을 볼 수는 없지만 이러한 정감에 대응하는 예술의 형식으로부터 유추하는 것은 가능하다. 삼국시대 조각가는 실제 살아있는 것을 볼 때 느끼는 것과 같은 감정의 깊이를 형상으로 빚어낼 수 있었던 것이고, 이것은 어떤 감정이나 사고에 상응하는 조형세계가 있다는 그들의 믿음이 실현되었음을 의미하는 것이다.

3. 화합(化合)

조화와 균형을 뜻하는 화합은 불상 조형에서 미적 판단의 기준으로 작용한다. 독존상과 비교할 때, 삼존상을 구성하는 조형요소들이 상호 관계를 맺으며 다양성의 통일을 이룰 때 특히 고려하게 되는 미적 형식 원리가 화합인 까닭이다. 조형에서 균형은 직선과 곡선, 수평선과 수직선 등의 여러 조형요소들이 서로 힘을 보충하여 긴장감과 안정을 유지하고 있는 상태를 일컫는다. 이러한 원리를 불상 조형에 적용하면 화합은 조화와 역학적인 안정을 포함한 여러 물질 요소의 공간적 배치라고 할 수 있다.

조형에서 지극히 중요한 균형은 형상의 대소(大小), 성질, 재질감 등 온갖 구성 요소가 평형을 유지하여 전체적인 조화를 이룰 때 성취된다. 일반적으로 조화를 유지하는 아름다움은 정적이고 온화한 미적 효과를 지닌다. 그런데 그것만으로는 단조롭기 때문에 이러한 일면을 깨트리고 동적인 효과를 이끌어내는 요소로서 대비 또는 대조가 요구된다. 이때 대조 · 대비가 모순되지 않도록 조율하는 것 또한 조화이다.

삼존불에서는 좌우(左右), 남녀(男女), 존비(尊卑), 원근(遠近) 등과 같은 통상적으로 대립적 개념으로 인식되는 개념이 상호교통적인 개념으로써 조형된다. 그로 인해 비록 겉보기에는 대립적이지만 서로가 서로를 내포하고 있으며, 서로 힘을 보충하는 관계라는 사실을 시각적으로 확인할 수 있다. 즉, 전체성 혹은 근원 가운데서 대립 · 모순이 해소되는 경향이 파악된다.

[사진61] 삼화령 미륵삼존불

[사진62] 서산 마애삼존불

이러한 관계가 시각적으로 구현된 개별 구체적인 사례를 들자면 먼저 대부분의 금동삼존불 표현에서 볼 수 있는 여래의 큰 체구와 보살의 작은 체구의 대조를 통한 조화를 꼽을 수 있다. 또한, 삼화령 미륵삼존불[사진61]의 삼존 구성도 주목할 만하다. 여래의 근엄함과 보살의 앳됨이 잘 조화되었다. 다음으로, 서산 마애삼존불을 꼽을 수 있다. 중앙에 위치한 본존 여래의 남성적인 면모와 우협시의 여성적인 면, 그리고 좌협시의 앳된 면이 이루는 조화는 '화합'이 불상의 미적 판단 기준이 된 사례이다.

만약 서산 마애삼존불이 수기삼존불의 형상화[227]라면 과거 · 현재 · 미래가 한 바위 면에 표현된 것이 된다.[228] 이 경우, 양 협시와 대비되는 본존의 장대하고 우람한 체구를 통해 확인할 수 있듯이 당시 사람들의 시간(三世)에 대한 관념이 보살과 확실히 구분되는 여래의 절대성과 결합되어 나타난 것으로 보인다. 과거불과 미래불을 현세불인 석가모니 붓다와의 관계를 통해 관념했음을 알 수 있다. 즉, 현세 중심적인 삼국시대 사람들의 신앙과 사고 구조의 특징이 상징적으로 조형화된 작품으로 이해될 수 있다.

---

227) 문명대(1999) 서산마애삼존불 도상해석. p.13; ＿＿＿＿(2000) 한국미술사방법론. p.230~233.
228) 성불을 중시하는 대승불교의 관점에서 본다면 사후에 구원을 얻는 것은 현생득도(現生得道)에 비하면 큰 의미가 없다. 이런 견지에서 보면 사후에 구원된다는 것은 현세에 구원받지 못한다는 절망적 관점을 후세에 하생이라는 개념으로 상치시키려는 희망적인 접근방식이라 할 수 있다(강희정(2011) 앞의 책. p.82).

또한 우협시인 봉지보주보살상이 관음보살일 가능성이 높다는 점에서[229] 본존은 아미타상이고 반가사유자세의 보살상은 미륵보살일 가능성[230]도 제시된 바 있다. 삼국 말기와 통일 초기에 미륵신앙이 퇴조하고 아미타신앙이 새롭게 유행되는 신앙의 과도적 형태가 서산 마애삼존불에 반영된 것으로 본다면, 서산 마애삼존불은 아미타 신앙을 받아들이면서 기존의 미륵신앙을 포용하고 있는 양상이 조형으로 나타난 대표적인 작례라 할 수 있다.

지금까지 살펴본 삼화령 미륵 삼존이나 서산 마애삼존불 등의 삼존불 조형의 미적 특징에 적용된 화합의 주된 원리를 꼽아보면 다음과 같다. 첫째, 삼존불 형식에서 좌우의 개념은 고정적이거나 대립적인 것이 아니라 상호 교통적·유동적인 것이며 이러한 유연성을 기반으로 조화를 이룬다. '누구든지 부처가 될 수 있다(一切衆生悉有佛性)'는 교리로부터 알 수 있듯이 성(聖)과 속(俗)은 태생적인 이원론적 범주로 구분되지 않는다. 얼마든지 속(俗)에서 성(聖)으로의 전환이 가능하다. 이

---

229) 김리나(1995) 한국고대불교조각사연구. pp.85~143.
230) 정예경(1998) 반가사유상연구. pp.251~259. 한편 서산마애삼존불의 존명에 대해서는 석가·미륵·관음의 삼존(Best, Jonathan W(1980) *The Seosan Triad: An Early Korean Buddhist Relief Sculpture From Paekjche*. pp.89~106)으로 보기도 하며, 본존을 석가, 우협시를 관음, 좌협시를 미륵이라고 보는 견해(김원룡(1992) 백제불상조각연구. p.146)도 제시되었으며, 우협시를 관음보살상으로 추정하여 본존을 아미타상으로 해석할 수 있는 기틀을 마련하기도 했다(김리나(1995) 위의 책. pp.85~143). 법화경에 근거하여 본존을 석가모니불, 우협시를 제화갈라보살, 좌협시를 미륵으로 추정하기도 한다(문명대(1999) 앞의 글. p.13).

러한 상호교통적인 특징이 삼존불의 공간 배치에 나타나는 좌우(左右)에도 적용된다. 불상과 보는 사람의 관계는 같은 방향을 바라보는 관계가 아니라 마주보는 관계이기 때문이다. 즉, 방위 측정의 기준점이 불상인지 보는 사람인지에 따라 좌우와 위치개념이 유동적이게 된다.

예를 들어, 삼존불에서 본존 좌측에 위치하는 협시보살은 바라보는 입장에서는 본존 우측의 보살로 인식된다. 일반적으로 본존인 여래를 중심으로 하여 좌우에 보살이 협시로 배치되므로 중앙·중심이 우선시되는 경향이 탐지된다. 그러나 중앙이나 중심에 대한 개념 역시 고정불변적인 것은 아니다. 보살이 삼존의 중앙에 놓인 태안 마애삼존불의 불·보살 배치 구성 양식에서 보듯 중앙에 놓인다는 것이 절대적 우위성을 담보하는 것은 아니기 때문이다.

중심은 마주보는 관계에서도 위치 변화가 없는 축(軸, 구심적 기능)의 역할을 한다. 그러므로 삼존불에 나타나는 좌·우 관계에서 주목할 것은 더 우선시되는 쪽이 좌·우 중 어느 편인가 하는 문제라기보다는 그것이 고정적인 것이 아니라는 사실이다. 삼존불에 나타나는 좌우는 그 앞에 서서 그것을 바라보는 사람과의 관계 속에서 파악되어야 한다.

뿐만 아니라 [그림2]에서 볼 수 있듯이 상하(上下) 개념 또한 고정적인 것이 아니다. 상하를 한계 짓는 선분들은 좌우(左右)와 무관할 수 없기 때문이다. 높이와 너비가 유한한 조형물에서 조형 요소가 점하는 위치는 상하좌우 관계 속에서의 상대적이게 된다. 예컨대 사각형의 왼쪽 변은 위아래에 의해 연결된 상태로 존재하기 때문에 아래로부터 중간 지점을 거쳐 위쪽을 향할수록 해방감 내지 상승감이 증가되고 중앙을

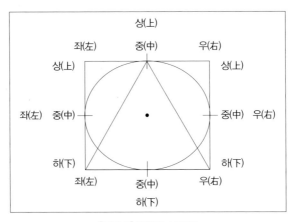

[그림 2] 위치의 상대성

기준으로 그 이하에 놓일수록 하강하는 느낌이나 중량감이 느껴진다.

　요컨대, 어떤 조형요소가 어느 부분에 위치하느냐에 따라 그것이 나타내 보이는 성질이 달라 보일 수 있다는 것이다. 예를 들어, 비교적 무거워 보이는 형태들을 아래쪽에 가벼운 형태들을 위쪽에 배치할 경우 극적 긴장감이 고조된다. 가벼운 요소들은 상승하고자 하고 무거운 요소들은 아래쪽을 향해 가라앉고자 하는 시각적 효과가 극대화되기 때문이다.

　상·하·좌·우와 같은 공간적 성질은 구체적인 대상에서 함께 결합하여 의미를 얻는다. 개별적으로 존재할 수 없고 상호관계를 맺고 있다. 이러한 공간적 성질은 객관적인 기준에 비추어 거기에 부합하는 경우에 일률적으로 설명할 수 있는 성질이 아니다. 설령 위치나 자리 자체에 고정적인 성질이 인정된다하더라도 보는 사람과의 시선 방향과 관계되기 때문에 결과적으로 유동성을 띤다.

그러므로 위치 관계에서 중요한 것은 그것이 좌인가 우인가 하는 것이 아니라 위치 · 자리의 공간구조의 상호교통이며 대립개념이 서로 교통하는 가운데 동적인 조화를 이룬다는 점이다. 좌우(左右) · 성속(聖俗)과 같은 대립은 그 자체가 불완전한 것임을 드러내는 것이다. 그렇기 때문에 삼존불 존재는 이러한 대립을 뛰어넘어 조화를 이룰 때 최고의 생명력을 낳게 된다는 관념을 공간 구조 가운데 구현한 좋은 예라고 할 수 있다.

둘째, 남녀의 성별은 좌우 위치의 경우과 달리 관계처럼 전환이 용이하지 않으므로 신상(神像)에서는 독존상일 경우에는 양성(兩性)의 특징을 한 몸에 표현함으로써(兩性具有化) 일견 남성인 것도 같고 여성으로도 보이는 중성화를 통해 신비성 · 신성을 드러낸다. 그런데 삼존불의 경우에는 남성 · 여성의 특징을 세 구에 나누어서 형상화할 수 있다.

예를 들면, 본존인 여래는 중심에서 남성적인 특징을 협시인 보살은 여래의 좌우에서 여성적 특징을 드러내는 방식이다. 그럼으로써 공간배치와 그 내용의 구성에서 대비 · 대조의 효과를 내며 전체적인 조화를 꾀하는 것이다. 서산 마애삼존불[사진62]의 우협시인 봉지보주보살상은 갸름한 얼굴과 지극히 여성적인 표정, 그리고 둥근 어깨와 허리선을 잇는 신체 곡선으로써 소박한 백제 여인을 표상한다. 이에 반해 본존 여래는 우협시보살의 여성적인 자태와 대비된다. 원만하고 복스러운 큼직한 얼굴과 떡 벌어진 어깨를 갖춘 중후한 풍채로부터 호탕한 기세가 느껴진다. 이와 더불어 좌협시인 반가사유상은 순진무구한 어린아이 같은 앳된 모습을 보이므로 이 삼존을 통한 조화는 대장부와 아낙네, 그리고 어린아이로 구성된 한 가족과 같은 인상을 준다.

보살이 남성인지 여성인지를 구별해야 한다면 기본적으로 보살은 남성이라고 할 수 있지만[231] 보살(菩薩)을 불(佛)의 여러 권능 중에서 구체화된 대표적인 몇몇 속성이라는 측면에서 바라본다면 남녀라는 차이로 드러나는 속성이 융화되기 어려운 것이 아님을 알 수 있을 것이다. 남성과 여성이라는 차별상 또한 각각의 탄생 이전의 시점으로 거슬러 올라가게 되면 어머니라는 연원에 도달하게 된다. 남성이든 여성이든 어머니에게 생명체로 배태된다는 근원성에 입각해 남녀의 상이성을 바라보면 배타성이 해소될 수 있다.

그렇다면 기본적으로 남성인 부처와 보살이 여성화된 이유는 과연 무엇일까. 그 원인과 배경을 살펴보면, 먼저 전능한 신적 존재를 인간과 대비하여 양성구유(兩性具有)의 차별상(差別相)으로 드러냄으로써 신비화·이상화한 데서 그 원인을 찾을 수 있다. 또한, 삼존상의 경우 남성적으로 표현되는 여래와 여성화된 보살로써 조화를 꾀하기 위한 방편으로 볼 수 있다.

이와 더불어 여성을 신앙으로 이끌기 위한 방편일 수도 있다. 그리고 중국에서 당(唐) 중기에 무측천(武則天) 시대를 거치면서 여성에 대한 사회적 인식의 변화가 불·보살에 반영되었듯이[232], 삼국에서도

---

231) 보살의 성별에 대해서는 이 논문의 각주 74참조.
232) 당대 보살상이 여성처럼 보이도록 제작된 원인에 대해 무측천이 집권한 이후

632년~654년에 걸친 선덕여왕(재위기간: 632~647)과 진덕여왕(647~654)의 재위 사실이 사람들 인식에 영향을 미쳤을 가능성을 배제할 수 없다.

마지막으로, 전란에 휩싸인 시기에 현실 세계에서 물리적인 힘의 강세가 요구되고 그것을 획득하기 위한 쟁패가 가속화될수록 포용력 · 따뜻함, 즉 모성에 대한 갈망이 고조되었을 것이라 점을 꼽을 수 있다. 실제 삼국시대에 조성된 보살상에 구현된 여성적 이미지는 요염하다거나 관능적이라기보다 포용적이고 부드럽다. 이러한 인상은 사실에 근거해 여성의 외모를 묘사 · 재현하여 얻은 결과로 보기 어렵다. 실재의 묘사 · 재현이라기보다 관념적인 '모성(母性)'을 시각적으로 구현한

에 보살의 여성화가 이루어졌다고 보고 이를 무측천의 영향에 의한 것으로 보는 견해가 있다(William Willete(1965) *Foundations of Chinese Art*. p.181(강희정(2011) 동아시아 불교 미술연구의 새로운 모색. p.165에서 재인용-). 주지하듯 무측천은 자신의 황권 찬탈과 주(周)의 건국 합리화를 위한 일련의 시책을 진행했는데 그 중에는 불교 경전의 새로운 해석과 찬술이 포함되어 있었다. 690년 무후가 주를 건립했을 당시 그녀는 여성으로서 황제의 지위에 오르는 것을 정당화하기 위하여 『대운경(大雲經)』을 다시 해석하여 『대운경소(大雲經疏)』를 저술하게 하였고, 이를 필사하여 천하에 배포케 했으며 전국 각 주마다 대운사를 세우게 했는데, 『대운경소』에서는 『대운경』의 내용 가운데 정광천녀(淨光天女)가 남인도의 공주로 태어나 왕위에 오르지 않고 자기 왕국을 극락으로 만든다는 부분이 일층 강조되었다. 이에 그치지 않고 『보우경(寶雨經)』을 다시 번역하게 하면서 정광천녀 이야기와 유사한 여왕의 이야기를 추가하였다. 『보우경』에서는 『대운경』의 정광천녀 대신 일월광천자(日月光天子)라는 남자가 여성으로 마하지나국(摩訶支那國)에 태어나 전륜성왕이 되고 다시 도솔천에 태어나 미륵이 될 것이라는 내용이 덧붙여졌는데, 여기서 주목되는 것은 『대운경』보다 일보 진전하여 남성이 여성으로 바뀌어 태어나고 마침내 미륵이 된다는 부분이다(강희정(2011) 앞의 책. pp.179~181).

이해주 —

결과라 생각된다.

모성은 여성이 어머니로서 갖는 정신적 · 육체적 성질이다. 이러한 모성의 의미에 근거하여 볼 때, 삼국시대에 보살상에 구현된 여성적 이미지는 단순한 외형적 신체 곡선 표방이 아니라 그것을 넘어선 시대의 요구를 포용한 일종의 사회적 산물이라고 할 수 있다. 따라서 보살이 여성화된 현상을 중생제도의 한 방편으로 이해할 수 있다. '모성'이라는 사회적 가치에 대한 사람들의 기대를 존상에 시각화함으로써 정서적 · 구원론적으로 충족시켰기 때문이다.

셋째, 존(尊)과 비(卑)가 조화를 이룬다. 불상은 그 앞에 나아가 예불을 드리고 기도를 올리는 신앙과 예배의 대상이다. 그렇기 때문에 삼존상보다는 독존상으로 조성하는 것이 신도들의 온전한 주의를 끄는데 보다 더 적합할 수 있다. 형상을 제작하여 절대자의 존엄을 기리고 신도들로 하여금 신의 위엄을 느낄 수 있도록 하기 위해서는 보는 사람의 주의집중을 유도하는 장치가 요구된다.

이때 사람들의 시야 안에 불 · 보살상 중 어느 한 구만 들어가게 하는 방식이 그 중 하나이다. 이 방식은 시선을 분산시킬만한 요인들을 제거하여 그들의 주의집중을 돕는다는 점에서 효율적이라고 할 수 있다. 하지만 이것이 불상의 엄(嚴)을 드러낼 수 있는 유일한 방법은 아니다.

삼존불에서는 이와는 다른 원리가 적용되었다. 삼존불에서는 삼존을 구성하고 배치하는 방식을 통해서 본존(本尊) 혹은 주불(主佛)의 존엄을 강조했다. 다시 말해, 이들이 조화 속에서 맺고 있는 위계질서를 드러내 보여줌으로써 단순한 조화가 아닌 엄정한 조화를 구축했다. 그렇게 함으로써 다양한 관계 속에서 드러나는 깨달은 자의 위엄을 시각적으로 입체적이고 풍부하게 제시했다.

그러나 이때 좌우협시가 본존의 위엄을 강조하기 위한 부속물로써 등장하는 것은 아니다. 부처와 보살은 신도들에게 신앙과 예배의 대상이라는 점에서는 동일하다. 다만 둘 사이에는 깨달은 자와 깨달음을 구하는 자 사이의 엄연한 위계가 존재한다. 그리고 이 위계는 위치·공간·크기의 차이로 전환되어 조형에 표현된다. 금동 계미명 삼존불, 금동 신묘명 삼존불, 춘천 출토 금동 보살삼존상, 경주박물관 소장 금동 삼존불 입상, 정지원명 금동 삼존불 입상, 김제 출토 동판 삼존불·반가사유상 틀, 배리 삼존 석불, 서산 마애삼존불 등에서 나타나는 깨달은 자와 그렇지 못한 자의 위계질서는 거의 모든 삼존불 구성에서 확인된다.

일반적으로 이러한 차별상은 본존을 중심으로 한 좌우 대칭관계 속에서 붓다와 보살의 크기의 차이로 드러나며 이로 말미암아 결과적으로 불상의 머리 정상을 꼭짓점으로 하는 삼각구도가 형성된다. 그리하여 저 높은 곳을 향해 정진하는 구도(求道)의 지향점[사진63]이 시각적으로 설정되는 효과가 부수적·결과적으로 성취되었다.

한편 몸의 방향을 주존 쪽으로 틀어 향함으로써 지향점을 시각화하는 방식도 나타난다. 단석산 신선사 마애삼존상의 경우에는 주존상 옆의 암석에 반가상 한 구를 포함한 네 구의 작은 불상군[사진64]이 새겨졌는데 이들이 모두 주존 쪽을 향한다. 이 조각상 중에서 주존에 가장 가까운 상이 반가사유상이고 이 상 아래 향로를 들고 주존으로 향하는

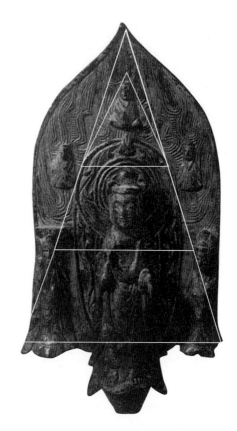

[사진 63] 금동 계미명 삼존불

인물상 두 귀[사진 65]가 조각되었다.

김제 출토 동판 반가사유상 틀[사진 66]은 중앙에 반가사유상이 그리고 그 좌우에 승상이 배치된 형식이다. 그런데 이 중에서 오른쪽 스님이 두 손으로 향로를 받들고 본존을 향해 공양하는 자세를 취하고 있다. 김제 출토 동판 삼존불 틀[사진 67]에서도 좌우보살이 한 손으로

[사진 64] 신선사 마애불상군

[사진 65] 반가사유상 하 인물 공양상

[사진 66] 김제 출토 동판 반가사유상 틀

[사진 67] 김제 출토 동판 삼존불 틀

연꽃을 들고 본존 쪽으로 몸을 틀어 꽃을 공양하는 자세를 볼 수 있다.

이런 견지에서 볼 때 삼존불은 불보살의 원력에 대한 열렬한 믿음〔信〕의 상징이며 끊임없는 추구와 수행〔行〕을 통해 해탈을 지향하는 이른바 신앙의 완성에 대한 상징이라 할 수 있다. 더불어 삼존상을 통해 삼국시대 사람들의 신앙의 한 단면을 확인할 수 있다. 독존상 제작에 그치지 않고 수많은 삼존상을 조성했다는 점에서 위계 속에서 이루어지는 조화를 강조하고 추구하고자했던 그들의 신앙적 특색이 간취되기 때문이다. 삼국시대에 비해 통일신라시대에는 삼존상과 보살상의 제작 빈도가 감소했다. 그러므로 삼존상 제작이 왕성했던 경향은 삼국시대 신앙의 특징 중 하나로 간주될 수 있다.

이상에서 삼존불을 통해 서로 반대되는 것들 사이의 대립관계는 최후까지 분석해 보면 대립하는 양자의 결합을 목표로 한다는 것, 그리고 열등한 것과 우수한 것, 보는 것과 보이는 것, 나타난 것과 나타나지 않는 것 등의 대립관계는 화합에 의해서 해소됨을 조형을 통해 시각적으로 확인할 수 있었다. 그러므로 삼존불은 대립을 넘어선 조화 속에서 최고의 생명력이 꽃핀다는 관념을 공간 구조 가운데서 구현한 대표적인 조형물이라 할 수 있다.

VI. 미와 양식의 본질과 변천

인간은 상징 형식을 매개로 세계와 상호 교류한다. 좀 더 구체적으로 말하자면, 인간은 상징 형식을 고안함으로써 사고 구조로서의 정신과 논리 체계로서의 사상이 구현될 수 있는 기반을 마련한다. 이러한 상호 작용을 조형 예술 분야에 적용시킬 때, 실재의 표현을 위한 상징 형식이 예술가에 의해서 만들어진다는 통찰을 얻게 된다. 요컨대, 조각가는 불상을 제작·완성함으로써 우리 앞에 절대자의 존재를 드러낸다. 이때 불상을 바라보는 우리들의 경험은 곧 인식·이해·해석 작용에 해당한다. 그러므로 눈에 보이는 형식이 결국은 총체적인 존재 그 자체임

이
해
주
—

을 이해할 때[233] '미술사로서의 정신사'[234]를 이해할 수 있게 된다.

이 연구가 취하는 입장은 미술의 발전을 지적 수준이 발전한 결과 그것의 단순 부산물로서 취급하는 방식[정신사로서의 미술사의 입장]이 아닌 미술사로서의 정신사, 즉 미술 발전의 역사로서의 정신사 혹은 지성사(知性史)의 입장이다. 그것은 사고 구조로서의 정신이 구현될 수 있는 실재의 표현을 위한 '상징'을 예술가가 만들어낸다는 의미에서 그러하다. 예술가는 실재의 새로운 측면을 의식하고 '해석'을 통해 조형적 이미지로 표현함으로써 상징형식을 만든다.

창조된 상징형식을 바라보는 과정 역시 이 상징 형식에 대한 인식과 해석을 전제로 하므로 상징의 창조와 인식은 대화적인 성격을 띤다. 불상을 만드는 과정과 완성된 불상을 바라보는 과정은 결국 해석 내지

---

233) 형식과 내용은 작품의 불가분의 요소이다. 이때 형식이 작품의 유기적 요소라는 말이 의미하는 것은 정신적인 것은 형식 없이는 결코 구현되지 못한다는 것이다. 물적 대상으로서 우리 눈앞에 객관적으로 존재하는 불상을 바라보면서도 은연중에 그것의 정신과 형태를 분리하여 생각할 만큼 내용 대 형식이라는 이분법적 사고에서 벗어나기가 쉽지 않다. '내용이란 무엇인가', '형식 대 정신이라는 이분법을 초월하고 나면 내용이라는 개념에는 무엇이 남게 되는가'하고 묻는다면 예술작품에 '내용'이 있다는 생각 자체가 특별한 스타일의 관습에 속한다는 사실이 부분적인 답이 될 수 있을 것이다. 인정하든 그렇지 않든 대부분의 경우에는 우리의 외양이 사실상 우리의 존재방식이다. 그러므로 결정적으로 중요한 것은 사상이 담긴 스타일이다. 형식(혹은 양식)을 논한다는 것은 어떤 예술작품의 총체성을 논하는 한 가지 방법이다. 내용만으로 작품을 평가하는 태도는 해석의 오만을 야기하는 동시에 형식에 대한 더욱 확장되고 철저한 해석을 간과하게 될 것이다.
234) 허버트 리드(1993) 앞의 책. pp.63~64.

삼국시대 불상의 미의식 연구 —

인식 과정에 다름 아니다. 여기서 말하는 '해석'은 '해설'이 아니다. 그것이 뜻하는 것은 '설명'이나 '의견 개진'이 아니라 어떤 것을 '보여주는 것'이다. 즉 상징적인 것[관념]을 또 다른 상징적인 것[조형]으로 보여주는 것을 뜻한다.

바로 이 과정에서 '전통'이 매개된다. 예술상징은 역사적으로 실천적인 삶과 무관하게 하늘에서 뚝 떨어지거나 외국에서 수입해 들여오는 것이 아니다. 그것은 전통을 통해 매개된다.

그리고 사람들의 인식[해석]과정을 통해서 과거의 것이 현재화된다. 즉, 언제나 같으면서도 다른 해석의 지평으로 개방됨으로써 예술작품이 되는 것이다. 불상을 제작하는 가운데 상상력이 발휘되더라도 이미 전통이 매개되기 때문에 완전히 주관적인 성질로 흐르지 않고 서로 이해하고 공감할 수 있는 보편적인 경험이 되는 것이다.

이 장에서는 해석과 전통, 그리고 미의식과 전통의 관계에 주목하여 미와 양식의 본질에 접근하고자 한다. 먼저 대상에 대한 인간의 인식이 해석을 통해 이루어지는데 이러한 해석 작용에 전통이 매개됨을 밝히고 이러한 토대에서 미와 양식의 변천 양상을 받아들여야 하는 필요성에 대해 서술하겠다. 이러한 일련의 과정을 통해 궁극적으로는 삼국시대 불상을 포함한 각각의 불상에 대해 그것이 제작된 시대의 관점에서 바라보아야 하는 당위성을 해명·강조하고자 한다.

1. 본질

1) 해석과 전통

예술작품은 일종의 역사적 형성물이라 할 수 있다. 여기서 역사적 형성물이라 의미는 전통의 소산이라는 뜻으로, 전통을 매개로 과거의 정신이 현재화되는 측면을 강조하는 것이다. 즉, 형성물로서의 예술작품의 특징은 어떤 것을 현재화하는 데 있다고 할 수 있다.

이러한 경험을 가능하게 하는 구조가 바로 어떤 것(낯선 것)을 어떤 것(기존의 것)으로서 이해하는 이해 현상이다. 그리고 이해 현상의 대표적인 사례가 예술 체험이다. 종합적 생활감정의 이해작용이 가장 풍부하게 표현된 산물이 예술이기 때문이다.

정확한 박자에 맞추어 음악을 연주해야 아름다움이 재현되고 또 무관심한 상태에서 음악을 감상해야 아름답게 느껴지는 것은 아니다. 이미 존재하는 것에 새로운 의미를 부여하고 독자적으로 해석함으로써 아름다움은 전승된다. 즉, 아름다움은 관심의 문제이며 이것의 전승에는 전통이 매개된다.

우리는 보통 어떤 사물을 시각적인 상으로 이해하고 그 가운데서 특정 형상을 구상(構想)하여 조형한다. 이때 암석이나 나무 등의 소재로부터 어떤 모습을 형상해내는 것을 상상(想像)한다고 말한다. 여기서 상상한다는 것, 이해한다는 것, 인식한다는 것은 모두 '관계'를 전제하는 의식과정이다. '어떤 것'을 '어떤 것'으로 상상하며 '무엇'을 '무엇'으로 인식하고 이해하기 때문이다.

그러므로 이를테면 상상한다는 것은 기존의 앎을 전제로 어떤 것을 현재화하여 해석하는 것이다. 즉 상상력은 기존에 없던 전혀 새로운 것에 대한 착안이나 경험에 의해 매개되지 않은 사고를 뜻하는 것이 아니라 전통에 의해 역사적으로 매개된 어떤 이미지와 같은 것이다. 그러므로 예술을 작품의 생성〔창작〕의 과정과 해석의 과정은 근원적으로 같은 이해 현상이라고 할 수 있다. 여기서 근원이라는 말은 시간적 처음의 의미가 아니라 서로 상호 규정하는 해석학적 순환의 과정에서의 근원, 즉 본래적 의미를 뜻한다.[235]

존재하는 사물을 자기 식으로 치환하여 받아들이는 것이 해석인 것처럼, 이미 존재해 왔던 무엇인가를 예술가가 그의 방식으로 표현할 때 예술경험이 성립된다. 달리 말하면, 선입관을 배재한 채 과거로부터 전하는 예술작품의 제작자에게 접근하여 그 당시 상황과 작품을 이해할 수 있는 어떤 접근법이 있다거나 이 접근을 통해 불상을 이해할 수 있다는 의미가 아니라는 뜻이다.

해석은 한 언어의 세계〔낯선 것〕를 다른 언어의 세계〔기존의 것〕로 옮

---

235) 하이데거는 예술을 존재사건으로서 이해하면서 근원의 문제를 주제로 존재, 예술, 사건을 다룬다. 존재는 예술을 통해 드러나는 동시에 사건적 성격을 가지고 있다. 이 세 개념은 서로 다르지만 그 내용에서는 같은 근원을 가지고 있다. 예술은 하이데거에게 어디까지나 존재를 드러내 주는 지표이다. 하이데거의 이러한 관점은 말틴 하이데거 저 · 吳昞南 関炯源 共譯(1990) 藝術作品의 根源를 참고 할 것.

기는 작업을 뜻한다. 그러므로 해석학의 과제는 과거의 정신과 현재의 정신 사이를 매개하는 것으로 설정된다. 과거와 현재의 시간 간격에 가교를 놓는 것이 해석학의 과제이기는 하지만, 예컨대, 그것을 21세기 현재 시점의 우리들과 7세기 삼국시대 사람들과의 동등화를 시도하는 것으로 생각하거나 상정된 어떤 의미를 이해하는 과정쯤으로 생각해서는 안 된다. 인간이 시간 지평을 떠나 어떤 것을 이해한다는 것은 불가능하기 때문이다. 만약 삼국시대 작품에 어떤 의미가 있을 것이라는 기대를 품고 그것에 접근한다면 이 접근 자체에 이미 해석이 개입되는 것이다. 비록 의식하지 못했다 하더라도 이 경우에는 '어떤 것(삼국시대 작품)이 어떤 것(의미 있는 것)으로서' 해석된 것이다.

그러므로 해석은 일차적으로 어떤 것을 설명하거나 어떤 의견을 개진하는 것과 무관하다고 할 수 있다. 그것은 어떤 한 방향을 지시하여 어떤 것을 '보여'준다. 그러므로 불상을 만드는 조각가의 제작 활동과 완성된 불상을 바라보는 일반 신도들이 불상을 사이에 두고 경험하는 내용(이해작용)은 서로 유사하다고 할 수 있다. 이해작용의 내용이 어떤 것(새로운 것)을 어떤 것(기존의 것)으로 해석하는 것이기 때문이다.

예컨대 삼국시대 불상의 미적 형식에 드러나는 미감(美感)과 관련하여서는 후자의 '어떤 것', 즉 기존의 것으로 원용된 대상이 바로 친근한 인간미라 생각된다. 불교를 수용하여 예배대상인 존상(尊像)을 제작해야 했을 때, 삼국시대 사람들은 그들에게 낯선 불상을 익숙한 어떤 것으로 환치하여 해석해야 했을 것이다. 그리고 그들이 기반으로 삼았던 것은 그들과 혈연관계로 맺어진 조상·시조신의 형상을 만들어 모셨던 전통이었을 것이라 여겨진다.

고구려 시조 고주몽과 그 어머니 하백녀의 목조각에 대한 기록과 10월 국중대회 때 목조각인 목대신을 신좌에 모셔놓고 제례를 올렸다는 기록 등은 신상 제작 전통에 대한 추정을 뒷받침한다. 즉, 『북사동이전 고구려전(北史東夷傳高句麗傳)』에

"고구려에는 신묘(神廟)가 두 군데 있는데 하나는 부여신(扶餘神)으로서 부인목상(婦人木像)이고 또 하나는 고등신(高登神)으로서 시조(始祖)인 부여신의 아들이며 모두 관리소(管理所)가 있어 관인(官人)이 지키고 있는데 이 이신(二神)이 곧 하백녀(河伯女)와 주몽(朱蒙)이라고 한다."[236]

라고 기록됨으로써 고구려에 남아있는 선사시대의 신상 조상 전통을 이해할 수 있는 전거(典據)를 제공한다.[237] 한편 『삼국지(三國志)』고구려전(高句麗傳)에는

"그 나라 동쪽에 수혈(隧穴)이라고 불리는 큰 굴(窟)이 있으며 시월이 되면 나라 전체가 모여서 수신(隧神)이 동국(東國)으로 돌아오는 (하늘

---

236) 『北史』卷94「東夷傳」高句麗 有神廟二所 一曰夫余神 刻木作婦人像 一曰 高登神 云是其始祖夫餘神之子 竝置官司 遣人守護 蓋河伯女朱蒙云
237) 金元龍(1982) 韓國先史時代의 神像에 대하여. p.15.

에서 내려오는) 것을 맞아 제사(祭祀)를 지내는데 이 때 목제수신상(木製隧神像)을 신좌(神座)에 안치(安置)한다."[238]

라고 전하고 있어 동쪽 동굴 안에 안치된 수신이라고 불리는 목제신상이 있었음을 알 수 있다. 요컨대, 예술체험은 일상의 관심에서 벗어난 곳에 성립하는 것이 아니라 바로 일상의 관심 안으로 들어가는 곳에서 형성되므로 마치 사람이 혼이 깃든 것과 같은 삼국시대 불상의 특징 역시 조상신에 대한 기존 관념과 유기적인 관점에서 해석되어야 한다.

생활 속 관심의 영역에서 이루어지는 해석의 연속성을 토대로 예술체험이 성립하는데 예술체험은 지속되는 가운데 확장되고 다양화된다. 엄밀히 말하면, 이 해석의 연속성은 자국 문화의 전통에만 국한되지 않는다.

실제 삼국시대 사람들은 인도에서 발원하여 중국을 거쳐 우리나라에 전래된 전반적인 불교문화 틀 속에서 그들이 받아들인 새로운 조각문화인 신상 조형 분야를 개척해 나갔다. 즉, 삼국시대 사람들은 그들보다 앞서 불상을 조형했던 중국의 전통을 수용하여 삼국 재래의 시조신 제작 전통과 그들이 수용한 중국의 불상 조각 기법을 함께 '기왕의 것'으로 인식하여 불상을 삼국 나름의 방식으로 해석해나간 것이다.

어떤 것을 어떤 것으로 이해한다는 것은 이미 어떤 것을 알고 있다

238)『三國志』卷30「高句麗傳」其國東 有大穴 十月國中大會 迎隧神 還於國東上 祭之 置木隧於神座

는 사실을 전제로 한다. 그래서 과거의 것이 대화를 통해서 현재화된다. 어떤 사물이 그냥 그대로 지속된다는 의미에서 동일성을 가지고 있는 것이 아니라 언제나 같으면서도 다른 해석의 지평으로 개방됨으로써 작품이 되는 것이다. 이해의 이러한 특징은 상징의 원래 의미와 맞닿는 일면이 있다.

상징의 원래 의미는 이미 경험했던 것을 현재에 보여준다는 것이다. 과거를 계속적으로 현재화하는 사건이 상징의 사건이다. 예술작품 역시 어떤 것을 어떤 것으로서 드러나게 한다. 이러한 견지에서 본다면, 예술작품이라는 말보다 '형성물'이라는 말이 더 적합해 보인다. 형성물은 어떤 것을 현재화하고 상징은 끊임없이 재해석에 개방된다. 그러므로 해석학적 사유는 '어떤 것을 어떤 것으로 해석 하는 것'이라는 표현으로 함축된다.

존재하는 모든 대상에 대한 진술은 인간의 이해를 거치기 때문에 있는 그대로의 존재자에 대한 진술이란 존재하지 않는다. 이미 해석된 것에서 출발해서 새로운 해석으로 이어지는 것일 뿐 해석이 없는 순수한 상태의 사물이나 예술작품 그 자체는 존재하지 않는다는 뜻이다. 이하에서는 이러한 해석의 연속성이 의미하는 바를 우리 불교 조각사에 적용해 살펴보고자 한다.

일반적으로 석굴암 불상군으로 대표되는 8세기 중반 불교조각의 수준은 조각사의 정점에 위치하는 작품으로 평가되곤 하는데, 이러한 관점의 타당성에 판단은 일단 뒤로 미루고, 이해와 해석의 구조 상 이러한 주장이 기반으로 삼게 되는 전제가 무엇인지를 파악할 필요가 있다. 8세기 중반의 불상조각이 최우수작이라는 주장은 불상의 미적 형식에 대한 해석이 8세기 중반에 절정에 달했다는 말과 서로 의미가 통한다. 그런데 절정이라는 개념의 속성 상 8세기 중엽에 최고에 이르기 위해서는 그 이전 삼국시대와 통일 직후의 시기에 축적된 아름다움에 대한 해석과 조형능력이 이미 대작의 핵심을 갖춰가고 있었음을 인정하지 않을 수 없게 된다.

해석의 속성에 기대어 보더라도 이전 시대의 해석을 토대로 하여 비로소 다음 시대의 해석이 가능해지는 것이므로 '가장 뛰어난 해석'은 일련의 흐름 속에서 과정으로 존재할 수 있을 뿐이다. 최고의 해석은 해석의 특성 상 명사적 실체보다는 동사적 과정에 가깝다.

더불어 고려해야 할 사항은 불상이 예배대상(존상)인 예술작품이라는 사실이다. 한 시대에 조성된 불·보살상을 당시의 신앙이나 예배와 따로 떼어 생각할 수는 없기 때문에 불상의 미적 형식에 대한 그 시대 사람들의 해석 방식은 그들의 열렬했던 신앙심을 짐작할 수 있게 하는 지표가 된다.

이러한 견지에서 "종교 예술의 전성기는 어느 종교이든 신앙심이 절정에 다다른 다음 그 정신적 전통을 이어받아 꽃핀다."[239]는 견해는 중요한 시사(示唆)를 제공한다. 8세기 중반의 불상조각의 수준이 조각사의 최절정에 해당된다는 말은 그 이전 삼국시대와 통일 직후 시기의

---

239) Richard Bernheimer(1954) *Religion and Art*, Art Treasures of the World. pp.12~14.

신앙심이 최절정이었음에 대한 반증이 되기 때문이다.

요컨대, 8세기 중반 석굴암 불상군이 조각사의 최고작이라는 결론 도출을 위해 발판으로 삼게 되는 전제가 결론과 유기적 관계를 맺고 있음을 알 수 있다. 주장·결론과 전제는 논리 구조상 어느 한쪽을 떼어 실체화시킬 수 없는 관계이며 불상조각 수준 역시 전체 조각사와 신앙의 흐름 속에서 파악되어야 하는 과정 그 자체임을 알 수 있다.

이때 강조되는 '흐름'과 '과정'이 곧 전통이다. 전통이 매개되기 때문에 삼국시대에 비해 통일신라시대에는 불상에 대한 해석이 더욱 풍부해지는 것이다. 매번 새로운 해석이 시도될 때 그때마다의 현재성이 더해지고 또 매번 그때마다의 불상에 대한 한 시대와 해당 사회의 자기 정체성이 형성·확립되어 나가기 때문이다. 바로 이러한 의미에서 예술작품을 '형성물'이라 하는 것이다.

한편 불교를 수용하여 불상을 처음 제작하기 시작한 삼국시대 사람들의 불상에 대한 해석과정에 사자초상(死者肖像)이 연관되었을 가능성을 Ⅲ장 조형사상에서 언급한 바 있다. 불교가 전래되어 공인된 시기가 바로 삼국시대이므로 당시 사람들의 입장에서는 불·보살상을 이미 잘 알고 있는 '어떤 것'을 기반 삼아 해석해야 했을 것이다.

이때 추상적인 사후세계를 상정하고 불보살을 그 세계의 주재자로서 인식했을 가능성을 배제할 수 없다. 그리고 불·보살상의 얼굴을 사자초상의 표현과 같이 영혼이 깃든 것으로 표현한 것일 가능성 역시 배제할 수 없다. 그러므로 불보살의 얼굴을 볼 때 마치 혼이 깃든 사람의 얼굴을 보는 것 같은 느낌이 드는 현상에 대해 '상(相)을 초월한 무여열반(無餘涅槃)의 세계에 속한 붓다의 모습이 아니라 아직 그 이전의 세계에 머무르고 있는 것에 불과한 것'[240]이라 평가하며 그러한 불 · 보상에 드러나는 미적 현상에 대해 불교 교리에 대한 이해 부족이라고 판단한 견해는, 어떤 것을 어떤 것으로서 해석하는 이해의 구조를 간과한 측면이 있다고 할 수 있다.

마치 살아있는 사람과 같아 보이는 삼국 시대 불상을 토대로 통일 신라 사람들은 신과 같아 보이는 불상을 만들었다. 이러한 추이로부터 알 수 있는 것은 전통이 어떤 것의 단순한 보존이 아니라는 사실이다. 그것은 단순히 어떤 것을 보존하는 것이 아니라 전이(轉移)시킨다. 여기서 전이란 어떤 것이 하나도 변하지 않고 단순히 보존된다는 것을 가리키는 것이 아니라 옛것을 새롭게 말하고 파악하는 것을 배운다는 것을 뜻한다.

이런 의미에서 전이라는 말은 번역이라는 말로 바꾸어도 무방할 것으로 보인다. 전통적으로 내려오면서도 사람들로 하여금 새롭게 참여하게 만들고, 거기서 단순 반복이 아닌 새로운 해석이 등장하는 사건이 바로 예술작품의 탄생이다.

요컨대, 어떤 것을 작품화한다는 것은 이미 알고 있는 것 혹은 지금 있는 것을 어떤 것으로 해석하는 과정이라는 의미다. 이때 과거에 존재했던 것, 지금 있는 것을 약간의 변형을 가해 새롭게 해석한 것이 비

---

240) 이주형(2001) 앞의 글. p.116

록 기존의 있는 것과 동일한 것으로 재현된다 할지라도 거기에는 이미 기존의 것과 다른 것이 작품화되어 존재하는 의미다. 가다머는 이것을 해석학적 동일성이라고 부른다.

> "나는 어떤 것을 이미 있었던 것 혹은 지금 있는 것으로서 동일화한다.
> 이러한 동일성(Identiaet)만이 작품의 의미를 완성시킨다."[241]

여기서 말하는 동일성(Identiaet)은 다르면서도 같은 것으로 자신의 모습을 보지(保持)하는 가운데서 이루어지는 사물의 사태를 지칭한다. 이 동일성에 주목하는 까닭은 이 현상과 개념이 미의식과 전통의 관계에 적용되기 때문이다. 미의식이 바로 여기서 말하는 동일성의 담지자가 된다.

2) 미의식과 전통

예술은 인간 경험의 장에서 산출되므로 삶 전체와 긴밀하게 연관된다. 창작 행위에는 제작자의 기술 못지않게 그의 정신적 자세 또한 강조된다. 어떤 대상에 대한 인식이 어려운 까닭은 그 대상 자체만의 문제에 국한되지 않고 그것을 바라보는 사람의 입장이 개입되기 때문이

---

241) Gadamer, *Aktualitaet*, p.33(서동은(2009) 하이데거와 가다머의 예술이해. p.172에서 재인용).

다. 같은 사물이라도 그것을 보는 사람이 어떻게 보고 어떻게 인식하느냐에 따라 사물에 대한 판단이 다양하게 전개될 수 있다.

"미술(美術)이라는 것은 심의식(心意識)에서 말한다면 기술(技術)에 의하여 미의식(美意識)이란 것이 형식적(形式的)으로 양식적(樣式的)으로 모양을 갖춘 한 작품이라 하겠고, 가치론적(價値論的) 입장(立場)에서 말한다면 미적(美的) 가치(價値), 미적(美的) 이념(理念)이 기술(技術)을 통(通)하여 형식(形式)에, 양식(樣式)에 객관화(客觀化)하여 있는 것이라 하겠다."[242]

요컨대, 예술 행위에는 제작자와 대중의 아름다움에 대한 관점, 즉 마음의 상태가 중요한 몫을 차지한다. 이때 마음은 의식·사고·지각 등을 포괄하는 전일체로서의 마음이다. 아름다움에 대한 인간의 주체적 의식이 바로 미의식이고 그것이 마음의 상태를 뜻하기 때문에 거기에는 인간의 가치 체계가 자연스럽게 배어든다. 한편 미의식은 고유섭에 의해서 다음과 같이 정의된 바 있다.

"우리가 조선(朝鮮)의 미술(美術), 조선미술(朝鮮美術)이라 할 때 그것은 곧 조선(朝鮮)의 미의식(美意識)의 표현체(表現體), 구현체(具顯體)

242) 高裕燮(1993b) 앞의 책. p.15.

이며 조선(朝鮮)의 미적(美的) 가치(價値) 이념(理念)의 상징물(象徵體),
표현물(形象體)임을 이해(理解)한다."[243]

이 정의에 따르면 미의식은 어떤 대상에 시대와 상황에 따라 대상적
특성 혹은 의미를 부여하는 주체이다. 그것은 대상을 대하는 방식이자
태도이다.[244] 이와 같은 견지에서 보면 특색 · 특성은 모두 전통의 극한
개념이 된다.

"시대(時代)의 변천(變遷), 문화(文化)의 교류(交流)를 따라 여러 가지
층절(層節)이 있음은 두말 할 필요가 없다. 그러나 그만한 변천(變遷)
을 통(通)하여 흘러나오는 사이에 '노에마'적으로[245] 형성된 성격적(性
格的) 특성(特性), 다시 말하면 전통적(傳統的) 특성(特性)이라 할 만한
성격적(性格的) 특색(特色)은 무엇인가"[246]

즉, 미의식을 통해서 시대의 변화상을 포괄하는, 다시 말해 미(美)의 각
시대성을 역사 전체의 틀 속에 투사했을 때 공통적으로 추출되는 주된
성격을 살펴 볼 수 있다는 뜻이다. 한국 미술의 주된 성격은 시간의 경

---

243) 앞의 책.
244) 김복영(1992) 한국인의 감성과 수묵 정신, pp.32~33.
245) 노에마와 노에시스에 대해서는 각주 51 참조.
246) 高裕燮(1993b) 앞의 책. p.16.

과를 따라 더더욱 '구체화' 될지언정 전혀 다른 성질의 것으로 변하지 않기 때문이다.

미의식에 담기는 전통성을 강조하고 그것에 주목하는 까닭은 전래된 불교를 수용하여 불상을 처음 만들기 시작한 삼국시대에 불상 제작에 대한 정체성(正體性)이 형성되었을 것임과 더불어 기본적인 미감(美感)이 싹텄을 것임을 환기시키기 위함이다.

삼국시대는 불상이란 무엇인가에 대한 이해방식, 즉 절대자를 드러내는 방식〔예컨대, 불상의 인간과 같은 상호와 친밀한 표정〕에 대한 정체성이 표현된 시기이다. 그리고 바로 이 사실이 삼국시대 불상에 나타나는 미의식에 주목해야 하는 이유가 된다. 이 시기에 확립된 불상에 대한 이해의 틀이 전통을 매개로 아름다움의 변화상으로 다양화되었을 것이기 때문이다.

> "전통은 「영원(永遠) 의 지금에서 늘 새롭게 파악된 것」이다. 그곳에 벌써 문화가치 문화재로서의 기초적 근본적 규범인 보편성 특수성 변이불변(變而不變) 내지 비불변이비불변적(非不變而非不變的) 특질이 있는 것이다. 문화 방면에 불변적 고정적인 일면이 있다는 것은 이러한 의미에서요 결코 물리적 고정적 의미의 것이 아니다."[247]

247) 고유섭(1993a) 앞의 책. p.32.

요컨대 전통은 명사적 실체가 아니라 동사적 진행형에 가깝다. 그러기에 과거의 것을 새롭게 해석하는 것이 전통이며 이 전통을 매개로 미적 형식과 그것을 배태하는 미의식이 다양하게 변화해 나가는 것이다.

미(美)는 한편으로는 생활에 따라서 시대에 따라서 그 의미와 내용이 다르지만, 다른 한편으로는 가치표준이다. 변화하는 차별상을 가진 한 개의 사상(事象)인 동시에 확고불변하는 보편상을 가진 한 개의 가치이다.[248) 미가 일종의 이해작용인 까닭에 보편적 가치표준이 되고 판단의 준칙이 되는 것이다.[249) 전통을 매개로 해석과 이해를 통해 과거와 현재가 소통하기 때문에 미술작품에서도 '변이불변(變而不變) 내지 비불변이비불변적(非不變而非不變的)'의 특질을 찾아볼 수 있다. 우리의 예술경험은 언제나 이미 있는 것에 대한 재해석과 밀접하게 연관된다. 매 순간 해석을 통해 이해되는 것이기 때문이다.

2. 변천

불교는 전파지에서 특정 형식을 고수하지 않았다. 특정 시대 · 사회의 현실적 조건을 수용 · 인정하고 그것을 토대로 삼아 다시 불교적으로 변화시키는 유연성을 발휘했다. 그러므로 삼국에 수용된 불교의 고

---

248) 앞의 책. p.71.
249) 위의 책. p.72.

구려·백제·신라화는 외래문화를 수렴·융합하여 주체적으로 수용하는 우리 문화 특유의 장점이 발현된 사례이자 불교의 보편적 적용 가능성이 확인된 사례로 이해될 수 있다.

불교의 포용력과 유연성·적응력으로 말미암아 삼국이 불교를 문화적으로 수용한 측면과 종합 문화체로서의 불교가 삼국의 문화에 맞춰 변화한 양상을 이해하기 위해서는 불교 전래 이전 삼국 문화의 특수성에 대한 이해가 필요하다. 기층·재래 문화 구조 안에서 성립된 사고구조를 토대로 불교와 그 문화를 이해하기 마련이며, 특히 종교문화의 경우 그 신앙과 수용의 주체가 지배·피지배 계층을 망라하여 매우 폭넓기 때문이다.

앞서 Ⅲ장에서 고분미술이나 공예미술에 나타나는 특징으로 살펴본 삼국 문화는 생명감 표현에 심혈을 기울여 동태적인 운동태를 추구했다. 심지어 생명 없는 대상에도 생명감을 불어넣어 표현한 점으로 미루어 볼 때, 운동감과 생명감 그 자체에 대한 특별한 관심이 이 시기의 미의식이었던 것이라 여겨진다.

금관 구성물인 곡옥에서도 발견되는 동적인 운동태 등에서 간취되던 자의적·주관적 애니미즘적 상징주의가 삼국시대 말기 불상조각에 '불교적 상징주의'로 심화되어 나타났다. 이러한 변화의 근저에 그 당시 사람들의 세계관과 예술관에 불교가 끼친 영향이 자리하는 것이라 생각된다.

삼국 불교의 수용은 4세기 후반에 이루어졌지만 불교 조형물의 제작은 6세기 이후로 활성화되었을 것으로 추정된다. 이 시기에 불교는 종교이자 문화·예술적인 현상으로서 수용되었다.[250] 예컨대 불교로 인해 새로운 장례법인 화장(火葬)이 도입되어 기존 장례문화가 변화·다양화되었고, 종래에 경험하지 못했던 인체 형상과 유사한 불·보살상이 제작되었으며 사찰이 건립되었고, 장엄한 예불 의식이 집전되었다. 더불어 승려 집단이 사회세력으로 성장하는 사회 전반에 걸친 변화가 동반되었다.

불·보살상과 같은 불교 미술의 예술적 수용의 근저에는 종래의 애니미즘적·샤머니즘적 상징주의에 내재된 미적 세계관이 작용하고 있었다. 불교 사상이 예술관에 영향을 끼쳐 삼국 문화에 깊이 뿌리를 내린 시점은 도상적 경직성을 완전히 벗어버린 반가사유상이 유행하던 삼국시대 말기 무렵이라 생각된다.

주지하듯 불교에서 형상은 그것 자체의 향유가 목적이 아니라 그것을 통해 깨달음을 추구하는 진지한 탐색의 방편으로 제작되었다. 깨달음을 향한 실천적·구도적·구원론적 관심이 예술적 관심과 결합되어

---

250) 종교는 일종의 문화현상이기 때문에 그 전파 과정이나 전파 결과에 관해서는 문명교류사적 시각에서 고찰하되, 반드시 하나의 종교적인 종합 문화체로 인식하여야 한다. 문명사적 의미에서의 불교란 불(佛, 佛像)·법(法, 經典)·승(僧, 僧侶)의 3보(寶)와 이를 안치하는 가람(伽藍)과 승원(僧院), 또는 그 속에서 거행되는 각종 종교 의식과 연찬하는 학문, 그리고 가람·승원·불구(佛具) 등을 건조하고 장식하는 각양각색의 회화·조각·복식·음악·무용 등 건축 및 공예술을 총망라하는 불교적인 종합 문화체를 말하는 것으로서, 불교의 전파나 홍통(弘通)을 거론할 때에는 이 불교적인 종합 문화체의 여러 구성 요소를 폭넓게 다루어야 한다(정수일(2009) 앞의 책. pp.467~468).

나타남으로써 사회에 효과적으로 적응하여 시대적 보편성을 확보한 것으로 보인다.

불교의 수용은 기본적으로 삼국 문화의 현세 이익적인 기복 성향을 기반으로 하여 이뤄진 것이었지만 불교사상에 근거하는 형상불상이 제작으로 인해 촉발·심화된 삼국시대 사람들의 감각적 세계에 대한 이해도는 궁극적으로 불교적 이상세계에 대한 이해를 높이는 데 기여했을 것이라 생각된다. 즉, 성스러운 이미지인 불상이 사람들이 불교 사상을 이해하고 나아가 사회적 보편성을 획득하는데 실질적인 역할을 담당했던 것으로 보인다.

그런데 삼국시대는 불상 조형에 있어 특정 형식이나 양식이 통일적으로 주도되기보다는 다양한 시도와 창안이 모색되었던 시기였다고 생각된다. 이 시기에 이루어진 다양한 시도에 대해 살펴보면 다음과 같다.

첫째, 삼국시대에는 삼국—고구려·백제·신라—에서 다양한 재료로 불상을 제작함으로써 소재에 대한 조형 감각을 키워나갔다. 금동불·소조불·납석불·석불 등 다양한 재료로 불상 제작을 시도하고 이 경험 가운데 기술력이 축적되고 그로 인한 자신감을 토대로 7세기 초에는 석불과 마애불 장르에 도전할 수 있었다. 이를테면 석불 제작에 관한한 도약할 수 있는 발판이 5세기부터 6세기말에 이르는 기간 동안 마련된 셈이다.

둘째, 틀에 박히지 않은 무한한 가능성을 용인하는 조형 풍토 속에서 다양한 형태미를 추구해나갔다. 예컨대 좌상, 입상, 의좌상, 반가사유상 등의 다양한 형태 제작에 대한 노하우를 섭렵했으며 입상의 틀을 유지하면서도 삼곡 자세를 취해 율동감을 부여하고 직립한 두 발의 위치에 변화를 주어 전진하는 것과 같은 동세를 표현하는 등의 다양한 시도가 행해졌다. 또한 영락장식 혹은 신체 측면을 타고 내려오는 천의를 신체와 분리시켜 조각함으로써 공간감을 부여하여 신체의 양감과 탄력감을 부각·증진시키는 시도가 이루어졌다. 불상 조형에 표현된 다양한 수인에 변화를 주어 생명력을 표현하기도 했다.

예를 들어, 서산 마애삼존불의 경우처럼 시무외 여원인을 결한 손의 무명지와 약지를 굽히거나, 삼화령 미륵세존의 경우처럼 시무외인을 결한 손가락을 주먹을 쥐듯 변형하여 운동 가능성을 암시하는 등의 다양성을 추구했다. 뿐만 아니라 보주나 꽃봉오리, 혹은 악기 등의 지물을 쥐는 손과 손가락 동작을 다양하게 표현하여 생생한 활기를 불어넣었다. 손가락 동작의 변주(變奏)는 국보 제83호 금동미륵보살 반가사유상의 왼쪽 발목과 오른쪽 뺨을 살포시 지지하는 손가락 자태에서도 확인할 수 있다.

이러한 변화를 꾀할 수 있었던 배경에 형태의 완벽에 대한 강박이 없었던 당시의 문화적인 정서 내지 정신적 기풍이 자리한다. 일반적으로 금동불을 포함한 우리 불상은 주조기술이나 조각 기법에서 끝마무리나 세부 표현을 소홀히 하는 경향이 있어서 완벽하게 처리하는 데 그다지 관심이 없다는 평가를 받아왔다.[251] 완벽하지 않은 모양새가 하나의 작품으로 세상에 나오기 위해서는 한편으로는 만드는 사람의 달관된 인생관이 전제되어야 하고 다른 한편으로는 그러한 표현 행위를 유발하거나 촉진하는 시대적 분위기와 환경이 뒷받침되어야 한다. 이러한 요건이 충족되었을 때 비로소 그 작품이 해당 사회에 예술작품으로 수용될 수 있게 된다.

이때 세부의 정확성이나 구체적인 수학적 비례를 준수할 것을 요구하지 않는 사회정서 덕분에 다양한 변화를 추구하며 조형적 상상력을 발전시킬 수 있다는 것은, 삼국시대 사람들은 상하(上下), 현우(賢愚), 교졸(巧拙)을 크게 문제 삼지 않고 모두가 그대로의 상태에서 미(美)에 연결되는 것을 인정했다는 의미와도 통한다.[252]

'아름답지 않으면 안 된다', '추해서는 곤란하다', '추해도 상관없다'는 식의 태도는 모두 미추이원론(美醜二元論)에 빠진 집착이라고 할 수 있다. 정교하지 않으면 아름다움이 될 수 없다는 생각과 마찬가지로 졸(拙)한 것에 무관심해도 좋다는 생각 또한 부자유스러운 것이다. 이러한 태도는 무관심에 집착하는 것이기 때문이다. 기교가 서툴면 서투른

---

251) 최순우에 따르면 우리 불상의 특성은 "완전한 아름다움 같으면서도 어디엔가 좀 더 손질이 갔더라면 하는 아쉬움을 남겨 놓고 있고, 또 막상 손을 대려면 어디에 손을 대아할지 모를 만큼 삼국의 불상은 신기한 매력을 지니고 있다. 그 시대 중국불상이 지니는 도도한 자태나 엄정한 미소에 비하여 때로는 초라해 보이기도 하고 때로는 어설퍼 보이기도 하지만…(이하 생략)(최순우(2000) 앞의 책. p.112)"

252) 야나기 무네요시(2005) 앞의 책. p.83.

대로 멋스러울 수 있다. 거칠게 깎거나 무뚝뚝한 표현이 아름다움을 방해하는 것은 아니다.

사실 비범함이 미(美)여서는 곤란하다. 앞서 언급했듯 미(美)는 생활 감정에 터 잡은 이해작용으로써 고유의 생명력을 무던히 받아들이는 데서 비롯되는 심상(尋常)한 무사(無事)의 것이다. 삼국시대 불상은 처음 보면 미완성인 것처럼 보일 수 있지만 두고두고 친할수록 빠듯하지 않고 넉넉한 멋이 느껴진다. 전체적으로 조화ㆍ균제의 미(美)를 갖추었지만 막상 부분 부분을 뜯어보면 거칠다고 할 만큼 잔손질이 가지 않았다. 그래서 오히려 볼수록 여운의 미(美)가 있는 것은 오로지 소박하고 고졸한 일면을 그대로 지니고 있는 때문이다.[253]

셋째, 이미 삼국시대에 불상 양식의 부분적 완성이 이루어지고 있었다. 국보 제83호 미륵보살반가사유상의 어깨와 신체 연접 부위에서 느껴지는 우아함, 선산 출토 금동보살입상의 전체적으로 차분하고 정제된 분위기와 세장한 장신구를 신체와 분리하여 조각한 데서 느껴지는 동적인 느낌의 조화, 그리고 상(像)의 전ㆍ후면의 구분을 두지 않고

---

253) 중국ㆍ일본과 비교되는 한국예술의 특징을 두고 김용준은 "중국 민족의 예술이 너무 완성에 치우치고, 일본 예술이 너무 잔재주에 붙들리기 때문에 우리 나라의 예술을 당하지 못하는 것이다. 우리 불상은 전체의 조화를 생각하고 부분적인 미에 탐닉하지 않는다. 작은 부분에까지 세심 유의하여 깎고 다듬고 하는 동안에 그만 기교와 화사에 치중하게 되어 전체적인 커다란 美를 잃어버리게 되는 것이다. 지나치게 완성된 곳이 없고, 철두철미 고졸혼박한 맛을 지니고 있는 것이 불상의 美를 더 한층 빛내고 있는 것이다(김용준(2001b) 민족미술론. pp.82~83)"라고 평가했다.

치밀하게 장식하고 조각한 데서 실현된 정면성의 완전한 극복 등의 면모에서 어느 정도 양식적 완성이 이루어지고 있음을 알 수 있다. 석굴암 양식 역시 이러한 흐름선상에 나타난 과정 내지는 전체 흐름을 구성하는 부분으로써 이해할 필요가 있다.

넷째, 등신대 불상 제작의 경험이 축적되어 나갔다. 국보 제78호와 제83호 미륵보살반가사유상, 삼화령 미륵세존, 서산 마애삼존불, 그리고 단석산 마애불 등은 대표적인 등신대 불상이다. 소형불에서 대형불로 규모를 키워나가며 조각기법을 연마하고 조형감각을 익혀나가는 가운데 나온 성공적인 예 중 하나가 석굴암 본존불이라 할 수 있다.

다섯째, 석재를 다루는 자신감과 기술력이 확보되었다. 7세기 초 석불과 마애불이 건립되기 이전 불상 조형은 소형의 금동불 위주로 이루어졌다. 이러한 종래의 경향이 석재로 전환된 연유는 다음과 같은 전통과 축적된 기술력에서 찾아볼 수 있다.[254]

먼저, 기왕에 확립된 석재의 채취 및 가공 기술에 대한 자신감은 불상 건립의 원동력이 되었을 것이라 생각된다. 지석묘와 같은 무덤 형태에서 확인할 수 있듯 석재, 특히 화강암 산지가 전국적으로 분포하므로 재료 취득이 용이하다. 이러한 일반성과 접근의 용이성으로 인해 석조 조형 문화를 구축할 수 있었다.

석재 무덤에 주목하는 까닭은 무덤이 구성하는 석재 가운데 암반에

---

254) 박경식(2008) 한국의 석탑. pp.74~78.

서 떼어낸 것이 다수 포함되어 있기 때문이다. 이 같은 사실은 청동기시대에 이미 필요한 양의 석재를 암반에서 떼어낼 수 있는 기술과 이를 운반할 수 있는 능력을 갖추었음을 뜻한다. 이후 고구려시대에 적석총 석실분과 백제시대의 석실분, 그리고 신라시대에 조성되었던 적석목곽분의 양식으로 볼 때 삼국시대에 이르러서도 많은 양의 석재를 채취 가공해 사용했음을 알 수 있다.

나아가 삼국시대에 축조되었던 수많은 산성이 주로 석성(石城)이었다는 사실도 고려되어야 한다. 산성의 축조는 건립에 필요한 석재의 채취로부터 운반·가공·축조에 이르기까지 다방면에서의 종합적인 기술력을 요하는 까다로운 작업이다. 삼국시대 석성들은 현재까지 건재하며 완벽한 성벽 구조를 보여주는 사실로부터 미루어 짐작컨대, 석불이 건립되기 시작한 7세기 초 이전부터 이미 석재를 다루는 자신감은 물론 실제 그것을 자유자재로 다룰 수 있는 기술력이 확보되었던 것으로 보인다. 따라서 석불과 마애불을 조각하기 시작했을 때, 구체적인 조형감각과 구도 배치의 측면을 제외한 기술적인 면은 크게 문제되지 않았을 것이라 여겨진다.

더불어 금동불에서 석불로의 전환은 돌이 지니는 강건한 속성에 주목한 시도라고 생각된다. 신앙의 대상을 조형하는 데 있어 석재가 지닌 영속성과 강건함의 속성은 충분히 매력적이었을 것이다. 석재는 목재에 비해 인위적인 파괴가 없는 한 언제까지나 보존될 수 있고, 금동불에 비해 관리가 쉽기 때문이다.

화강암이 지닌 순백의 색상과 밝게 빛나는 속성 역시 소재 전환의 동인이었을 것이라 생각된다. 예로부터 우리 민족은 백의민족(白衣民族)이라 일컬어져 왔는데 이는 그 색감이 표방하는 순수하고 맑은 속성 자체가 순백을 애호하는 민족의 정서와 맞아 떨어진 결과라 여겨진다. 더불어 화강암 석재의 강건함과 반짝이는 속성은 32상 80종호 규정 중 '몸이 윤택함'을, 햇빛을 받고 빛나는 화강암의 속성은 '신체 주위에 광채가 빛나는 모습' · '신체 주위에 빛이 비침' · '빛이 몸에 비침'을 만족시킨다.

이러한 다양한 실험이 이루어질 수 있었던 배경으로 불교 사상의 영향을 배제할 수 없다. 고정적인 형식을 내세우지 않았던 불교의 포용성과 유연성이 다양한 발상의 조형화와 새로운 장르로의 도전을 촉발 · 장려한 것으로 보인다. 불상 조각의 변화 양상에 나타나는 미적 사고와 감각에는 형식에 대한 엄격한 집착 · 고수를 찾아볼 수 없다. 오히려 특정 형상으로 고착되어 인식되는 것을 경계하고 지양했던 것으로 보인다. 이로 인해 삼국시대 불상이 대작의 핵심을 어느 정도 갖출 수 있었던 것이라 여겨진다.

그러므로 이러한 맥락에서 볼 때, 삼국 문화의 정수는 해석의 독창성이며 그것은 수용한 외래문화를 독창적으로 번안하여 적용시키는 힘에 있다고 할 수 있다. 우리 초기 불상은 중국으로부터 수입되거나 중국 불상을 모본으로 삼아 제작되었기 때문에 대체적으로 중국과 양식을 공유한다. 그러나 중국 불상에 비해 삼국의 불상은 인간적이고 친근한 특징을 보인다. 삼화령 미륵 존상이나 배리 삼존불, 그리고 서산 마애삼존불과 같이 체구가 큰 불상의 경우에도 우람함과 함께 세련된 기풍이 공존한다. 체형은 지나친 풍만으로 치닫지 않았고 얼굴형은 지나치게 길쭉하지도 넓적하지도 않은 둥근 맛이 견지되고 있다.

요컨대, 우리 불상은 중국 불상과 양식적으로 유사하지만 미감에서는 차이가 난다. 중국 불상과 양식적 디테일을 공유하는 현상을 과연 '영향'이라고 표현할 수 있을까 하는 의구심을 품게 만드는 특유의 둥근 맛이나 자연스러움, 그리고 친근함과 같은 독특한 정서가 우리 불상에 분명히 존재한다. 이러한 차이는 비록 미묘한 것이지만 그 차이가 우리 불상과 중국 불상을 가늠하는 정서적 기반이 되기 때문에 핵심적인 요소일 수 있다. 불상은 조형 형식을 통해 보는 사람의 감각에 직접 작용함으로써 영향력을 발휘하기 때문이다.

불교는 보편타당한 교리와 불보살상으로 대표되는 불교 미술작품을 통해 사람들의 마음을 결집해 나갔다. 승려집단·지배층·피지배층을 아울러 다 함께 불교도로 묶을 수 있는 사상적 기반을 제공하며 유교가 해결책을 제시할 수 없었던 미래 혹은 내세에 대한 해답을 제시하며 구원론적 역할을 수행했다. 이때 교세의 확장과 신도들의 양적 증가는 불상 조성의 적극적인 동인이자 활력소였다.

삼국 항쟁기를 거쳐 마침내 통일된 국가 체제를 정비해야 했을 때 변화한 사회 환경 및 당면한 현실 과제에 발맞춰 불교 역시 새로운 보편성 확보를 위해 변화할 필요가 있었다. 삼국시대에는 재래신앙과의 관계에서 불교의 정당성과 사상적 우월성을 드러냄으로써 현실적인 교세 확장 및 저변 확장에 심혈을 기울였다면 통일직후의 시기에는 통일전쟁 중에 발생한 막대한 사상자의 사후 행복을 비는 불사(佛事)를 거행하여 사회통합을 시도해야 했다.

이후 사회 분화작용이 심화되어 평민들이 몰락하는 경향이 농후해지며 염세적 · 내세적 경향이 짙어졌을 때에는[255] 민심 수렴을 위해 새로운 종교적 실천력 확보가 관건이었을 것이다. 미륵신앙에서 정토신앙으로의 변화도 이러한 측면에서 이해될 수 있다.

통일신라시대에는 불보살의 원력(願力)에 힘입어 서방극락세계의 왕생을 발원하는 정토교 신앙이 본격화되면서 보다 적극적으로 내세 지향적인 신도들의 염원에 부응해야했다. 현세 긍정적이었던 삼국시대 신앙에 비해 염세적 · 내세적인 통일신라시대의 신앙에 맞춰 변화할 때 시대적 보편성이 확보되기 때문이다.

당시 불교와 불교미술은 새로운 사회변화에 적응하여 신앙의 대상인 새로운 존격의 불보살상을 제작했다. 미륵신앙에서 아미타신앙으로의 변화는 예배 대상이 되는 불보살상 조형의 변화도 동반하기 때문이다. 나아가 이 시기에 제작된 아미타불상과 관음 · 대세지보살상 등이 사회적 · 종교적 지향점을 제시하는 적극적인 역할도 수행했다. 8세기 중반 보살상에 나타나는 적극적인 신성의 표현은 삼국시대부터 축적된 역량의 발현이라는 견지에서 이해될 수 있다.

물론 종교의 기반은 종교적 열망과 신앙심이다. 하지만 그것이 예술적 형식으로 표현되어 문화적 관심 또한 만족시켜야 하는 경우에는 깊

---

255) 이기백(1990) 앞의 책. p.149.

은 신앙심이나 예술의지만으로는 한계가 있다. 불상의 조형에 초점을 맞춘다면 조형 외적인 요인은 활력소로 작용할 뿐이며, 조형과 직접적으로 관련된 기술력이 발전되고 조형적 상상력이 발휘될 때 비로소 실제적인 조형 역량이 발휘될 수 있기 때문이다.

삼국시대 불교 미술을 통해 발전된 상상력은 통일신라 조각을 통해 본격적으로 꽃을 피웠다. 이러한 측면은 양식에만 국한되지 않고 도상의 측면에서도 감지된다. 십일면관음(十一面觀音)에서 보듯이 여러 개의 얼굴과 여러 개의 팔을 지닌 신인이형(神人異形) 신상의 출현도 그 중 한 예이다.[256] 이러한 변화는 불교가 전래된 이래 교학적 · 의식적 · 신앙의 차원에서 거의 모든 실험적인 단계를 섭렵한 저력에서 나온 것이라 여겨진다.[257]

이전 시대로부터 축적되어 온 물리적 · 정신력 역량이 있었기 때문에 염세적 · 내세적인 신앙에 걸맞은 새로운 신격의 위엄이 요구되었을 때 그 수요에 적극적으로 대응할 수 있었던 것이라 짐작된다. 여기서 신격(神格)이 의미하는 것은 인간으로서는 상상할 수 없는 무한한 자비, 대자대비(大慈大悲)이다. 이것이 적극적으로 표현되었다는 것은 중생의 현실적인 갈망을 적극적으로 충족시키기 위한 노력이 뒤따랐

---

256) 강희정(2006) 관음과 미륵의 도상학. pp.115~141.
257) 그것을 촉진시킨 것은 신인비동형의 다양한 신상을 갖춘 힌두교의 영향과 그것을 기반으로 한 인도 내 밀교의 발전이었다. 이러한 내 · 외적 요인의 결합으로 다면다비의 신을 수용하게 된 것으로 보인다.

다는 의미이다. 신격의 초인적인 면모를 한편으로는 규모의 웅건 · 장대함으로, 다른 한편으로는 기존과 다른 방식(神人異形)으로 강조함으로써 신격 변주(變奏)의 폭을 넓혔다. 이것이 8세기 중엽의 불상 조형이 그 외연을 확장해나간 방식이다.

인간다운 면모를 지닌 수행자로서의 보살상에서 떨어져 나와 인간과 다른 모습의 구원자로서의 보살상을 조성한다는 것은 상구보리(上求菩提)의 측면보다 하화중생(下化衆生) 쪽에서 신앙 대중들에게 보다 설득력 있게 접근했음을 말해주는 것이다. 보살에게 자신의 구원을 비는 타력 신앙적인 양상이 도상에 반영되고 강조된 현상이라 여겨진다. 그로 인해, 통일신라시대 불상은 삼국시대 불상에서 볼 수 있는 인간적인 것으로부터 떨어져 나와 초인적인 면모로 드러난 것이다.

요컨대, 불상 양식과 도상 변천의 측면에서 본다면 흔히 석굴암 양식으로 대표되는 8세기 중엽의 불상들은 조각의 역사 전체 흐름의 일부로써 존재하는 것이지 실체가 아니다. 6세기와 7세기에 걸쳐 고구려 · 백제 · 신라, 세 나라에서 다양한 장르의 불상 구상을 가능케 한 자유로운 상상력 내지 실험 정신과 실제 그러한 불상들을 제작하는 과정에서 연마된 기술력이 토대가 되어 조형되는 가운데 나타난 흐름의 일부이자 과정으로 파악해야 한다.

삼국시대는 불상에 대한 정체성이 형성되고 후대에 발현되는 상상력과 기술력의 잉태기 · 태동기였고 이러한 시대적 역량을 바탕으로 통일신라의 불교미술을 꽃피울 수 있었던 것이다. 이와 같이 선대(先代)에 축적된 삼국시대의 기술력 · 가치관에 대한 고려 없이 통일신라 불교조각을 논하는 것은 삼국시대 · 통일신라시대 미술의 올바른 이해를 방해하게 된다.

그럼에도 불구하고 현재 불교 조각사를 바라보는 일반적인 관점은, 비유컨대, 정점(頂點)에 석굴암 불상群을 위치시킨 사다리 오르기 식 진화론적 관점이라고 할 수 있다. 이러한 관점에 의거하면 불상 양식의 흐름은 석굴암 불상 제작 이전 시기는 석굴암 불상에 이르기 위한 준비 과정이며, 석굴암 불상 제작 이후는 불상 양식의 쇠퇴와 몰락의 과정으로 명쾌하게 정리된다. 실제 대다수의 연구가 불교 미술 전체 역사에서 한 부분인 석굴암 양식을 마치 최후의 도달점이라도 되는 것처럼 인식해왔다. 이러한 인식은 마치 불교 조각사에는 예정된 결과를 향해 진행되는 근본적인 경향 또는 추진력이 있는데 그 힘이 마침내 석굴암불상群을 낳은 것이라고 확신하는 것과 같다.[258]

---

258) 어떤 문화든지 발생 성장 쇠퇴 몰락의 과정을 밟으며 하나의 문화가 문명으로 발전한다는 것은 이미 몰락과 멸망을 향해 가고 있음을 나타내고 있다고 생각하는 슈팽글러의 입장과 일맥상통하는 시각이기도 하다; "조각의 발달과 기술의 연마는 마침내 8세기 중엽에 이르러 예술의 임금인 경덕왕의 治世를 맞아 경주 토암산에 石窟寺院을 건립함으로써 그 절정에 도달한 느낌이 있었다.(黃壽永(1982) 佛敎와 美術. p.19)"; "8세기 신라조각의 정점에 오는 것이 석굴암의 조각이다.(金元龍(1988) 韓國 古美術의 理解. p.73)"; "통일신라시대의 불교조각의 전반적인 상황은 삼국시대의 뒤를 이어 8세기 중간쯤의 신라양식완성 또는 절정기를 거쳐 9세기 말, 10세기 초의 쇠퇴기에 이르는 과정이며 말을 바꾸면 정신 또는 감정이 들어있는 불상에서 감정이 빠진 偶像에로의 타락과정이라고도 할 수 있다. (김원룡(1988), 위의 책. p.68)"; "예술은 단지 변화할 뿐 진보와 퇴보의 문제는 존재하지 않는다."는 피카소의 언명에 귀 기울일 필요가 있겠다. 피카소는 "예술은 단지 변화할 뿐이지 진화하지는

위와 같은 입장의 논지는 선명해 보인다. 석굴암 불상군이 조각사를 대표하는 까닭에 대한 질문을 던진다. 그것이 과연 불교 조각사를 대표하는지 아닌지에 대해 묻기보다는 석굴암 불상군이 최정점에 놓이는 명백한 사태에 대한 증거만을 묻게 된다. 사다리 오르기 식 진화론적 관점에 따르면, 우리 불교 조각사에서 한때는 굉장한 기량을 가진 조각가가 석굴암 불상과 같은 멋진 작품을 만들었으나 지금은 그런 작품과 조각가가 완전히 사라졌고, 따라서 뭔가 심각한 일이 일어났다는 결론이 도출된다.[259] 그러나 이러한 입장의 논지가 전제로 삼는 '진화'와 '미'의 개념에는 다음과 같은 문제점이 있기 때문에 재고의 필요성이 요청된다.

첫째, '진화'개념을 오해하고 있다. 진화는 어떤 목표 지점을 향해서 뻗어있는 고속도로나 하나의 꼭대기를 가진 사다리가 아니라, 비유컨대 다양한 방향으로 점점 많은 가지를 뻗어가는 과정이다. 어떤 작품이 우아해진다거나 장중해진다거나 하는 등의 어떤 확고한 실체를 향해 정해진 방향으로 나아가는 것이 아니다. 불상 조형에 있어 진화는

않는다."고 했다. 예술은 나무 한 그루에 열린 과일과 같으며, 이 과일은 다른 것으로 교체될 수 없으므로 진보와 퇴보의 문제는 존재하지 않는다는 의미다 (Wu Weishan(2007) 조각가의 혼. p.234).

259) "9세기는 … 8세기佛의 人佛混合의 신라적인 精神美를 느끼게 하기는 어렵고 불국사양식의 위대한 전통은 다음의 일세기를 끌어가지 못했다는 결론이다.(김원룡(1988). 앞의 책. p.88)"; "9세기 조각의 기본 특색은 栢栗寺 藥師如來에서 나타나는 平面化傾向, 內面的 · 精神的인 것에서 外面的 · 視覺的 · 裝飾的인 것으로의 이행이라고 하겠다(위의 책. p.81)."

생명감을 표현하는 형식이 다양화되는 변화 과정 그 자체를 뜻하는 것으로 변천 혹은 변화라는 표현이 오히려 더 적합하다.[260]

다양성으로 가득한 흐름을 특정 시기의 평균 또는 가장 우수한 것 단 하나가 대표할 가능성은 지극히 낮다. 설사 석굴암 양식을 우리 조각사의 최우수작으로 보는 관점을 취하더라도 극단적으로 우수한 한 작품을 해당 시대의 정서 일반을 나타내는 지표로 삼는 것은 곤란하다는 뜻이다.

미(美)라는 것은 전적으로 주관적인 것도 아니고 그렇다고 어느 곳에서나 통용되는 보편적인 것도 아니다. 문화마다 차이가 있고 개인의 차가 존재하지만 그럼에도 특정한 문화와 전통에서 보편적인 것으로 받아들여지는 것, 즉 구체적 보편성의 체험이라고 할 수 있다. 그러므로 만약 부분으로 전체를 대표하고 싶다면 독특한 것 혹은 뛰어난 것보다는 보편적인 것을 기준 지표로 삼는 것이 적합해 보인다.

사실 제작된 불상의 수적인 측면에서 그리고 지역적 확산 정도에서 9세기 불상은 8세기 불상보다 단연 우세하다. 그럼에도 불구하고 진화

---

260) 사실 문화적 변천은 진보라고 불러도 좋은 어떤 것을 행한 조종된 경향의 존재를 생각해도 좋은 과정이다. 하지만 우리가 문화적 진화라고 말할 때에는, 이것과 자연의 변화 또는 다원적 변화가 근본적으로 유사한 것이라고 무의식적으로 생각하게 된다. 다윈의 자연사 이론이 인간 사회와 기술의 역사에도 다 적용될 수 있을 것이라는 생각은 지나치게 환원주의적인 가정이다. 보다 중립적이고 기술적인 표현, 예를 들어 문화적 변화 같은 말을 쓰는 것이 더 바람직할 것 같다(스티븐 제이 굴드(2002) 풀하우스. p.306).

를 어떤 실체 개념으로 오해하는 입장에서는[261] 9세기 불상을 '석굴암 양식이 어떻게 힘을 잃어 가는지 보여주는 일례'로써 이를테면 대조군 (對照群)으로써 대하는 경향이 있다.

그러나 개별 불상의 미를 편견 없이 바라보기 위해서는 진화를 마치 어떤 목표 지점을 향해서 뻗어있는 고속도로와 같이 여기며 진화라는 마스터키로 불교 미술 양식 전체를 재단하려는 관점에서 벗어나야 한 다.

불상 조상(造像)이 유행하고 그 스타일이 다양해지는 것은 모두 시대 의 믿음과 염원에 정확하게 비례하고 있다 해도 과언이 아닐 것이다. 예배와 믿음이 없는 곳에서 불상이 만들어질리 없으며 시대의 간절한 염원이 따르지 않는 곳이라면 굳이 신앙과 예배의 대상인 불상의 존재

---

261) 조각 역사의 정점을 석굴암으로 보기 때문에 그 이후에 계속적으로 등장하 는 훌륭한 스타일을 설명하는데 고전하며 신라의 복고작이라든지 신라의 모 본을 바탕으로 제작되었을 것이라는 해석을 하게된다. "국립 중앙 박물관 소 장 鐵佛은 신라 최 말기에서 고려 초 즉 9세기말에서 10세기 초에 걸쳐, 巨作 을 만들어 낼 自信을 잃은 佛工들의, 8세기佛을 模範으로 한, 충실한 復古作 이 아닌가 생각되는 것이며... 그러나 이 鐵佛의 자연스럽고 실감나는 옷 주 름의 처리는 아직도 설명하기에 곤란한 점이 있다. 이 불상은 원래 忠南 瑞山 普願寺址에 있었던 것이라고 하는데 그렇다면 이 자연과 柔和는 백제미술의 전통 때문일까.(김원룡(1988). 앞의 책. p.84)"; "안동 하회탈은 불교 조각은 아 니나... 이 탈들의 정확한 제작 연대는 확실치 않지만 이 강조된 안면 근육의 생기에 넘친 얼굴들은 조선시대의 조각공으로서는 거의 불가능한 경지이며 신라조각의 여맥이 남아 있던 고려 전기의 어느 때가 아닌가 생각되는 바이 다. 아마 신라 때부터 내려오던 탈을 본으로 해서 만들어졌을 것이다(앞의 책. p.89)."

이유가 없기 때문이다. 이러한 견지에서 볼 때, 수용 초기에 지역적으로는 수도, 계층적으로는 지배층에 머물던 불교가 모든 계층을 아우르며 국토 전역으로 퍼져나간 현상을 신앙의 번영·교세의 확장으로 보는 데는 이견이 없다.

이러한 지방화·토착화 현상에 대해 한편으로는, 진정한 '불교의 한국화'라는 의미 부여를 하면서도, 그러나 다른 한편으로는 특히 미술 양식을 논할 때 유독 단호하게 이 국지적 적응 양상인 '지방화'를 양식의 쇠퇴와 해이 현상으로 규정한다. 석굴암 불상﹟이 건립된 후 8세기 중반 이후부터 불상 양식이 과장되고 종교적인 긴장감이 사라지면서 토착화되었다는 것이다.

그러나 석굴암 불상들이 제작된 8세기 중반 이후에도 실제로 불교 교세는 계속 확장되었고 지방 곳곳에서 많은 불상들이 꾸준히 제작되었다. 그렇기 때문에 신앙심을 바탕으로 제작되는 불상이 어느 한 시기에만 아름답게 제작되고 그 이전과 이후의 시기에는 아름다움과 무관하게 제작되었다는 관점에 수긍하기 곤란한 것이고 이 관점이 간과하고 있는 측면에 주목할 필요가 제기되는 것이다.

조각사는 고정된 지향점을 미리 설정하여 전개되는 과정이 아니다. 삼국시대 불상이 석굴암 본존불을 염두에 두고 제작되는 것이 아니라는 의미다. 선후 관계가 분명한 양식 군의 몇몇 불상에 대해서도 가장 나중에 만들어진 불상을 위해 가장 처음에 만들어진 불상으로부터 차차 한 단계씩 발전해나간 것임을 증명할 수는 없다. 증명할 수 있는 적절한 방법이 존재하지 않기 때문에 증명이 어려운 것이 아니다. 그 사이에는 필연성이 존재하지 않는다.

그럼에도 불구하고 일반적으로 예술의 필연성을 강조하는 방향으로 연구되는 경향이 있다. 그리고 이러한 경향의 기저에는 견지되는 특정한 입장이 있다. 21세기의 기준으로 8세기 중반까지의 전개 양상을 바라보는 입장과 주어진 물적 대상으로 불상을 바라보는 철저한 관자(觀者)입장이 그것이다. 그래서 어떤 예술작품을 칭송할 때에는 작품의 각 부분이 정당함을, 그것 아닌 다른 것이 될 수 없음을 증명해야 할 것 같은 의무감마저 느끼게 되는 것이라 생각된다.

그러나 보는 경험의 이면에 제작의 경험이 존재한다는 사실이 반드시 함께 고려되어야 한다. 어쩌면 우연적인 사건과 사소한 외부적 방해가 있었음을 기억하는 제작자의 입장에서는, 본인 작품에 관한 평가가 전적으로 들어맞는 것이 아님을 다르게 했더라면 더 나았으리라는 것을 알고 있을 것이다. 그러므로 우리가 위대한 예술작품인 불상으로부터 느끼는 필연성은 굳이 표현하자면 작품 각 부분의 필연성이 아니라 총체적인 필연성인 셈이다.

여기서 총체적인 필연성을 전체 조각사에 투사해보면, 한 불상에서 어떤 부분을 모티프 삼아 다른 불상으로 구현하는 것은 조각가의 해석에 의해 좌우되는 임의적인 과정임을 이해하게 된다. 비록 임의적이지만 이 선택과 해석에는 '전통'이 매개되기 때문에 변화하지 않은 것 같으면서도 변화한 측면이 있는 혹은 새로운 것 같으면서도 익숙한 형태의 작품을 만나게 되는 것이다.

그렇다고 해서 석굴암 불상군에 구현된 미(美)를 높이 평가하는 견해에 대하여, 석굴암 불상군이 불교 조각사의 빛나는 작품이라는 해석 자체가 잘못되거나, 그러한 가치 판단 자체가 부정되어야 한다는 것은 아니다. 다만 그 견해가 취하는 관점, 즉 전체 불상 조각사에서 석굴암 불상군에 대한 지나친 편중도(偏重度)를 문제 삼는 것이다. 왜냐하면,

"어떤 감수성을 진심으로 공유하는 자는 그것을 제대로 분석하는데 한계가 있으므로 의도야 어찌 됐건 그 감수성을 대표할 수 있을 따름 이다. 그러기에 어떤 감수성에 이름을 붙여 윤곽을 잡고 특징을 서술 하려면 그에 대해 비판적으로 공감해야 한다."[262]

요컨대, 석굴암 불상군의 아름다움에 매료되어 그것에 공감하는 것을 경계하고자 함이 아니고 편중된 시각을 교정하여 비판적인 시각을 견 지해야 할 필요성을 언급하는 것이다.

그런데 편중성은 특정 양식에 대한 의식적인 선호에서 비롯될 뿐 아 니라 무의식적으로 작동되기도 한다. 연구 시점의 미의 기준을 여과 없이 고대에 조성된 불상에 적용하는 경우가 그러하다. 옛 작품에 현 재의 관점을 적용하느라 당시 스타일의 변화와 반복의 리듬을 놓친다 면, 수백 년 전 작품들은 우리 눈에 지루하거나 뒤떨어지거나 혼란스 럽거나, 아니면 이 세 경우 모두에 해당되는 것으로 밖에 보이지 않을

---

262) 수잔 손탁(2002) 해석에 반대한다. p.409.

것이다.[263]

선호하는 특정 양식을 기준으로 그 외의 불상들을 재단하거나 혹은 현재의 미(美)에 대한 관점을 기준으로 과거에 제작된 다양한 불상들을 평가하고자 하는 유혹에서 벗어난다면, 미에 대한 다양한 관점이 존재하며, 실제 그 관점이 변화함을 굳이 세밀하게 분석하지 않아도 발견하게 될 것이다. 더불어 미에 대한 서로 다른 관점들은 전통을 매개로 서로가 서로의 이해 근거 · 토대로 작용하게 되므로 서로 대립되는 것이 아니라는 점 또한 확인하게 될 것이다.

전체 조각사는 계속적인 해석 작용으로 인해 확장되고 다양화되어 풍부해진다. 과거의 정신과 현재의 정신이 전통을 매개로 대화적 지평에서 상호작용하기 때문이다. 과거는 현재 속으로 들어와 현재의 내용을 확장하고 심화한다. 외부적인 시간의 연속성이 경험의 조직화로 변화하는 것이다. 말하자면, 과거로부터 간직해온 것 그리고 미래에 대해 기대하는 것이 현재의 지침으로 작용하는 것이다. 그러므로 해석경험은 개인적인 감정과 지각 안에 갇혀있는 것을 의미하지 않는다. 그것은 전통과 현재의 환경과 활발한 교류를 뜻한다.

---

263) 특히 다음과 같은 관촉사 석조 보살 입상에 대한 혹평이 그 대표적인 예가 될 수 있다. "은진미륵은 삼등신의 비율이며, 전신의 반쯤 되는 거대한 삼각형으로 턱이 넓어 일자로 다문 입, 넓적한 코와 함께 불상의 얼굴을 가장 미련한 타입으로 만들고 있다. 신라의 전통이 완전히 없어진 한국 최악의 졸작으로, 한국인이 놀라는 것은 그 크기 때문이며, 외국인이 놀란다면 이는 그 원시성 때문이다.(김원룡(1981) 한국미의 탐구. p.138)"

사실, 어느 시대 어느 문화에서나 특정한 형식을 만들어 생명의 절정과 정신적 리듬을 표현했다. 이것이 바로 생명 리듬의 핵심인 형식이다.[264] 이때 생명력은 친숙함이나 편안함으로 표현될 수도 있고 풍만함이나 장중함 등 얼마든지 다양한 조형 형식이나 가치로써 드러날 수 있다. 그러므로 삼국시대와 이 시기에 제작된 불상들을 8세기 중반 석굴암 양식에 오르기 위한 예행연습 기간과 연습작으로 보는 관점이 재고되어야 하는 것이다. 거듭 강조하거니와 진화는 애초에 어떤 지향점이 설정된 발전과정이 아니다. 그것은 지향점이 설정되어 있지 않을 뿐만 아니라 지속적인 과정 그 자체이다.

불상 양식의 변천과 그 의의를 논하고자 한다면, 다양한 구성 요소들을 포함한 조각 역사 전체가 그대로 어떻게 변화해 가는가 하는 것을 검토해야 한다. 그러기 위해서는 전체 변천 과정의 일부로서 어떤 변화 패턴을 인식해야 함에도 불구하고 전체가 아니라 세부를 선택해서 마치 그것이 전체를 대변하는 것처럼 초점을 맞추는 오류를 쉽게 범하곤 한다. 그 대표적인 오류가 석굴암 불상군을 실체로 인식하는 사다리 오르기 식 진화론적 관점이다.

---

264) "형태라는 것은 혼돈의 상태에 처해졌을 요소들이 점진적으로 정리되어 인식되는 것이다. 모든 기술적인 솜씨에서 형태는 존재한다. 기술이라는 것은 작업을 하는 과정에서 나타나는 형태에 대한 직감을 말한다. 이러한 심리적이고 본능적인 차원을 넘어선 인간 발달의 더 나은 진보는 언제나 형식적인 가치를 실현하는 데에 달려있다(Herbert Read(1952) *The Philosophy of Modern Art.* pp.9~10)."

실제로 석굴암 양식을 따로 떼어 정의할 수 있는 것으로 취급하여 그것이 사라지면 반드시 그에 대한 특별한 설명이 필요한 하나의 실체로 취급해 왔다. 그러나 석굴암 양식은 그 자체가 하나의 항목이나 실체가 아니다. 그것은 삼국시대부터 제작되기 시작한 불상 양식 흐름의 일부분으로 존재하는 것일 뿐이며, 그 자체로서 따로 정의되거나 분리될 수 있는 성질의 것이 아니다.

전체 흐름에서 석굴암 양식을 따로 떼어내면 다시 그런 불상이 나오지 않았다는 사실이 양식 전반의 퇴보를 가리키는 것처럼 보일 수 있다. 그러나 불상 양식 전체의 변화상을 봐야 한다. 그리고 모든 형식은 생명력의 표현 방식임을 유념하여 변화와 다양성 그 자체에 주목해야 한다. 예술작품은 끊임없이 새롭게 해석됨으로써[265] 전통이 되어감으로써 현재화되는 것이고 진화란 그러한 과정으로 존재한다.

때로는 전무후무할 것 같은 아름다운 걸작이 탄생하여 어떤 양식이 완성을 이룬 것처럼 보일 수도 있다. 하지만 확립된 이 질서의 생명력이 영구적일 수는 없다. 그 까닭은 작품 쪽에 속한 문제이기보다는 오히려 작품을 바라보는 인간과 그가 속한 환경 쪽에 속한 문제이다. 우리가 살고 있는 현실세계가 운동과 분열, 재결합, 정지 등이 계속되는

---

265) 이해한다는 것 자체가 바로 해석이다. 그리고 해석하는 것은 현상에 상응하는 것을 찾는 일이다. 따라서 해석은 대부분의 사람들이 생각하는 것처럼 절대적인 평가, 즉 시간을 초월한 어떤 영역에 자리 잡은 정신 능력의 몸짓이 아니다. 인간의 의식을 역사적으로 바라보는 관점 안에서, 해석 자체도 분명히 평가를 받아야 한다(수잔 손탁(2002). 앞의 책. p.108).

세계이기 때문이다.

그렇기 때문에 이러한 환경 속에서 생명체로서 존재하는 인간은 자신과 환경 간의 균형을 잃고 회복하기를 부단히 되풀이하게 된다. 혼란에서 조화로 이행되는 순간 환경에 적응하는 것은 일종의 성취라고 할 수 있다. 이러한 평형의 시기에 이르는 것은 동시에 환경과의 새로운 관계가 시작되는 것으로 이 관계는 새롭게 적응해야 하는 과정 속에 놓이게 된다. 성취와 조화에 뒤따르는 향유를 그 기한 넘어서까지 영속화하려는 시도는 어떤 것이든 현실세계로부터의 도피가 된다. 결과적으로, 그러한 시도는 본의와 무관하게 예술작품에 활력의 저하나 그것의 상실로 드러나는 것이다.

이러한 현상은 예술작품의 '예술성'이라는 것이 그리고 그것의 가치가 고정불변의 실체로 존재하고, 그것을 갖추기만 하면 예술작품이 될 수 있는 메커니즘 속에 있지 않음을 보여주는 결정적인 단면이다. 예술성은 사회적 산물이며 상호작용 속에 과정으로 평가받고 인정되는 가치이다. 같은 작품이라도 제작자와 그와 속한 환경과 상호작용 속에서 한쪽에서는 가치를 획득하기도 하고 다른 쪽에서는 상실하기도 한다.

불교 조각사의 정점(頂點)에 석굴암 불상(佛像)을 위치시킨 사다리 오르기 식 진화론적 관점이 범하는 또 다른 오류는, 둘째, 미(美)의 개념을 고정불변의 실체로 오해하고 있다는 것이다.

앞서 Ⅱ장에서 고찰했듯 미는 종합적 생활감정의 이해작용이다. 예술작품으로서의 불상은 생생한 삶 속에 자연스럽게 발양된 생활감정이 형상에 집약되어 고유한 미적 형식을 갖춰 표현된다. 지금보다 나은 삶을 기원하며 신 앞에 서게 되는 신앙—확신과 열 —이야말로 인간의 삶에 밀착된 생활감정이다. 불보살상을 제작하는 동인은 붓다와 보살의 원력에 대한 열렬한 믿음이다. 그리고 이 믿음으로 나 자신을 구원하고 현실적 난제를 해결할 수 있다는 확신이다.

불보살상의 제작은 또한 '어떤 것'을 '어떤 것'으로 해석하는 이해작용과 연계된다. '어떤 것(불상)'을 '어떤 것(제작 당시의 환경과 그 환경에 터 잡은 익숙한 그 무엇)'으로 표현하는 것이기 때문이다. 그렇기 때문에 생활감정을 토대로 하여 시대와 지역에 따라 차이를 보일 수 있는 미적 가치관을 투영하여 만든 불상을 유독 고전적인 면모를 보이는 특정 시기의 작품과 일률적으로 비교평가하거나 혹은 서양 미학의 세례를 받은 현재의 미적 관점을 적용하여 판단한다면 각각 자신이 탄생한 시대의 정서를 드러내는 불상들이 정당한 평가를 받을 기회를 얻지 못하게 된다.

먼저 전자—개별 불상의 시대나 지역적 배경을 고려하지 않고 특정 시기의 불상과 일률적으로 비교 평가하는 입장—로 인해 야기되는 오류는 다음과 같다. 통일신라시대의 불상에는 당시의 현실상과 미래에 대한 그들의 희원이 담긴다. 불상 제작에 투영되는 이러한 정신적인 자세가 삼국시대의 그것과 동일할 수 없다.

통일신라시대의 불상 제작 여건은 삼국시대의 그것과 비교할 때 출발점이 달랐다. 통일신라시대는 삼국시대로부터 물려받은 막대한 정신적·물리적 유산을 토대로 상상력을 발휘하고 해석을 해나갈 수 있었기 때문이다. 이와 같이 비교의 대상이 아닌 성질을 서열화할 경우에 기준이 되는 것은 연구자의 선호도가 될 개연성이 다분히 존재한다. 또한 출발선이 다른 대상에 대하여 동일한 기준을 적용해 서열화할 경우에는 우월한 것과 열등한 것으로 분류될 가능성이 높아진다.

한편 후자—현재의 미적 관점을 과거 불상에 적용하여 판단하는 입장—로 인해 초래되는 문제점은 다음과 같다. 단지 고대 희랍의 신상과 외견상 비슷하다는 이유로 불상을 비례로써 설명하고, 불상의 본질을 미의 개념에 결부시킬 경우에는 불상의 본질이 왜곡될 위험이 높다.

왜냐하면 철저하게 합리적이고 이성적인 정신을 바탕으로 제작된 고대 희랍 여신상의 정신적 전제와 신앙심인 불심(佛心)으로 제작된 불상의 정신적 전제가 일치할 가능성이 희박하기 때문이다. 불상의 정신적 전제·불성(佛性)의 근간이 합리적이고 논리적인 완전함과는 거리가 멀어 보이며, 전체와 부분의 양적인 관계를 뜻하는 비례 등과 같은 성질은 불상의 본질과 필연적인 관계를 맺고 있는 것 같지 않다.

고대 희랍인들에게 beauty는 형식적인 완전함이었고 그 완전함의 외적 형식은 비례로써 드러난 것이다. 서양 조각사의 흐름과 서양 미학 개념에 근거하여 불상의 인체 표현에 대한 조각사적 지위를 논하는 재구성 작업이 무용한 것은 아니다. 다만 문제는 이런 경우에 불상을 제작했던 사람들이 불상을 보면서 느꼈던 감정과는 멀어진다는 데 있다.[266]

---

266) 오병남(2003) 앞의 책. pp.525~539.

지금까지의 논의를 종합하자면, 조각사를 대표하는 작품을 비교 기준으로 삼거나 현재의 관점을 평가 기준을 적용하여 구분하고 상대화시키게 되면 추(醜)를 버리고 미(美)를 택하는 것이 우리가 해야 할 일이 되어버린다. 그러나 상하(上下)를 구분하고 고저(高低)의 차이를 두는 것은 인식을 위한 편의이자 논리의 요청일 뿐이다.[267]

만약 양식적으로 쇠퇴하고 종교적 긴장감이 떨어진다는 평가를 받는 특정 시기 작품들이 실제로 해이하고 혼란스러운 사회 기류나 정서를 정확히 반영한 그 시대의 산물이라면 그 작품들을 시대의 정서를 잘 반영한 걸작(傑作)으로 대하는 태도가 시대상을 반영하는 사회 · 문화적 소산으로써 불상을 대하는 바람직한 자세일 것이다.

예컨대, 삼국시대(특히 고구려)의 고분벽화는 실내를 한 개의 객관적 완체(完體)로 보고 생략법을 써서 벽면의 전체를 단일 관점으로 통일하지 않고 제작자 주관에 입각하여 그의 지식을 전부 망라하여 벽화를 장식하려는 의욕이 간취된다. 그로 인해 전체를 관통하는 주제의 응집성이 떨어지고 나열적인 측면이 있다. 그런데 이러한 통일성의 부재는 이것을 표현한 개인의 문제가 아니라 당시 예술적 표현의 특성이었다. 이것을 통일신라시대에 거의 동일한 건축적 계획에서 조영된 경주 석굴암의 예술적 내용과 비교하면 실로 전자는 산문적 표현의 대표자요,

---

267) 야나기 무네요시(2005) 앞의 책. p.63. 예컨대 번파식 주름이니 선형 주름이니 하는 구분과 석굴암 양식 혹은 전성기 절대 양식 등의 용어 자체가 뭔가 정리를 해보려는 역사가의 창안이다(실반 바네트(1991) 앞의 글. p.141).

후자는 운문적 표현의 대표자임을 알 수 있다.[268]

바로 여기서 우열의 관계가 아닌 시대적 특성을 확인하게 되는 것이다. 고분 벽화가 역사성·사회성의 담지자 역할을 수행하는 것이다. 즉 고구려 고분 벽화는 문화발전의 과정을 역사적으로 보이고 있는 것이고 그러한 이유로 고유한 가치를 부여할 수 있다.

미추이원론(美醜二元論)에 입각해서 전성기 이외의 작품들을 추한 것으로 보는 시각만큼이나 '좋은 것' 혹은 '좋다고 평가받던 것'이 사라지면 그것을 기술 쇠퇴의 징조로 보는 입장, 혹은 사라진 그 요소를 반드시 갖춰야 할 것으로 규정하는 사고방식은 좀 더 유연하게 가다듬을 필요가 있다.[269] 왜냐하면 포착되는 변화상들이 바로 달라진 가치관의 발현상이자 발전의 맹아(萌芽)일 수 있기 때문이다. 새로운 시대의 감각과 호흡이 느껴지는 새로운 양식은 결코 기적과 같이 별안간 툭 튀어나오는 것이 아니기 때문에 긴 호흡으로 전체 흐름 안에서 포괄적으로 살펴야한다. 그 좋은 예가 불상의 얼굴형과 표정이다.

신라 하대에 신라의 독특한 불상 양식에서 부각되는 요소 중 하나는

---

268) 고유섭(1993a) 앞의 책. p.155.
269) 美醜二元論을 극복해 不二的 관점을 취할 필요가 있다. 一元的 관점이라 하지 않은 까닭은 궁극적인 것은 二라든가 多로 분화된 것이 아니라 통일체, 圓融을 뜻하기 때문이다. 不二的 관점에서 뜻하는 二로 나뉘지 않은 그대로의 상이란 如의 경지에 있는 것, 본래의 것을 의미한다(야나기 무네요시(2005). 앞의 책. p.62, p.76). 그러므로 하이데거 또한 역설한 바 있듯 나누어지지 이전의 미를 찾아야 한다. 여기서 말하는 이전이란 시간의 선후를 가리키는 것이 아니라 이원에서 해방된 세계를 뜻한다.

특유의 얼굴형과 표정이다. 양끝이 살짝 치켜 올라갔던 눈매가 평평해졌고 날카롭고 높았던 콧날이 뭉툭해졌다. 미소는 성스럽고 근엄하기보다 친근해졌고 그 미소를 담고 있는 입매는 작아졌다. 얼굴형은 후덕해 보이는 방형으로 변했다.

일반적으로 종교적으로 숭앙하는 신이나 인물 조각에는 으레 그들 민족이 이상으로 삼는 남성상이나 여성미가 은연중에 표현되기 마련이므로[270] 8세기 불상에서만큼이나 9세기에 제작된 불안(佛顏)에도 신라인들이 이상으로 꼽던 얼굴형이나 표정 등이 농축되어 표현되었다고 봐도 무리가 없을 것이다. 9세기 불상에서는 8세기 중반의 성스럽게 정화된 초인간적인 미(美) 대신 우리가 일상 속에서 만나는 이웃을 대하는 것과 같은 인간적인 친밀감이 느껴진다.

8세기 중반에 건립된 석굴암 불상군(佛像群)에는 크기의 대비를 통해 미학의 경계를 표현하기를 좋아한 당시의 심미 습성이 반영되었다. 장중한 상(像)을 조각하여 중량의 절대성으로 무한한 지혜와 자비를 표현하여 깊은 감명을 주고자 했다. 위용(偉容)과 근엄, 초인간적인 신비성을 표현하는데 최선을 다했다. 그 앞에 서는 사람이면 누구든 일단 성스러운 위압감을 느끼고 그 다음 부드럽고 굵은 선의 율동감을 느끼게 된다.

삼국시대 불상에서는 살아있는 인간의 얼굴을 보는 것 같은 생생함

---

270) 최순우(2000) 앞의 책. p.129.

과 친근함, 그리고 생명력을 표현했다면 석굴암 제불상군(諸佛像群)을 통해 숭고하며 높고 크고 완전한 신성을 구현했다. 9세기 불상에서는 생활에서 따뜻하게 흘러넘치는 온정을 표현함으로써 동시대 사람들의 생활 깊숙이 파고든 것이라 여겨진다.

흔히 조소감(彫塑感) 혹은 입체감(立體感)이라는 것은 코가 높고 눈이 깊어서 공간적 대비가 강한 것이라고 생각하기 쉬운데, 우리가 일상에서 접하는 평편한 얼굴 속에 깃드는 친근하고 푸근한 표정을 담아내는 것 또한 조소감을 드러내는 우리 나름의 방식일 수 있다.

불상에 이상(理想)을 새겨 넣던 경향이 자연스러운 상태 그대로를 긍정하는 방향으로 변화한 것은 조형 기술 우열의 문제라기보다는 달라진 가치관의 문제일 수 있으며, 신앙이 일상생활과 완전히 밀착되어 성속(聖俗)의 거리감이 사라진 시류(時流)의 반영일 수 있다. 불교가 이미 신라 사회에 완벽하게 용해되어 신라인의 생활상과 밀착된 탓에 지극히 일상적이고 당연한 것으로 받아들여지고 있었다는 증거일 수 있기 때문이다. 이런 변화는 종래의 거국적이고 귀족 중심의 화려한 미술에서 지방 중심으로 변화하는 종교적인 추이와 연결되는 경향이기도 하다.

건강하고 줄기찬 힘, 평범한 일상을 영위하는 보통 사람들이 예술의 주체가 된 것이다. 그로 인해 생활의 온정이 느껴지는 정서를 바탕으로 고향 말을 듣는 것과 같은 친근함이 느껴지는 불상을 탄생시킨 것이다. 민간은 예나 지금이나 다름없이 영원한 생활의 주제이자 예술

영감의 근원이다.

요컨대, 이질감 느껴지는 형이상학적인 관념의 설파나 고압적인 위치에서 가르치는 식의 해설·설명과 비교할 때 불보살의 존재를 형상으로서 보여주고 그 존재를 시각적으로 증명하는 불보살상의 포교 방식은 기본적으로 대중정서 친화적이라 할 수 있다. 생활 속에서 신도들의 관심 속에서 자라나 철저하게 생활에 근원을 둔 미적 형식으로 조형됨으로써 불보살상은 양식의 폭이 넓어지고 색채가 풍부해진 것이다.

VII. 결론

불교에서 예배의 대상인 불상은 깨달음을 얻어 해탈한 자를 형상화한 것이다. 그렇기 때문에 초인적 존재인 불·보살은 동시에 이상적인 인간상이기도 하다. 따라서 불·보살상의 신체 표현은 이상화·미화되며 이러한 이상화의 동인(動因)에는 경전과 교리적인 요소와 더불어 인간의 염원이 담기는 측면이 분명히 존재한다. 그러므로 불상에 구현된 미와 그것을 배태한 미의식에 대한 논의에는 불상 표현에 반영되는 미의식과 이해·인식 작용 등 인간적인 가치가 고려되어야 한다는 큰 틀 아래서 이 연구가 전개되었다.

Ⅱ장에서는 삼국시대 불상에 투영된 미의식을 논의하기에 앞서 한국 미술 혹은 불교 미술에 관련된 담론에 대해 미학이라는 용어와 그 학문적 방법을 적용하는 것이 과연 타당한가 하는 문제를 검토했다. 서양 미학 이론의 기본적인 문제들은 형식상 근대적인 것이지만 모두

과거로부터 물려받은 개념들이기 때문에 서양의 고대와 중세의 미학사를 근대적 관점에 따라 구성하는 작업은 충분한 정당성을 가질 수 있다.

반면 그러한 역사적 과정을 거치지 않은 한국 문화의 구조 속에 서양의 사고틀을 그대로 적용하는 것은 문화와 사고를 왜곡시킬 위험이 있다는 우려에 공감하면서도 현재의 해석적 지평을 완전히 배제할 수 없기 때문에 현실적인 타협점을 마련해야 할 필요성이 요청된다는 점을 서술했다. 이러한 견지에서 현대 미학에서 사용되는 '미적인 것'이라는 개념을 통해 우리의 예술현상을 이해하는 것은 어느 정도 용인되어야 한다.

그렇지만 고대 한국에서 미적인 것의 가치는 서양 근대의 경우처럼 다른 가치와 분리되고 독립된 것은 아니었다. 고대 한국에서 그 가치는 박혁거세 신화에서 볼 수 있듯 정치와 도덕, 그리고 초월적인 가치와 통합된 것이었고 미적인 것이 곧 인격적 가치의 상징이었다. 따라서 사람들의 이러한 인식이 절대자를 형상화할 때 미를 구현하고자 하는 배경이 되었을 것이라 생각된다.

한편 불교의 이론적 관심은 해탈을 위한 실제적인 마음의 작용에 관한 논의나 수행론에 집중된다. 그로 인해 예술의 가치나 미적 인식은 불교 사상에서 주된 관심사가 아니다. 그렇지만 불립문자의 강력한 의지를 표방했던 선종에서조차 감각적인 형상을 빌리고 있다는 사실과 대표적인 대승경전인 무량수경에서 불국토의 아름다움을 상세히 설하고 있다는 점으로부터 불교사상의 미학적 근거에 대한 연구의 필요성은 인정된다. 극락세계를 형상화하여 보는 사람들에게 극락에 대한 동경심을 불러일으키고 환희·안락을 느끼게 한다면 그것은 깨달음과 중생제도를 함께 이루는 것이기 때문이다.

불교의 궁극적 목적은 깨달음에 있다. 중생교화는 깨달음을 구하겠다는 마음을 갖게 하고 깨달음을 얻는 실제 방법을 알려주는 것이라고 할 수 있다. 깨달음에 이르는 여러 방법은 경전에 제시되고 있고, 깨달음을 구하겠다는 마음을 갖게 하는데 불상이 기여하는 것이라 여겨진다.

마음 혹은 감정에 직접 작용하는 속성에 주목하게 되는데 대표적으로 미를 꼽을 수 있다. 미(美)는 개념적 매개나 추론 없이 그 자체로 고유한 감각에 직접 작용하여 감정을 영속시킨다. 그러므로 불상에 나타나는 미적인 요소는 동경심을 불러일으키고 즐거움·편안함을 느끼게 하여 그러한 안락함을 느끼는 이곳이 바로 정토임을 일깨우기 위한 방편으로 조형된 것이라고 볼 수 있다.

이러한 견지에서 삶의 감정과 그 총체성에 입각하여 미와 미술, 그리고 미의식에 대한 관점을 제시한 고유섭 선생의 견해에 근거하여 불상의 성격을 예술작품으로 자리매김했다. 그리고 예술작품으로서의 불상의 특징을 물적 존재로서의 특징과 구체적인 미적 표현에 나타나는 특징으로 나누어 고찰하였다.

전자의 특징으로 불상이 시대정신의 소산이라는 점, 감각적 형식과 정신적 의미의 융합이라는 점, 그리고 상징형식인 불상을 조형하는 것은 인식의 기능을 수행하는 것이라는 점을 살펴봤다. 후자의 특징으로 불상 표현이 초월성·상징성·추상성을 띠며 이상화되며 생명감을 추구하는 측면을 고찰했다. 더불어 비례·균형을 논하는 차원에서 언급되곤 하는 황금분할의 실체를 살펴보았다. 그 결과 비례와 균형은 아름다움의 충분조건이기는 하지만 성립조건은 아니라는 것과 특정 수치로써 제시되는 비례관계는 존재하지 않는다는 결론을 얻었다.

Ⅲ장에서는 삼국시대 불상의 조형사상과 구도적 역할에 대해 서술했다. 조형사상은 '자유로운 상상력'과 '생명의 힘'으로 나누어 파악했다. 기존 신앙을 배척하지 않고 기존 신앙의 구조를 전파의 토대로 삼는 불교의 포용력은 삼국시대 사람들의 예술적 상상력을 고취·진작시키는 방향으로 작용했던 것으로 보인다. 고구려 고분 벽화·신라 상형 토기·백제 미륵사지 석탑의 구성·구조로 알 수 있는 삼국시대의 보편적인 미의식은 구성적·구조적 필연성과 무관하게 설명적인 필연성을 보여준다는 것이다.

이와 같은 형태 구성에 특별한 관심을 보이며 예술적 상상력을 발휘하는 기풍이 당시에는 비중 있는 미의식으로 작용하여 제작의욕을 고취시킨 것으로 보인다. 그리고 이러한 미의식이 불상 도상과 양식의 성립에 영향을 끼쳤다. 태안마애삼존불과 서산마애삼존불의 독특한 구조는 이러한 형태 구성과 불상 배치에 대한 특별한 심미적 감수성의 연장으로 볼 수 있다. 더불어 금동불에서 석불로 새로운 영역을 구축해나가는 이행과정에서 발현된 실험정신이라 할 수 있다.

삼국시대 사람들의 틀에 갇히지 않은 상상력은 불상이 취하는 자세에도 발현되었다. 일반적으로 보살상에 표현되던 삼곡 자세가 여래상에 채용되었다. 더불어 주로 보살이 들던 보주나 연봉오리 등의 지물을 여래가 취하는 도상이 창안되어 다수 제작되었다. 이로부터 삼국시대 사람들이 완전히 깨달은 자의 모습을 상식적이고 평범하며 자연스러운 모습이라 이해했고 그것을 조형—편안한 자세—으로써 드러냈음을 알 수 있다.

한편 '생명의 힘'은 살아있는 인간과 같은 표정을 지닌 삼국시대 불상의 특징에 주목하여 고찰하였다. 삼국시대 불상의 얼굴은 정형화되지 않아서 신이 아닌 사람의 얼굴을 보는 것과 같은 느낌이 들기도 한다. 불상 뿐 아니라 이 시기 대부분의 미술품으로부터 넘치는 생명력을 살펴볼 수 있다. 이러한 생명력은 조형물에 운동태로써 드러나고 이 운동태에 대한 감각과 사고는 생명력 그 자체에 대한 관심에서 나온 애니미즘적인 의식의 발로라 여겨진다.

이 당시의 문화구조는 모든 대상에 생명이 있다는 믿음과 인간은 만물과 공동 유대 속에서 존재한다는 믿음 위에 성립되었다. 그러므로 마치 사람의 혼이 깃든 것과 같은 삼국시대 불상 얼굴에서 볼 수 있는 조형적 특질이 혈족관계에 기초한 시조신 관념의 연장선상에서 나온 것이라면 이것은 성(聖)에 대한 인간의 감수성을 표현한 실례(實例)가 되는 것이다.

지배층의 수호신 관념을 그대로 인정하면서 재래신앙 구조를 토대로 불교를 수용했기 때문에 삼국시대 사람들이 지닌 죽은 조상—시조신·수호신—에 대한 뿌리 깊은 관념이 불보살을 인식하는 과정에 영향을 미쳤을 가능성이 존재한다. 사후세계에 대한 막연한 인식의 연장선상에서 불교의 내세 개념을 받아들였을 경우 불보살을 사후세계의 주재자로 이해했을 가능성, 수호신·죽은 조상(死者)과 유사한 존재로 여겼을 가능성을 전적으로 배재할 수는 없기 때문이다.

불상의 구도적 역할은 '미소의 성격'과 '드러냄의 방식'으로 나누어 파악했다. 불상에 나타나는 미소의 특징은 끌어내리거나 배척하지 않고 끌어당기는 힘에 있고 그로 인해 지배계층은 지배계층대로 피지배계층은 피지배계층대로 받아들여진다는 안도감을 느꼈을 것이라는 점을 서술했다.

특정의 의미가 무너질 때, 견고하다고 믿었던 장벽이 고정적인 것이 아님을 알아차릴 때 미소가 번지게 된다. 선과 악의 구분, 삶과 죽음의 구분이 임의적인 것임을 알아차릴 때 그것의 속박으로부터 초연해지며 미소 짓게 된다. 이러한 견지에서 볼 때 웃음은 어떤 대상이나 현상을 뒤집는 데서 나오는 것이라기보다는 무엇을 거꾸로 뒤집는 자기 자신마저 뒤집는 데서 나오는 것임을 알 수 있다.

불상에 나타나는 미소의 또 다른 특징은 메아리를 일으키는 사회적인 힘이 있다는 것이다. 보는 순간 미소 짓게 되고 또 웃으면서 편안해지는 자기 자신을 발견하게 되는데 이때의 웃음은 울음과 대립되지 않는다. 그것은 울음과 웃음, 기쁨과 슬픔 등의 대립구조에 선행하는 웃음이다.

불상의 미소를 보며 미소로써 반응하게 되는 반향은 설명이나 추론의 매개가 요구되지 않는다는 특징이 있다. 불상조형을 통해 경험하는 이러한 성질의 교감과 터득은 모든 것이 마음에 달렸다는 불교의 가르침이 형상을 방편삼아 실현된 것이라 할 수 있다. 이러한 견지에서 불상을 가리켜 깨우침을 방편이자 그것이 이루어지는 장(場)이라 할 수 있는 것이다. 깨우침은 각자의 마음에 달렸지만 그 마음이 형상과의 관계 속에 존재하기 때문이다.

한편 드러냄의 방식과 관련하여서는 불상이 제작되어 사람들 앞에 제시될 때 나타나는 불상 존재의 드러냄의 의미를 고찰했다. 불상은 구체적으로 설명하거나 해설하지 않고 다만 자신의 존재를 보여준다. 그로 인해 사람들은 불상 앞에 섰을 때 복잡한 사고나 까다로운 추론 없이 절대적 존재에 대해 알게 된다.

이때 절대적 존재에 대해 느끼게 되는 감각—신뢰감, 위안, 위엄—은 불상이 발휘하는 예술작품으로서의 힘에서 비롯된 것이다. 불상은 절대자가 어떠한 존재인지를 보여주는 역할을 수행한다. 이러한 견지에서 불상을 두고 '붓다가 진실로 무엇인가', '붓다의 중생제도가 진실로 뜻하는 바가 무엇인가'에 대한 해명이라고 할 수 있다. 불상을 통해 한편으로는 인간이 절대자를 어떻게 생각하는지에 대한 가치관·세계관이 드러나고 다른 한편으로는 절대자의 존재가 드러난다. 이러한 드러남에서 예술 상징의 의미를 찾을 수 있다.

삼국시대 불상의 경우 엄격한 규율이 적용되는 종교미술작품에서 상호의 자연스러움과 자세의 편안함을 추구했다는 것은 조각하는 사람이 32상 80종호의 규정 중 '똑바로 선 모습', '몸이 곧음', '기울지 않은 신체' 등의 규정보다 '손발을 마음대로 함', '보면 즐거워짐' 등의 규정을 근거로 제작했기 때문이라 여겨진다. 그리고 이러한 측면은 당시의 미의식과 궤를 같이 하는 것으로 보인다. 아름다움이라는 관념 자체가 특별한 것·초월적인 것이 아니라 일상생활 속에서 빚어진 감정임을 감안할 때 불상을 통해 드러나는 자연스럽고 편안한 모습을 보면서 사람들은 친숙한 신뢰감을 느꼈을 것이라 생각된다.

IV장에서 불상의 양식적인 특성을 고찰한 결과 시기별 변화상을 살펴볼 수 있었다. 굵고 강한 직선적 표현이 점차 명쾌하고 곡선적인 표현으로 변화해 나간 양상이 나타났다. 이로써 비록 인위적·의도적으로 구성한 선이지만 인공적인 요소가 느껴지지 않도록 자연스러움을 추구해 나감을 알 수 있다. 굵고 강한 직선은 자연스럽게 흘러내린 편안한 선으로 변화해 나감으로써 점차 세선(細線)이 추구되었고 곡선은 초기에는 완만한 곡선이었으나 점차 굴곡이 가미된 율동이 나타나는 선율적인 곡선으로 변화했다. 그리하여 점차 곡선과 곡선의 조화로 이루어지는 조형적 특성을 갖춰나감을 확인할 수 있었다.

깨달은 자·이상적인 인간상으로 제작되는 불상은 이상화되고 미화되기 마련인데 그러한 결과가 삼국시대에는 자연스럽고 어떤 틀로 정형화되지 않고 인간과 같은 상호로써 드러났다. 이로 인해 자연스러움과 동적인 생명감 추구가 삼국시대 사람들의 미적 이상임을 알 수 있다.

V장에서는 IV장에서 도출한 불상의 미적 특징을 통해 표출되는 미적 가치관―원만 무애 화합―을 규명했다. 원만은 상호의 둥근 맛과 표정의 온화함과 같은 미적 특질로 구현된 인격미를 가리킨다. 불상은 깨달음으로 인도하기 위해 실천적인 중생제도·인류구원을 위한 방편으로 제작된다. 그러므로 불상이 구도적 역할을 수행하기 위해서는 유한한 형상으로써 불교적 진리를 제시해야 한다.

불교에서는 모든 존재가 연기(緣起)로서 존재하므로 공(空)임을 강조한다. 불상과 같은 형상 역시 모든 존재와의 관계 속에서 이해되어야 한다. 불상을 바라보는 감각적 지각이 깨달음을 촉발하는 기연(機緣)이 되기 때문이다. 관계를 부인하거나 떠나지 않은 채 공을 깨닫게 되고 감각 세계를 철저하게 부인하지 않으면서 오히려 그것을 기연으로 삼아 깨달음에 이르게 되는 것이다.

바로 이와 같은 깨달음을 형상을 통해 인도하기 위해 경전에서 32종 80종호를 구체적·명시적으로 규정하지 않고 비유적으로 표현한 것이라 여겨진다. 개성적인 표현보다는 '달과 같은 얼굴', '초승달과 같은 눈썹', '사자 같은 모습'과 같이 정형화된 형용으로 그 외모를 규정함으로써 나머지 부분은 만드는 사람과 보는 사람의 상상의 몫으로 남겨두었다. 상호가 관념적으로 제시되었기 때문에 불(佛)의 상호는 조각가와 불상 그리고 관자(觀者)의 상호지향적인 관계 속에서 형성되는 것이다.

만약 부처의 신체적 특징을 제시한 규정이 일대일 대응방식으로 구체적·특정적인 것이었다면 사람들은 그것을 붓다의 전형으로 받아들이게 되고 그것의 재현·모방에 집착하게 될 가능성이 존재한다. 바로 이러한 점을 경계했기 때문에 32상 80종호의 제 규정이 개성을 추구하기보다는 보편적·정형적 형용으로 구성된 것이라 여겨진다.

원만한 인상은 고정적인 실체가 아닐 뿐만 아니라 근육과 뼈대의 단순 결합을 통해 취할 수 있는 성질의 것도 아니다. 좋은 인상, 편안한 인상은 내면의 장점이 바깥으로 드러난 분위기로서 연출되는 것이다. 32상 80종호의 '남을 좋은 마음으로 바라보는 눈', '보면 즐거워짐', '보는 이가 싫증을 안 느낌' 등의 규정은 모두 보는 사람에게 주는 인상을 표현한 말이다.

이러한 인상은 얼굴 뿐 아니라 체형에도 해당된다. 체형에 대한 심미적인 기준은 적당함이었을 것이다. 그러나 치열한 항쟁 중이었던 당시 삼국의 사회 상황을 토대로 하여 시대의 결핍과 지향을 고려한다면 풍요로움·충만함·따뜻함에 대한 동경이 작용했을 것이라 여겨진다. 전란으로 가정과 지역 사회가 파괴되고 경제적 궁핍을 겪으며 더 이상 현실 권력에 기대할 것이 없는 상황에서 인간이 구하게 되는 것은 포용적인 것, 푸근하고 따뜻한 것이라 짐작된다. 이러한 원망(願望)이 달처럼 둥글고 원만하며 아이와 같이 티 없이 맑고 깨끗해서 궁극적으로는 보면 즐거워지는 둥근 모습으로 구현되었을 개연성이 높다.

원은 힘의 평형과 형태의 균분을 나타내고, 그 중심은 완전한 휴식을 상징한다. 더불어 포용력으로 말미암아 무한하다는 인상을 준다. 32상 80종호 가운데 다 볼 수 없음이라는 규정이 '달과 같은 얼굴'과 결합됨으로써 '보면 즐거워'지고 '보는 이가 싫증을 느끼지 않는' 원형(圓形)으로 드러난 것으로 보인다.

무애는 일체의 굴레에서 벗어나 계율이나 권위로부터의 자유로움을 뜻한다. 입상과 반가사유상의 형식과 자세에 발현된 거리낌 없음, 형식에 구애받지 않는 특질을 가능하게 한 배경을 가리킨다. 특히 인간적이고 친근한 삼국시대 불상은 사람들에게 범불일여(凡佛一如)의 깨달음을 주기에 적합했으리라 여겨진다. 완전히 해탈한 자의 모습이 지극히 상식적인 평범한 모습임을 제시하는 것은 사람들로 하여금 깨닫고자 하는 마음을 갖게 하는 긍정적인 계기로 작용했을 것이라 생각된다.

입상의 경우 직립 자세가 주는 단정하면서도 정제된 인상을 정적으로 흐르게 하지 않고 동적인 생명감을 부여함으로써 보기에 편안한 자세를 추구해 나가는 경향에 주목했다. 두 발의 위치에 차이를 두어 앞으로 걸어 나가는 것과 같은 동세 표현, 옷깃을 살짝 잡음으로써 반듯한 자세에 더해진 동적인 느낌, 삼곡 자세를 취함으로써 고취되는 곡선적인 율동감 등이 대표적으로 간취되는 미적 특징이다. 그러므로 이러한 틀에 얽매이지 않는 특징을 배태한 미적 가치관을 거리낌 없음의 사고(思考), 무애의 경지에서 구하는 것은 자연스러운 귀결이라 할 수 있다.

한편 반가사유상은 그것이 표방하는 정서가 심각하지 않고 밝다는 점에 주목하여 그것을 배태한 가치관에 주목했다. 형식에 구애받지 않는 무애의 상태에서 제작 초기 불상에서 볼 수 있는 딱딱한 경직성을 극복하고 정적인 것 가운데 동(動)을 느끼게 하는 구성을 추구할 수 있었던 것으로 보인다.

자세에 나타나는 특징에 주목하여 도출한 미의식이지만, 정신은 신체를 통하지 않고서는 표현될 수 없으므로 조형에서 자세는 곧 정신의 반영이라 할 수 있다. 요컨대 핵심은 입상이든 반가사유상이든 드러나는 정서가 정적(靜的)인 가운데 동적인 생명감을 추구하는 데 있다. 그렇지만 생명감·율동감이 외향적·격동으로 흐르지는 않았다. 내향성을 유지하는 가운데 생동감을 표현했기 때문에 반가사유상에서 간취되는 정서를 무애의 경지의 발로라고 하는 것이다. 이때 정서가 밝고 명랑하다는 것은 상상력과 무한한 생명의 힘이 결합해 나타났던 자기 만족적인 주관적·감정적인 애니미즘적인 차원에서 벗어났음을 뜻한다. 그리하여 불교의 심오한 사상성이 미의 내용이 되고 있음을 보여 주는 것이다.

화합은 삼존상에서 조화와 균형을 시각적으로 구현한 미적 가치관이다. 조화와 균형을 뜻하는 화합은 불상 조형에서 미적 판단의 기준으로 작용한다. 삼존불에서는 좌우(左右), 남녀(男女), 존비(尊卑) 등과 같은 통상적으로 대립적 개념으로 인식되는 개념이 상호교통적인 개념으로써 조형에 구현된다. 그로 인해 비록 겉보기에는 대립적이지만 서로가 서로를 내포하고 있다는 사실, 서로 힘을 보충하는 관계라는 사실을 보여준다. 즉, 전체성 혹은 근원 가운데서 대립 모순이 해소되는 경향을 확인할 수 있다.

요컨대, 좌우 혹은 성속(聖俗)과 같은 대립은 그 자체가 불완전한 것임을 드러내는 것이라 할 수 있다. 이러한 관점에서 볼 때 삼존불의 존재는 이러한 대립을 뛰어넘어 조화를 이룰 때 최고의 생명력을 낳게 된다는 관념을 공간 구조 가운데 구현한 좋은 본보기라 할 수 있다.

불상과 보는 사람의 관계는 마주보는 관계이기 때문에 좌우 협시의 위치개념이 유동적이게 된다. 남녀의 관계는 좌우의 관계처럼 전환이 불가능하므로 독존상일 경우에는 양성(兩性)의 특징을 한 몸에 표현함으로써(兩性具有化) 일견 남성인 것도 같고 여성으로도 보이는 중성화를 통해 신비성·신성을 드러낸다.

한편 삼존상의 경우에는 남성·여성의 특징이 3구에 나뉘어 형상화된다. 예를 들면, 본존인 여래는 중심에서 남성적인 특징을 협시인 보살은 여래의 좌우에서 여성적 특징을 드러내는 방식을 취하는 것이다. 그렇게 함으로써 공간배치와 그 내용의 구성에서 한편으로는 대비·대조의 효과를 이루게 되고 다른 한편으로는 전체적인 조화를 꾀하게 된다.

기본적으로 남성인 부처와 보살이 여성화되어 나타나는 배경에는 전란에 휩싸인 삼국의 시대 상황이 한 요소로 작용한 것으로 보인다. 현실 세계에서 물리적인 힘의 강세가 요구되고 그것을 획득하기 위한 쟁패가 가속화될수록 포용력·따뜻함, 즉 모성에 대한 갈망이 고조되었을 것이다. 실제 삼국시대에 조성된 보살상에 구현된 여성적 이미지는 요염하다거나 관능적이라기보다 포용적이고 부드러운 이미지다. 이것은 실제 여성의 외양을 묘사하거나 재현한 것이 아니라 오히려 관념적인 '모성(母性)'을 구체화하여 표현한 것이라 여겨진다.

이러한 견지에서 삼국시대에 보살상에 구현된 여성적 이미지는 단순히 여성의 외형적 신체 곡선을 표방한 것이 아니라 그것을 넘어서 시대의 요구를 포용한 일종의 사회적 산물이라고 할 수 있다. 여성화되어 나타나는 보살상은 모성이 주는 사회적 가치를 내세워 그에 부여된 역할을 수행하는 것이 중생 제도의 방편이었던 보인다.

삼존상에서는 존(尊)과 비(卑)가 조화를 이룬다. 부처와 보살은 신도들에게 신앙과 예배의 대상이라는 점에서는 동일하다. 다만 둘 사이에는 엄연한 위계가 존재한다. 그리고 이 위계는 위치·공간·크기의 차이로써 조형에 표현된다. 일반적으로 이러한 차별상은 본존을 중심으로 한 좌우 대칭관계 속에서 부처와 보살의 크기의 차이로 드러나며 이로 말미암아 결과적으로 좌우 협시상과 본존상의 머리 정상을 꼭짓점으로 하는 삼각구도가 형성된다. 그리하여 저 높은 곳을 향해 정진하는 구도(求道)의 지향점이 시각적으로 설정되는 부수적인 효과가 성취된다.

이러한 견지에서 삼존불은 깨달음의 경지를 구하는 끊임없는 추구와 해탈을 지향하는 상징이며 신앙의 완성에 대한 상징이라고 할 수 있다. 더불어 독존상 제작에 그치지 않고 수많은 삼존상을 조성했다는 점에서 위계 속에서 이루어지는 조화를 강조하고 추구하고자하는 삼국시대 사람들의 신앙의 한 면모를 확인할 수 있다.

Ⅵ장에서는 해석과 전통, 그리고 미의식과 전통의 관계에 주목하여 미와 양식의 본질을 파악했다. 미와 양식은 고정적인 것이 아니라 변화한다. 이 변화의 성격과 관련하여, 대상에 대한 인간의 인식이 결국은 해석을 통해 이루어지고 해석은 전통을 매개로 이루어지기 때문에 해석학적 동일성이 유지됨을 확인했다. 단순히 어떤 것을 그대로 보존하는 것이 아니라 전이(轉移)시켜 변이불변(變而不變) 내지 비불변이비불변적(非不變而非不變的)인 특질이 나타나는 것이다.

과거의 정신과 현재의 정신이 전통을 매개로 대화적 지평에서 상호작용하기 때문에 전체 조각사는 계속적인 해석 작용으로 인해 확장되고 다양화되어 풍부해진다. 요컨대, 해석 경험의 특성은 전통과 현재의 환경과 활발히 교류한다는 데 있다. 결코 개인적인 감정과 지각 안에 갇혀있는 것을 의미하지 않는다.

그러므로 삼국시대 불상도 통일신라시대 불상도 불상 양식 전체의 변화상 속에서 살펴봐야 하는 것이며, 이와 더불어 모든 형식은 생명력의 표현 방식임을 유념하여 변화와 다양성 그 자체에 주목해야 하는 것이다. 석굴암 양식으로 대표되는 8세기 중엽의 불상들은 조각의 역사 전체 흐름의 일부, 즉 삼국시대부터 제작되기 시작한 불상 양식 흐름의 일부로써 존재할 뿐 따로 떼어 정의할 수 있는 실체적 항목이 아니다. 이와 더불어 진화란 하나의 정점을 향해 사다리 오르듯 올라가는 과정이라기보다 다양한 방향으로 점점 많은 가지를 뻗어가는 변화의 과정이다. 예술작품은 끊임없이 새롭게 해석됨으로써,[271] 달리 표현한다면 전통이 되어감으로써 현재화되는 것이고 진화란 그러한 과정으로 존재하는 것이다.

앞서 삼국시대 불상과 이것에 양식적 모티프를 제공했을 중국의 상들을 비교하여 이들 상호관계에 대한 보다 심층적인 연구를 차후의 과제로 남긴다는 언급을 한 바 있다. 불상의 한국적인 특징은 주변 나라의 불교 조각과의 비교 연구에서 그 고유성이 선명하게 부각될 것이라 여겨진다. 한국 불교조각의 흐름은 인접한 중국의 상들과 큰 틀에서 유사한 맥락을 공유하기 때문이다. 그러므로 차후 비교연구를 통해서

---

271) 이해한다는 것 자체가 바로 해석이다. 그리고 해석하는 것은 현상에 상응하는 것을 찾는 일이다. 따라서 해석은 대부분의 사람들이 생각하는 것처럼 절대적인 평가, 즉 시간을 초월한 어떤 영역에 자리 잡은 정신 능력의 몸짓이 아니다. 인간의 의식을 역사적으로 바라보는 관점 안에서, 해석 자체도 분명히 평가를 받아야 한다(수잔 손탁(2002). 앞의 책. p.108).

한국적인 변형과 창안을 파악하고자 한다.

이때 조형에 나타난 한국적 가감(加減)이 비록 미묘한 것일지라도 그 미묘함이 군수리 출토 납석제 여래좌상, 삼화령 미륵 의좌상, 서산마애 삼존불의 얼굴 표정처럼 상(像)의 미감(美感)을 좌우하는 것일 수 있다. 이러한 경우 중국 불상과 우리 불상이 공유하는 세부적인 양식적 디테일을 대해 그것을 가리켜 과연 중국적 '영향'이라 칭할 수 있을 것인지에 대한 고찰을 병행하고자 한다. 중국 불상이 한국 불상에 양식적 모티프를 제공한 것과 한국 불상이 중국 불상의 전적인 영향 하에 제작된 것을 구별하는 것은 한국 불상의 고유성을 판별하기 위해 반드시 검토되어야 할 부분이기 때문이다.

| 참고문헌 |

| 사료 및 경전 |

三國遺事

三國史記

觀無量壽經

觀佛三昧海經

楞伽阿跋多羅寶經

妙法蓮華經

佛說彌勒菩薩上生兜率天經

佛說彌勒下生成佛經

維摩經

| 단행본 |

강우방(1995) 한국 불교조각의 흐름. 대원사, 서울.

_____(1996) 圓融과 調和. 열화당, 서울.

_____(1997) "泰安白華山 磨崖觀音三尊佛攷山-百濟 觀音道場의 성립". 백제
　　　의 중앙과 지방. 백제연구총서(5). 충남대학교 백제연구소, 대전.

_____(2000) 法空과 莊嚴. 열화당, 서울.

_____(2000) 미술과 역사 사이에서. 열화당, 서울.

_____(2001) 한국미술, 그 분출하는 생명력. 월간미술, 서울.

_____, 곽동석, 민병찬(2003) 불교조각 Ⅰ. 솔, 서울.

이
해
주
—

_____(2007) 한국미술의 탄생. 서울: 솔.

강운구, 권옥연, 김익영, 박노수, 박서보, 송영방, 이병복, 이영학, 전성우, 최만린(2003) 토착과 자생. 월간미술, 서울.

강희정(2004) 중국 관음보살상 연구. 일지사, 서울.

_____(2006) 관음과 미륵의 도상학. 학연문화사, 서울.

_____(2006) "고구려 화생상의 기원과 의미-금동불 광배를 중심으로". 항산 안휘준교수 정년 퇴임 기념논문집 2, 사회평론, 서울.

_____(2011) 동아시아 불교미술 연구의 새로운 모색, 학연문화사, 서울.

高裕燮(1977) 우리의 美術과 工藝. 悅話堂, 서울.

_____(1993a) 韓國美術文化史論叢. 高裕燮全集 2. 通文館, 서울.

_____(1993b) 韓國美術文化史論叢. 高裕燮全集 3. 通文館, 서울.

고혜련(2011) 미륵과 도솔천의 도상학-『佛說觀彌勒菩薩上生兜率天經』에 근거하여. 일조각, 서울.

公州大學校博物館·忠淸南道 編著(1992) 백제의 조각과 미술. 公州大學校博物館·忠淸南道, 公州.

곽동석(2003) "百濟 佛像의 훼룡문계 火焰光背". 韓國佛敎學硏究叢書 36. 불함문화사 편. 불함문화사, 고양.

_____(2007) "연가7년명 금동여래입상-역동적인 광배의 불꽃, 활달한 고구려의 기상-". 한국의 미, 최고의 예술품을 찾아서(2). 문명대, 김동현 외. 돌베개, 파주.

_____(2005) 금동불. 예경, 서울.

구자영(1995) 韓國 磨崖佛의 造形的 特性에 관한 연구: 백제-통일신라를 중심으로. 경희대학교 교육대학원 석사학위논문, 서울, 대한민국.

국립경주박물관(2002) 신라의 금동불. 국립경주박물관, 경주.

_____ · 강우방(2005) 반가사유상. 민음사, 서울.

국립문화재연구소(1997) 경주남산의 불교유적 Ⅱ- 동남산 사지조사보고서.

_____(1998) 경주남산의 불교유적 Ⅲ-서남산 사지조사보고서.

국립부여박물관(2011) (百濟)武王: 서동의 꿈, 미륵의 통일편. 국립부여박물관
    편, 부여.

권영필(1997) "韓國美術史의 美學的 課題". 韓國美學試論. 권영필 외. 고려대학
    교 한국학연구소, 서울.

김기흥(1991) "삼국 간 전쟁의 사회경제적 의미". 삼국 및 통일신라 세제의 연
    구. 역사비평사, 서울.

김남윤(1992) 역주한국고대금석문 권 3. 한국고대사회연구회편. 가락국사적개
    발연구원, 서울.

김동규(2010) "이미지 창작의 원동력, 멜랑콜리-아리스토텔레스의 『문제들』을
    중심으로-". 몸 이미지 권력. 조선대학교 인문학연구소 편. 앨피, 서울.

김동하(2011) "영주 숙수사지 출토 금동불상군의 제작기법 고찰". 신라 소형금
    동불. 국립경주문화재연구소, 경주.

김동현(1992) 三國時代 佛像의 造形美에 關한 研究:顔面과 法衣의 特徵을 中心
    으로. 홍익대학교 석사학위논문, 서울, 대한민국.

김리나(1984) "한국의 고대(삼국·통일신라) 조각과 미의식". 한국 미술의 미의식.
    한국정신문화연구원 편, 서울.

_____(1989) 韓國古代佛敎彫刻史研究. 一潮閣, 서울.

이
해
주
—

377

_____(1989) "印度佛像의 中國傳來考". 한국고대불교조각사연구. 일조각, 서울.

_____(1996) "고구려 불교조각 양식의 전개와 중국 불교조각". 고구려미술의 대외교섭. 한국미술사학회 편. 도서출판 예경, 서울.

_____(2003) 韓國 古代佛教彫刻比較研究. 문예출판사, 서울.

_____ 외(2011) 한국불교미술사. 미진사, 서울.

김사진(1987) "신라 공인불교의 사상과 정치사적 의미". 斗溪 斗溪李丙燾博士 九旬紀念 韓國史學論叢. 斗溪李丙燾博士 九旬紀念 韓國史學論叢刊行委員會 編. 지식산업사, 서울.

金三龍(1983) 韓國彌勒信仰의 研究. 同和出版, 서울.

김상현(1999) 신라의 사상과 문화. 一志社, 서울.

김영진(2009) 공이란 무엇인가. 그린비, 서울.

金煐泰(2000) 한국불교사. 경서원, 서울.

金元龍(1968) 韓國美術史. 汎文社, 서울.

_____(1988) 韓國 古美術의 理解. 13版. 서울大學校 出版部, 서울.

_____(1998) 韓國美의 探究. 개정판. 열화당, 서울.

金容俊(2001a) 朝鮮美術大要 近園 金容俊 全集 2. 열화당, 서울.

_____(2001b) 民族美術論 近園 金容俊 全集 5. 열화당, 서울.

김정기, 김리나, 문명대, 안휘준(1984) 한국미술의 미의식. 한국정신문화연구원 편. 고려원, 서울.

김춘실(2007) "서산마애삼존불-'백제의 미소'로 불리우는 밝은 얼굴, 신앙과 조각 전통 반영된 백제 대표 불상-". 한국의 미, 최고의 예술품을 찾아서 2. 문명대, 김동현 외. 돌베개, 파주.

金哲俊(1982) 韓國古代社會研究. 지식산업사, 서울.

_____ · 崔柄憲(1986) 史料로 본 韓國文化史. 一志社, 서울.

김혜숙 · 김혜련(1997) 예술과 사상. 이화여자대학교출판부, 서울.

김형효(1976) 한국사상산고. 일지사, 서울.

_____(1996) 메를로 뽕띠와 애매성의 철학. 철학과 현실사, 서울.

노중국 · 조영현 · 이상목 외(2009) 대가야의 정신세계. 해웃음, 서울.

大韓民國學術院 編(1984) 韓國美術史. 大韓民國學術院, 서울.

동국대 불교문화연구원 編(1994) 韓國佛敎思想槪觀. 동국대 출판부, 서울.

류병학(1998) "웃음의 놀이". 해학과 우리: 해학의 현대적 변용, 한국문화교류
    연구회편, 시공사, 서울.

리여성(1999) 조선 건축 미술의 연구. 한국문화사, 서울.

명법(2009) 선종과 송대사대부의 예술정신. 씨 · 아이 · 알, 서울.

문명대(1980) 韓國 彫刻史 열화당, 서울.

_____(1987) "백제사방불의 기원과 예산석주사방불의 연구" 한국불교미술사
    론. 민족사, 서울.

문명대(1991) 마애불. 대원사, 서울.

_____(1984) "한국의 중 · 근대(고려 · 조선) 조각과 미의식". 한국 미술의 미의
    식. 한국정신문화연구원 편. 고려원, 서울.

_____(1989) 한국조각사-선사시대에서통일신라시대까지. 열화당, 서울.

_____(1997) 한국불교미술의 형식. 한 · 언, 서울.

_____(1997) 한국불교미술사. 한국언론자료간행회, 서울.

_____(2000) 한국미술사방법론. 열화당, 서울.

_____(2003) 관불과 고졸미: 三國時代 佛教彫刻史 硏究. 예경, 서울.

_____(2003) 원음圓音과 고전미古典美: 통일신라 불교조각사 연구(상). 예경, 서울.

_____(2003) 원음圓音과 적조미寂照美: 통일신라 불교조각사 연구(하). 예경, 서울.

_____(2003) 통일신라불교조각사. 예경, 서울.

_____(2003) "고구려 재명 금동불상의 양식과 도상 해석의 과제". 한국의 불상조각. 예경, 서울.

_____(2003) "百濟彫刻의 美意識". 韓國佛敎學硏究叢書 36. 불함문화사 편. 불함문화사, 고양.

_____(2003) "泰安 百濟磨崖三尊佛像의 新硏究". 韓國佛敎學硏究叢書 36. 불함문화사 편. 불함문화사, 고양.

閔周植(1977) "韓國古典美學思想의 展開-고전문헌에 나타난 미학사상-". 韓國美學試論. 권영필 외. 고려대학교 한국학연구소, 서울.

민주식(2003) 아름다움, 그 사고와 논리. 영남대학교출판부, 대구.

박이문(2010) 존재와 표현-메를로 퐁티의 애매성 철학에 대한 비판적 해석. 생각의 나무, 서울.

박경식(1994) 통일신라 석조미술 연구. 학연문화사, 서울.

_____(2008) 한국의 석탑. 학연문화사, 서울.

_____(2011) 탑파. 예경, 서울.

박선희(2008) 우리 금관의 역사를 밝힌다. 지식산업사, 서울.

박성배(1994), "Alan Sponberg의 "미륵상생경종요해설"을 읽고", 한국사상사학

회 편. 彌勒思想의 本質과 展開: 文山 金三龍博士 古稀紀念 特輯. 瑞文
文化社, 서울.

박성상(1996) 삼국시대 마애불상 연구, 단국대학교 대학원 석사학위논문.

_____(2004) 三國 · 統一新羅時代 磨崖佛像 硏究. 단국대학교 대학원 박사학
위논문, 서울, 대한민국.

_____(2004) 한국고대의 마애불상. 학연문화사, 서울.

朴鍾鴻(1988) "朝鮮美術의 史的考察", 朴鍾鴻全集(11). 민음사, 서울.

白琪洙(1975) 美學序說. 서울대출판부, 서울.

서동은(2009) 하이데거와 가다머의 예술 이해. 누멘, 서울.

서영일(1999) 신라 육상교통로 연구. 학연문화사, 서울.

徐閏吉(1994) 한국밀교사상사연구. 불광출판부, 서울.

성낙주(2008) 석굴암, 그 이념과 미학. 개마고원, 서울.

성춘경(1999) 전남 불교미술 연구. 학연문화사, 서울.

신형식(1990) 한국 고대사의 신연구. 일조각, 서울.

_____(2004) 新羅通史. 주류성, 서울.

安哲賢(1990) 韓國佛敎思想史硏究, 東國大出版部, 서울.

양은경(2007) "고구려 금동불 광배와 중국 산동지역 불상광배", 고구려 불상과
중국 산동 불상, 동북아역사재단, 서울.

이기문 · 임홍빈 감수(2003) 동아 참 국어사전. 두산동아, 서울.

李基白(1990) 新羅思想史硏究. 重版. 一潮閣, 서울.

이기영(1983) 한국불교연구. 한국불교연구원. 서울

이난영(2000) 신라의 토우. 세종대왕기념사업회, 서울.

이숙희(2004) 統一新羅時代 密敎系 圖像 硏究. 홍익대학교 대학원 박사학위논문, 서울, 대한민국.

이주형(2004) 인도 미술사. 예경, 서울.

李智冠(1993) 校勘譯註 歷代高僧碑文 (新羅篇). 伽山佛敎文化院, 서울.

이진호(2012) 통일신라시대 천불상 연구. 덕성여자 대학원 석사학위논문. 서울, 대한민국.

李泰鎭(1986) 韓國社會史硏究. 지식산업사, 서울.

李浩官(2003) 일본에 가 있는 韓國의 佛像. 학연문화사, 서울.

이해주(2003) 한성 백제기 백제인의 미의식 고찰: 풍납토성 출토 백제 토기를 중심으로. 단국대학교 대학원 석사 학위논문, 서울, 대한민국.

임남수(2007) "국보 제83호 반가사유상-사색하는 모습 속에 강한 생동감이 일품". 한국의 미, 최고의 예술품을 찾아서 2. 문명대, 김동현 외. 돌베개, 파주.

임영애(1996) 서역불교조각사. 一志社, 서울.

_____(2008) 교류로 본 한국 불교 조각. 학연문화사, 서울.

월간미술 엮음(2002) 세계미술용어사전. 월간미술, 서울.

오병남(2003) 미학강의. 서울대학교 출판부, 서울.

吳爲山(2007) 조각가의 魂. 박종연 역. 북&월드, 서울.

윤이흠(1991) 한국종교연구. 집문당. 서울.

자 현(2011) 불교미술사상사론. 운주사, 서울.

장두영(2003) 삼국시대와 통일신라시대의 마애불 연구. 韓南大學校 교육대학원 석사학위논문, 대전, 대한민국.

장병길(1975) 종교학개론. 박영사, 서울.

장병길교수 은퇴기념논총 편찬위원회(1985) 한국종교의 이해. 집문당, 서울.

장충식(1983) 한국의 불상. 동국대학교역경원.

_____(2004) 한국불교미술 연구. 시공사, 서울.

전덕재(2002) 한국 고대 사회의 왕경인과 지방민. 태학사, 서울.

전창범(2000) 고대불상의 이미지연구. 신라, 서울.

전한호(2010) "이미지와 권력-이탈리아 르네상스 조각에 나타난 위정자의 덕
　　　목". 몸 이미지 권력. 조선대학교 인문학연구소 편. 앨피, 서울.

전호태(2000) 고구려 고분벽화. 사계절, 서울.

정수일(2009) 문명교류사. 사계절, 서울.

_____(2009) 문명담론과 문명교류. 살림, 서울.

鄭性本(1991) 中國禪宗의 成立史. 民族社, 서울.

정영호(2000) 考古美術의 첫걸음. 학연문화사, 서울.

_____(2004) 백제의 佛像. 주류성, 서울.

정예경(1998a) 반가사유상 연구. 혜안, 서울.

_____(1998b) 중국 북제 북주 불상연구. 혜안, 서울.

_____(1998c) 중국 불교 조각사 연구. 혜안, 서울.

정우택(2007) "극락세계의 인식과 미술" 불교미술, 상징과 염원의 세계. 두산
　　　동아, 서울.

정은우(2008) 불상의 미소. 보림출판사, 파주.

조광제(2004) 몸의 세계, 세계의 몸. 이학사, 서울.

조동일(1998) "해학의 미적 범주". 해학과 우리; 한국 해학의 현대적 변용. 한국

문화교류회편. 시공사, 서울.

조성택(2012) 불교와 불교학-불교의 역사적 이해. 돌베개, 서울.

조요한(1973) 예술철학. 경문사, 서울.

_____(1987) "한국인의 미의식" 허원 이경 화갑기념논문간행위 편. 허원이경 선생 회갑기념 논문집. 영창서림, 서울.

趙芝薰(1966) "멋의 연구-한국적 미의식의 구조를 위하여" 趙芝薰全集(8). 나남 출판사, 서울.

_____(1998) "한국인의 해학미". 해학과 우리: 한국 해학의 현대적 변용. 한국문화교류회편. 시공사, 서울.

_____(1999) 한국미의 조명. 열화당, 서울.

趙源昌(2003) "百濟의 半跏思惟像研究" 韓國佛敎學硏究叢書 36. 불함문화사 편. 불함문화사, 고양.

_____(2003) "公州地域 磨崖佛 考察" 韓國佛敎學硏究叢書 36. 불함문화사 편. 불함문화사, 고양.

주수완(1996) 新羅 石造半跏思惟像 研究. 동국대학교 대학원 석사학위논문, 서울, 대한민국.

秦弘燮(1976) 韓國의 佛像. 일지사, 서울.

_____(1987) 韓國美術資料集成(1)-삼국시대~고려시대. 일지사, 서울.

_____ · 강경숙 · 변영섭 · 이완우(2006) 한국미술사. 문예출판사, 서울.

_____(1989) 석불. 대원사, 서울.

_____(2003) "百濟美術의 研究". 韓國佛敎學硏究叢書 36. 불함문화사 편, 불함 문화사, 서울.

조선미(1989) "柳宗悅의 韓國美術史觀". 美術史學 Ⅰ. 조요한 외. 민음사, 서울.

_____(2003) "한국초상화의 사적 개관". 위대한 얼굴. 아주문물학회 편. 지엔 씨미디어, 서울.

趙要翰(1999) 韓國美의 照明. 열화당, 서울.

_____(2003) 예술철학. 미술문화, 서울.

충남대학교 백제연구소 편(1993) 백제사의 비교연구. 백제연구총서(3). 충남대 학교백제연구소, 대전.

_____(1994) 백제불교문화의 연구. 백제연구총서(4). 충남대학교 백제연구소, 대전.

최광진(2004) 부드러운 욕망. 다빈치, 서울.

최병길(2003) "百濟 石佛 光背의 圖像學的 硏究: 忠南 禮山郡 鳳山面 化田里 四 面佛을 中心으로". 韓國佛教學硏究叢書 36. 불함문화사 편. 불함문화사, 고양.

최병헌(1984) 신라불교의 전개. 역사 도시: 경주, 열화당, 서울.

崔錫源(2003) "百濟 石造 彫刻의 石質과 風化特性에 관한 연구: 충남서부지역 백제마애불의 경우". 韓國佛教學硏究叢書 36. 불함문화사 편, 불함문화 사, 고양.

崔聖銀(1992) "백제지역의 후기조각에 대한 고찰-충청지방의 나말여초 석불을 중심으로-백제의 조각과 미술. 공주대학교 박물관, 충청남도.

_____(2000) "신라미술의 대중교섭". 신라미술의 대외교섭. 한국미술사학회 편. 예경, 서울.

_____(2003) 석불에 새긴 정토의 꿈. 한길아트, 서울.

_____(2003) "百濟地域의 後期彫刻에 대한 考察: 忠淸地方의 羅末麗初 石佛을 중심으로". 韓國佛敎學硏究叢書 36. 불함문화사 편. 불함문화사, 고양.

崔淳雨(1992) "우리의 미술" 한국미 산책 최순우 전집(5). 學古齋, 서울.

_____(2000) 무량수전 배흘림기둥에 기대서서. 2판. 학고재, 서울.

崔完秀(1998) 佛像硏究. 문예출판사, 서울.

_____(2002) 한국불상의 원류를 찾아서 1. 대원사, 서울.

_____(2007) 한국불상의 원류를 찾아서 2. 대원사, 서울.

_____(2007) 한국불상의 원류를 찾아서 3. 대원사, 서울.

최응천 · 김연수(1990) 금속공예. 솔, 서울.

충북학연구소편(2000) 충북의 석조미술. 충청북도 · 충북학연구소.

韓國古代社會硏究所 編(1992) 譯註 韓國古代金石文(Ⅰ). 駕洛國史蹟開發硏究院, 서울.

한국고대사연구회 편(1995) 한국사의 시대구분. 신서원, 서울.

한국문화교류연구회 편(1998) 해학과 우리-한국해학의 현대적 변용-. 시공사, 서울.

한국미술사학회 편(1994) 彌勒思想의 本質과 展開:文山 金三龍博士 古稀紀念特輯. 瑞文文化社, 서울.

_____(1996) 고구려 미술의 대외교섭. 예경, 서울.

_____(1998) 백제 미술의 대외교섭. 도서출판 예경, 서울.

_____(1995) "불교사상사에서 본 고대의 기점과 종점". 한국사의 시대 구분. 한국고대사 연구회편. 신서원, 서울.

한명식(2011) 예술을 읽는 9가지 시선. 청아출판사, 파주.

허흥식(1984) 한국금석전문. 아세아문화사, 서울.

慧均 讚(2009) 校勘 大乘四論玄義記. 최연식 교주. 불광출판사, 서울.

洪潤植(1987) "新羅人의 美意識과 淨土敎美術". 三佛金元龍敎授 停年退任紀念
　　論叢(Ⅱ) 삼불 김원룡교수 정년퇴임기념논총간행위원회 편. 일지사, 서울.

홍준화(2007) 조형예술과 시형식. 한국학술정보, 파주.

黃壽永(1969) 신라 남산 삼화령 미륵세존, 김재원박사 회갑기념논총. 을유문화
　　사, 서울.

_____(1973) 한국 불상의 연구. 삼화출판사, 서울.

_____(1974) 韓國金石遺文. 일지사, 서울.

_____(1976) 불탑과 불상. 교양국사총서(5). 세종대왕기념사업회, 서울.

_____(1979) 佛像. 중앙일보사, 서울.

_____(1982a) 佛敎와 美術. 重版. 悅話堂, 서울.

_____(1982b) 佛敎와 美術 續. 重版. 悅話堂, 서울.

_____(1989) 한국의 불상. 문예출판사, 서울.

_____(1990) 韓國佛敎美術史論. 민족사, 서울.

_____(2003) 반가사유상. 대원사, 서울.

_____(2003) "百濟金銅菩薩像의 造形性 研究". 韓國佛敎學研究叢書 36. 불함
　　문화사 편. 불함문화사, 고양.

황호근(1983) 한국문양사. 열화당, 서울.

關野 貞(1932) 朝鮮美術史. 조선사학회, 경성.

구마라습(1997) 유마경. 장순용 옮김. 시공사, 서울.

구노미키(2001) 중국의 불교미술. 최성은 옮김. 시공사, 서울.

久野健(1987) 日本の美術 254(乾漆佛). 至文堂, 東京.

塚本善隆(1941) "龍門石刻錄". 龍門石窟の研究. 同朋舍, 東京.

宮治昭(1992) 涅槃の彌勒の圖像學. 吉川弘文館, 東京.

게라두스 반 데르 레이후(1996) 종교와 예술. 尹以欽 譯. 열화당, 서울.

鈴木敬 · 松原三郎(1957) 東洋美術史要說(下). 吉天弘文館, 東京.

金申(1994) 中國歷代紀年佛像圖典. 文物出版社, 北京.

金維諾 · 羅世平(1995) 中國宗敎美術史. 江西美術出版社, 南昌.

E. H. 곰브리치(1999) 서양미술사. 백승길, 이종숭 옮김. 예경, 서울.

H. 콕스(1973) 바보제. 김천배 옮김. 현대사상사, 서울.

大和文化館(1992) 中國の金銅佛. 大和文化館, 奈良

水野敬三郎 監修(2001) 日本佛像史. 美術出版社, 東京.

葉渡(1997) 慈悲的容顔. 藝術圖書公司, 臺北.

小杉一雄(1980) 中國佛敎美術史の研究. 新樹社.

松原三郎(1966) 增訂 中國佛敎彫刻史研究. 吉川弘文館, 東京.

＿＿＿＿＿(1985) 韓國金銅佛研究. 吉川弘文館, 東京.

雲岡石窟文物保管所(1991) 中國石窟 雲岡石窟 Ⅰ. 文物出版社, 北京.

＿＿＿＿＿＿＿＿(1994) 中國石窟 雲岡石窟 Ⅱ. 文物出版社, 北京.

李崇建(1997) 千年彫刻史. 藝術圖書公司], 臺北.

李裕群(2003) 古代石窟. 文物出版社, 北京.

李澤厚(1990) 華夏美學. 東文選, 서울.

＿＿＿＿ 編(1992) 中國美學史. 權德周 譯. 대한교과서주식회사, 서울.

逸見梅榮(1970) 佛像の形成. 東出版, 東京.

長廣敏雄(1984) 中國美術論集. 請談社, 東京.

존 듀이(2011) 경험으로서의 예술. 이재언 옮김. 책세상, 서울.

존 버거(2006) 본다는 것의 의미. 박범수 옮김. 東文選, 서울.

渡邊護(1984) 藝術學. 改訂版. 이병용 옮김. 현대미학사, 서울.

로리 슈나이더 애덤스(1999) 미술사 방법론. 박은영 역. 조형교육, 서울.

루돌프 아른하임(1996) 미술과 시각. 중판. 김춘일 옮김. 미진사, 서울.

D.M. 라스무센(1991) 상징과 해석. 장석만 옮김. 서광사, 서울.

D.seckel 이주형 역(2007) 불교미술-The Art of Buddhism. 예경, 서울.

마르틴 하이데거(2009) 시간의 개념. 서동은 옮김. 누멘, 서울.

마틴 리스(2002) "시작과 끝에 관한 인식". 시간 박물관. 움베르트 에코 외.
　　　푸른숲, 서울.

메를로-퐁티(1983) 現象學과 藝術. 오병남 옮김. 서광사, 서울.

_____(2004) 보이는 것과 보이지 않는 것. 남수인, 최의영 옮김. 東文選,
　　　서울.

말틴 하이데거(1990) 藝術作品의 根源. 吳昞南 閔炯源 共譯. 重版. 經文社,
　　　서울.

막스 빌 엮음(1994) 예술과 느낌. 조정옥 옮김. 서광사, 서울.

모리스 프레쉬레(2002) 부드러움과 그 형태들-20세기 조각에 대한 카테고리
　　　짓기-. 박숙영 옮김. 예경, 서울.

멀치아 엘리아데(1996) 聖과 俗-종교의 본질-. 2판. 李東夏 譯. 학민사, 서울.

_____(1990) 종교의 의미. 박규태 옮김. 서광사, 서울.

미야지 아키라(2006) 인도미술사. 김향숙 · 고정은 옮김, 다홀미디어, 서울.

비슈나와나스 프라사드 바르마(1996) 불교와 인도사상. 김형준 옮김. 예문서원, 서울.

빌헬름 딜타이(2005) 체험 · 표현 · 이해. 이한우 옮김. 책세상, 서울.

石松日奈子(2005) 北魏佛像造像史の研究. ブリュッケ, 東京.

石田一良(1952) 淨土敎美術-文化史學的 硏究試論. 平樂寺書店, 東京.

松長有慶(1969) 密敎の歷史. 平樂寺 書店, 東京.

수전 손택(2009) 해석에 반대한다. 이민아 옮김. 이후, 서울.

스티븐 제이 굴드(2002) 풀하우스. 이명희 옮김. 사이언스북스, 서울.

알버트 라빌 주니어(1996) 메를로 뽕띠 사회철학과 예술철학. 김성동 옮김. 철학과 현실사, 서울.

에드먼드 버크(2009) 숭고와 아름다움의 이념의 기원에 대한 철학적 탐구. 김 동훈 옮김. 마티, 서울.

에른스트 카시러(1979) 인간이란 무엇인가. 최명관 옮김. 서광사, 서울.

_____(2012) 상징, 신화, 문화. 심철민 옮김. 아카넷, 서울.

_____(2002) 인문학 구조 내에서의 상징형식 개념 외. 오향미 옮김. 책세상, 서울.

A. 야페(1979) 美術과 象徵. 李熙淑 譯. 悅話堂, 서울.

움베르트 에코(1998) 중세의 미와 예술. 손효주 옮김. 열린책들, 서울.

_____(2002) "시간". 시간 박물관. 움베르트 에코 외. 푸른숲, 서울.

에른스트 곰브리치(2002) "기념일의 역사: 시간, 수, 기호". 시간 박물관. 움베르트 에코 외. 푸른숲, 서울.

에른스트 피셔(1984) 예술이란 무엇인가-예술의 필요성. 돌베개, 서울.

에케하르트 캐멀링편집(1997) 도상학과 도상해석학. 이한순 외 옮김. 사계절, 서울.

吳健(1998) 敦煌佛影. 佛敎美術全集(5). 藝術家出版社.

柳宗悅(2005) 미의 법문-야나기 무네요시의 불교미학. 최재목, 기정희 옮김. 이학사, 서울.

요헨 힐트만(1997) 미륵-운주사 천불천탑의 용화세계-. 학고재, 서울.

W. Eugene Kleinbauer(1987) "미술사란 무엇인가". 김리나 옮김. 미술사연구 (창간호).

Wu Weishan(2007) 조각가의 혼. 박종연 옮김. 북&월드, 서울.

조르쥬 나다프(1997) 상징 · 기호 · 표지. 김정란 역. 열화당, 서울.

竹內敏雄(2003) 美學·藝術學 事典. 重版. 안영길 외 옮김. 미진사, 서울.

八木春生(2004) 中國佛敎美術と漢民族化. 法藏館, 京都.

프레드릭 스트렝(1999) 용수의 공사상 연구. 시공사, 서울.

F.P. 챔버스(1997) 미술: 취미의 역사. 오병남 역. 예전사, 서울.

W. 칸딘스키(1997) 점 · 선 · 면. 車鳳禧 譯. 열화당, 서울.

_____(2000) 예술에서의 정신적인 것에 대하여. 권영필 옮김. 열화당, 서울.

한스-게오르크 가다머(2008) 진리와 방법 I -철학적 해석학의 기본 특징들. 이길우, 이선관, 임호일, 한동원 옮김. 문학동네, 파주.

허버트 리드(1993) 圖像과 思想-인간의식의 발전에 있어서의 미술의 기능-. 金炳翼 옮김. 悅話堂, 서울.

이
해
주
ㅣ

Adrian Sondgrass(1992) *The Symbolism of the Stupa*. Motilal Banarsidass
  Publishers, Deli.

Andreas Eckardt(1929) *A History of Korean Art. trans.* J. M. Kindersley. Edward
  Goldston, London.

Conrad Fiedler(1949) *On Judging Works of Visual Art*. trans. Henry Schaefer-
  Simmern and Felmer Mood. University of California Press, Berkeley.

David Best(1974) Expression in Movement and the Art. Lepus Books, London.

Eugene Wang(2004) *Shaping The Lotus Sutra*. University of Washington Press,
  Seattle.

Evelyn McCune(1962), *The Art of Korea-Illustrated Histor*. Charles E. Tuttle Co.,
  Vermont.

F.Schiller(1954) *On the Aesthetic Education of Man*. tr. R.Snell. Fredrick Ungar
  Publishing Co., New York.

H. Duncan(1965) *Communication and Social Order*. Oxford University Press,
  London.

Herbert Read(1952), *The Philosophy of Modern Art*. Meridian Paperback,
  London.

J.C.Harle(1994) *The Art and Architecture of the Indian Subcontinent*. Yale
  University Press, New Haven.

Laurence Sickman·Alexander Soper(1971) *The Art and Architecture of China*.
  Yale University Press, New Haven.

Lena Kim(2007) *Buddhist Sculpture of Korea*. Hollym, Seoul.

삼국시대 불상의 미의식 연구—

Robert E. Fisher(1996) *Buddhist Art and Architecture*. Thames and Hudson, New York.

Roland Barthes(1981) *La Chambre Claire*(Camera Lucida: Reflections on Photography). trans. by Richard Howard. Hill and Wang, New York.

Roman Ghrishman(1962) *Perthian and Sassanian Period*, Golden Press, New York.

Sir James Frazer(1959) *The Golden Bough*. Macmillan, London.

Spranger, Eduard(1928) *Type of Men; the Psychology and Ethics of Personality*. Halle

Thomas Munro(1965) *Oriental Aesthetics*, Western Reserve Univ., Cleveland.

Wilhelm Worringer(1908) Abstraktion und Einfühlung-Ein Beitrang zur Stilpsychologie, R. Piper & Co. Verlag, München.

William Willete(1965) Foundations of Chinese Art. Thames and Hudson, London.

Wu Hung·Katherine R. Tsiang(2005) *Body and Face in Chinese Visual Culture*. Harvard University Asia Center, Cambridge, Mass.

| 논문 |

강민영(2011.2) "東洋繪畫 美學으로서'形神'의 關係性 및 具現事例 研究". 동양예술(16).

강우방(1978.6) "금동삼산관사유상고-삼국시대조각론의 시도-". 미술자료(22).

_____(1991) "신양지론—양지의 활동기와 작품세계". 미술자료(47).

_____(1993) "인도의 비례이론과 석굴암 비례체계에의 적용시론". 미술자료(52).

_____(1994) "삼국시대 불상의 도상해석". 한국학논집(21).

_____(2002) "고구려 고분벽화와 불상 광배의 기표현". 미술사논단(15).

姜賢淑(2003) "신라 고분미술에서 보이는 고구려 영향에 대하여". 신라문화제
　　　학술 논문집(24).

강희정(2001) "中國 南北朝時代의 半跏思惟像像과 彌勒信仰". 백제연구(33).

_____(2004.6) "唐-위대한 제국의 미술". 중국사연구(30).

_____(2008) "'석굴' 패러다임과 석굴암". 한국미술사교육학회지(22).

_____(2010) "통일신라 관음보살상 연구 시론". 인문논총(63).

_____(2010) "야나기 무네요시의 석굴암 인식". 진단학보(110).

_____(2011)"고대 동남아 종교미술에 미친 인도 미술의 영향". 인문논총(65).

郭東錫(1992) "製作技法을 통해 본 三國時代 小金銅佛의 類型과 系譜". 佛教美
　　　術(11).

_____(2000) "뚝섬출토 금동선정인여래좌상의 국적 문제-동경예술대학소장금
　　　동여래좌상과의 비교를 중심으로-". 고고역사학지(15).

郭丞勳(2000) "石窟庵 建立의 政治·社會的 背景".新羅文化祭學術發表會論文集
　　　(21).

權寧弼(1984) "'한국미술의 미의식' 서평". 정신문화연구(겨울).

_____(1985) "新羅人의 美意識-北方美術과의 관계를 중심으로". 新羅文化祭
　　　學術 發表會 論文集(3).

권정임(2000) "자연을 토대로 한 Schelling의 조형예술론". 美術史學報(14).

김리나(1975) "慶州 掘佛寺址의 四面石佛에 대하여". 진단학보(39).

_____(1976) "포그 미술관의 한국불상 二例". 미술사학회(129·130합집).

_____(1979) "황룡사의 장육존상과 신라의 아육왕상계불상". 진단학보(46·47 합집).

_____(1988) "三國時代 佛像研究의 諸問題". 미술사연구회(2).

_____(1991) "維摩詰經의 螺髻梵王과 그 圖像". 진단학보(71·72합집).

_____(1992) "統一新羅時代 藥師如來坐像의 한 類型". 불교미술(11).

_____(1993) "백제초기 불상양식의 성립과 중국불상". 백제연구총서(3).

_____, 이숙희(1998) "統一新羅時代 智拳印 毘盧舍那佛像 研究의 爭點과 問題". 美術史論壇(7).

_____(1998) "미륵반가사유상". 한국사시민강좌(23).

_____(2000) "한국고대불교조각사연구". 한국사시민강좌(27).

_____(2000) "고대 한일 미술 교섭사". 한국 고대연구(27).

_____(2001) "傳播의 原動力: 6~9세기 한국과 일본의 초기불교미술". 미술사 연구(15).

_____(2003) "한국 미술 해외전시. 뉴욕 재팬 소사이어티의 한·일 초기 불교 미술전". 미술사연구(7).

_____(2004) "한국 불교조각 연구 어떻게 할 것인가". 미술사학연구(241).

_____(2006) "고대 삼국의 불상". 박물관기요(21).

_____(2008) "中國四川省成都출토 梁代碑像側面의 神將像고찰". 미술사 연구(22).

_____(2009) 동서양의 만남과 미술의 교류. 미술사연구(23).

金明信(1986.2) "韓·日 古代佛像의 樣式的 特徵에 대한 考察-8世紀 統一新羅
　　　의 석불과 宗良의 佛像을 중심으로". 동일어문연구(1).

김복영(1992) "한국인의 감성과 수묵 정신". 신묵(6).

김병환(2007) "메를로-뽕띠의 살존재론적 미학에서 예술적 봄에 대한 연구".
　　　대동철학(38).

김상호(2006) "중원 봉황리 마애불상군의 재검토". 불교고고학(6).

김상현(1984) "신라 화엄학승의 계보와 그 활동". 신라문화(1).

김석근(2010) "전륜성왕(轉輪聖王), 미륵(彌勒), 그리고 메시아-미륵신앙의 정치
　　　적 기능과 함의에 대한 시론적 접근". 동양정치사상사(vol.9.no.1).

김양선(1964) "平壤 平川里 出土 金銅半跏思惟像의 造成年代에 關하여". 고문
　　　화(3).

金元龍(1961.3) "뚝섬 출토 금동여래좌상". 역사교육(5).

_____(1982) "國先史時代의 神像에 대하여". 역사학보(94·95합집).

_____(1992) "佛像隨綠". 佛敎美術(11).

_____(1999.12) "백제불상조각연구". 학술원논문집(31).

김용정(2008.7) "한국의 전통미". 철학사상문화(7).

김인창(2007) "관음보살의 도상, 정병(淨甁) 연구". 강좌 미술사(28).

김임수(1991) "韓國美術과 美學的 問題領域: 高裕燮을 중심으로". 미학·예술
　　　학연구(1).

_____(1992) "高裕燮의 美術史觀". 美術史學(Ⅳ).

김인환(1996) "藝術性의 氣에 있어 氣의 媒介作用". 미학·예술학연구(6).

김진숙(2008) "5세기 고구려 고분벽화의 불교적 요소와 그 연원". 미술사학연

구(258).

김진엽(1992) "해석학적 경험에 있어서 예술과 진리-Gadarmer의 철학적 해석
　　학을 중심으로". 미학 예술학연구(2).

金春實(1985) "三國時代의 金銅藥師如來立像 研究". 美術資料(36).

_____(1990) "삼국시대 시무외 여원인 여래좌상고". 미술사연구(4).

_____(2001) "7세기 전반 신라불 양식의 전개와 특징". 미술자료(67).

_____(2004) "中國 山東省 佛像과 三國時代 佛像". 미술사논단(19).

_____(2005) "백제(百濟) 서산마애삼존불상(瑞山磨崖三尊佛像)". 백제문화(34).

_____(2006) "백제 6세기 후반 납석제 불상 연구". 미술사학연구(250 · 251).

김창준(2005.9) "헤겔의 자연미 규정과 아도르노의 비판" 대동철학(31).

김천학·신규탁(2010.12) "『화엄경』의 연화장세계". 정토학연구(14).

김철준(1952) "신라 상대사회의 Dual Organization 下". 역사학보(2).

김현준(1987) "원효의 참회사상". 불교연구(2).

金惠婉(1978) "新羅의 花郞과 彌勒信仰의 關係에 대한 研究-半跏思柳像을中心
　　으로". 史林(3).

김혜원(2003) "중국 초기 정토 표현에 대한 고찰-사천성 성도 발견 조상을 중
　　심으로". 미술사연구(17).

김화영(1970) "한국불상대좌형식의 연구(2)". 사학지(14).

길기태(2006) "백제 사비시대의 미륵신앙". 백제연구(43).

나희라(1990) "신라초기 왕의 성격과 제사". 한국사론(23).

남동신(2010.12) "미술사의 과제와 역사학-불교 미술사를 중심으로". 미술사학
　　연구(26).

이
혀
주
―

대서수야(1986) "미륵보살반가상의 제문제- 백제반가상을 중심으로". 일본
학(5).

리여성(1985) "석굴암 조각과 사실주의". 문화유산.

문명대(1969) "경주서악불상". 고고미술(104).

_____(1973) "양지와 그의 작품론". 불교미술(1).

_____(1974) "신라 법상종의 성립 문제와 그 미술". 역사학보(62 · 63합집).

_____(1978) "佛像의 傳來와 韓國初期의 佛像彫刻". 大邱史學(15 · 16합집).

_____(1978) "선방사 삼존석불입상의 고찰". 미술자료(23)

_____(1980) "元五里寺址 塑佛像의 연구-高句麗千佛像 조성과 관련하여-".
고고미술(150).

_____(1980) "한국고대조각의 대외관계에 대한 연구". 예술논문집(20).

_____(1982) "청원 비중리 삼국시대 석불상의 연구"불교학보(19).

_____(1985) "慶州 石窟庵彫刻의 比較史的 研究". 신라문화(2).

_____(1987) "新羅佛敎美術의 造形思想". 東洋學(17).

_____(1988) "삼국유사 탑상편과 일연의 불교미술사관". 미술사학(2).

_____(1988) "慶州石窟庵의 造成背景과 石窟의 構造". 新羅文化祭學術發表會
論文集(9).

_____(1991) "장천 1號墓 佛像禮拜圖壁畵와 불상의 始源問題". 선사와
고대(1).

_____(1992) "삼국통일과 미술의 대혁명". 선사와 고대(2).

_____(1995) "서산마애삼존불상의 도상해석". 미술사학연구(221 · 222합집).

_____(1995) "태안백제마애삼존불상의 신연구". 불교미술연구(2).

_____(2000) "한국의 불상 조각". 석림(34).

_____(2001) "신라 대조각장 양지론에 대한 새로운 해석". 미술사학연구(232).

_____(2003) "高句麗佛像이 日本佛像에 미친 영향". 백산학보(67).

_____(2003) "古新羅의 黃金佛像考". 미술자료(69).

_____(2003) "統一新羅 佛敎彫刻論". 新羅文化祭學術論文集(24)

_____(2003) "한국 불상의 도상 특징". 불교문화연구(1).

_____(2005) "간다라 阿育王造像式 佛像의 交流 研究-Jaulian 사원지 불상과 四川阿育王造像佛像을 중심으로". 강좌미술사(25).

민주식(1994) "한국적 '미'의 범주에 관한 고찰". 美學(19).

_____(2001.11) "한국미의 근원-신화와 미의식-". 동양예술(4).

_____(2005) "미인상을 통해 본 미의 유형-瘦身美와 豊滿美를 중심으로-". 美術史學報(25).

_____(2011.8) "樓亭문화의 미의식에 관한 고찰". 동양예술(17).

朴慶植(1987) "신라 구세기 석탑의 양식에 관한 연구". 미술사학연구(173).

박경희(2007.5) "신화를 통해본 신라토기문화의 감수성". 한국디자인포럼(15).

林南壽(2007) "X선투과 촬영장치를 이용한 목조불상의 제작기법 연구". 미술사학연구(253).

朴明順(1984) "新羅 金銅彌勒半跏思惟像의 樣式: 特히 그 微笑에 對하여". 교육논총(4).

박성상(1997) "三國時代 磨崖佛像 樣式에 關한 考察". 사학지(30).

_____(2004) "삼국 통일신라시대 마애불상의 분포상 특성". 박물관기요(19).

_____(2004) "統一新羅時代 磨崖佛像의 樣式 考察". 문화사학(22).

이해주 一

_____(2005) "瑞山 磨崖三尊佛像 研究". 문화사학(24).

_____(2007) "영주 가흥리마애삼존불상 소고". 문화사학(27).

박정필(2008) "끌어내리기, 숭고: 예이츠의 희극성의 뉘앙스들". 한국 예이츠
    저널(30).

박준원(1996) "사르트르 미학에 있어 이미지와 예술의 문제". 미학·예술학
    연구(6).

朴贊興(2000.8) "石窟庵에 대한 연구사 검토". 新羅文化祭學術發表會論 文集
    (21).

朴享國(2000) "慶州 石窟庵 諸佛像에 대한 佛教圖像學的 考察". 新羅文化祭學
    術論文集(21).

朴洪國(2003) "三國末~統一初期 新羅佛像과 三道에 대한 檢討". 新羅文化祭學
    術論文集(24).

배진달(2005.4) "女性 轉身形 觀音菩薩像의 一例-仁川市立博物館 소장의 明代
    觀音菩薩坐像을 중심으로-". 중국사연구(35).

_____(1990) "신라 하대 고복형석등에 관한 연구". 사학지(23).

_____(2004) "統一新羅時代 磨崖佛像의 樣式 考察". 문화사학(22).

백영제(2007.12) "미적 감수성과 예술 발생의 진화론적 배경". 대동철학(41).

서지민(2006) "통일신라시대 비로자나불상의 도상연구: 광배와 대좌에 보이는
    중기밀교 요소를 중심으로". 미술사학연구(252).

서해기(정엄) "法界의 의미-대승경론과 화엄교학을 중심으로-". 정토학연구(14).

설혜심(2003.7) "중세말 근대 초 유럽의 '얼굴 만들기': 외양(appearance)에 대한
    인식의 변화". 서양중세사연구(4).

성홍기(1999) "현존재의 존재세계-공간성을 중심으로-". 철학논총(18).

소재구(1999) "신라하대 석조미술양식 연구방법론". 미술자료(62).

蘇鉉淑(2009) "法隆寺 獻納寶物 甲寅銘金銅光背 硏究". 한국고대사연구(54).

신길수(1995) "예술에서의 '표현'의 의미: D. Best의 '판단기준'과 '해석맥락'을
　　　　중심으로". 미학연구(창간호).

신대현(2003) "奉化 智林寺 磨崖如來三尊像 小攷". 문화사학(19).

신종원(1992) "三國遺事 <良志使錫> 條 註釋". 고문화(40 · 41합집).

신혜순(1992) "인체비례의 미학적 의미-이탈리아 르네상스 미술론을 중심으
　　　　로-". 미학·예술학연구(2).

심영옥(2006) "신라토우 인물상에 나타난 상징성과 조형미감 연구". 동양예술
　　　　(11).

양은경(2006) "중국 산동지역 불상과 한국 삼국시대 불상의 교류관계". 강좌미
　　　　술사(26).

_____(2007) "신라 단석산 마애불: 공양주와 조성시기를 중심으로". 역사와
　　　　경계(62).

_____(2012) "중국 산동성 출토 동위~북제대 반가사유상에 대한 연구". 강좌
　　　　미술사(38).

양은용(2008) "통일신라 개원삼년(715)명 석조일경삼존삼세불입상에 관한 연
　　　　구". 문화사학(29).

양효실(1995) "Walter Benjamin의 미적 모더니즘 연구: Baudelaire에 대한 비판
　　　　을 중심으로". 미학연구(창간호).

오병남(2001) "미술사와 미술사론과 미학의 관계에 대한 고찰-신라 불상에 대

한 본질 해명의 문제를 중심으로-". 미학(30).

_____(2005) "高裕燮의 미학사상에 대한 접근을 위한 하나의 자세". 우현 선생 탄신 100주년 기념 학술대회 우현 고유섭의 학문세계. 韓國美術史學會 編.

오순화(2005.2) "한국미감형성에 미친 일본인의 미의식 연구-야나기무네요시의 '비애미감'을 중심으로". 한국도자학연구(1).

元甲喜(1974) "韓國佛敎의 造形美-그 時代的 理念과 관련하여". 師大學術研究(1).

柳宗旻(1983) "韓國 彌勒半跏思惟像 考". 關大論文集(vol.1.no.2).

尹凡牟(2000) "오늘의 불교미술에서 생각해야 할 점들". 사찰조경연구(8).

_____(2006.4) "漢國美論-佛敎的 觀點 혹은 無碍美論". 동악미술사학(7).

尹容鎭(1966) "物野發見 半跏思惟像足座". 미술사학연구(vol.7.no.3)

尹在信(2000) "석불사의 건축원형". 新羅文化祭學術發表會論文集(21).

이강근(1998) "한국 고대 불전건축의 장엄법식에 관한 연구". 미술사학(12).

이기백(1954) "삼국시대 불교전래의 사회적 성격". 역사학보(6).

_____(1975) "신라 초기 불교와 귀족세력". 진단학보(40).

_____(1986) "신라시대의 불교와 국가". 역사학보(111).

_____(1988) "蔚珍居伐牟羅碑에 대한 고찰". 아세아문화(4).

李箕永(1986) "花郎들의 彌勒信仰을 어떻게 理解할 것인가? 鄕歌 및 半跏思惟像의 解釋學的 提言". 신라문화제학술발표논문집(vol.1.no.7).

이기흥(2003.12) "'마음' 연구 방법의 변천 논리 고찰". 대동철학(23).

이난수(2012) "唐代 이후 미학에서 나타난 형상 너머의 '感興' 문제". 철학연구

(121).

이도흠(2001) "불교철학 심화의 방편으로서 서양 인문학의 탐색". 석림(35).

_____(2007.6) "불교 철학으로 경주 지역 불상 읽기". 우리춤 연구(4).

_____(2010) "예술을 바라보는 불교적 패러다임에 대한 연구". 우리춤 연구
(13).

이숙희(2006) "통일신라시대 비로자나불상의 신라적 변용과 특성". 미술사학
연구(250 · 251합집).

이은창(1966) "瑞山 普願寺址의 調査". 미술사학연구(vol.7.no.4).

_____(1969) "瑞山 龍賢里 出土 百濟 金銅如來立像考-造成樣式의 諸問題를
中心으로". 백제문화(3).

이주형(1992) "불상의 기원-보살에서 불로-". 미술사학연구(196).

_____(2001) "'진신'에 관하여". 인문논총(45).

_____(2001.8) "인도 초기 불교미술의 佛像觀". 美術史學(15).

_____(2002) "한국 고대 불교미술의 상(像)에 대한 의식(意識)과 경험". 미술사
와 시각문화(1).

_____(2003)"Early Mahāyāna and Gandhāran Buddhism: An Assessment of the
Visual Evidence." The Eastern Buddhist New Series(XXXV).

_____(2007) "종교와 미학 사이: 불상 보기의 종교적 차원과 심미적 차원".
美學 · 藝術學研究(25).

이종수(2009.8) "충남 서북부 지역 마한·백제 주거지 일고찰". 역사와 담론(53).

이인범(1995) "柳宗悦의 초기 '民藝' 개념". 미학 · 예술학 연구(5).

_____(1997) "柳宗悦 藝術論의 不二論的 基礎". 美術史學報(10).

＿＿＿＿(2003) "'종교적 無'는 어떻게 미적으로 표상가능한가?-야나기 무네요시에 있어서 예술과 종교". 美術史學報(20).

＿＿＿＿(2008) "미술사와 민족국가주의". 美術史學報(31).

이찬훈(2011.6) "중국 화론에 나타난 동양미학 사상 연구―神과 氣韻 개념을 중심으로". 대동철학(55).

이현숙(2012) "호류지(法隆寺) 반가사유상의 미소". 한일교육연구(18).

이현정(2005) "미륵보살반가사유상"과 "생각하는 사람". 문학/사학/철학(2).

李浩官(2003) "新羅의 金屬美術". 新羅文化祭學術論文集(24).

이효원(2010) "역사: 보살관음의 한국적 변용과정-신앙의 영험화를 중심으로". 문학/사학/철학(20).

이해주(2004) "漢城 百濟期 百濟人의 美意識 考察". 文化史學(21).

＿＿＿＿(2009) "다보탑(多寶塔)의 미적(美的) 고찰(考察): 곡선(曲線)의 미(美)와 공간(空間) 구성(構成)의 미(美)를 중심(中心)으로". 史學志(41).

임영애(2006) "중국 신장상(神將像)의 얼굴 변화-이인화(異人化)의 시작". 혜사(慧史) 문명대교수 정년퇴임 기념 논문집. 강좌미술사(26).

＿＿＿＿(2006) "'서역인'인가 '서역인 이미지'인가-통일신라미술 속의 서역 인식-". 중앙아시아연구(11).

＿＿＿＿(2010) "곤륜산, 수미산 그리고 삼단팔각 연화대좌-삼단팔각 연화대좌에 담긴 상징". 강좌미술사(34).

＿＿＿＿(2011) "'삼단팔각'연화대좌의 통일신라 수용과 전개". 신라문화(38).

장병길(1963) "한국원시신앙에 대한 소고". 문리대학교(11.1).

장진성(2011) "인문학적 미술사의 가능성". 역사학보(211).

장충식(1987)"錫杖寺址 出土遺物과 釋良志의 彫刻遺風". 신라문화(3 · 4합집).

_____(2000) "연가칠년명 금동불상 재고". 동악미술사학(1).

_____(2000) "토함산 석굴의 정점과 그 배경". 신라문화(21).

전덕재(2012) "백제의 율령 반포 시기와 그 변천". 백제문화(47).

전창범(2000) "석굴암 본존불상의 미술사적 가치에 대한 일고찰". 석림(34).

전촌원징(1986) "반가사유상의 전개과정(半跏思惟像の展開過程)". 일본학(5).

정영호(1998.10) "백제 불상의 원류 시론". 사학연구(55 · 56합집).

_____(2004) "金銅半跏思惟像의 新例". 문화사학(22).

_____(2006) "6~7세기 삼국기 불상에 대하여". 박물관기요(21).

_____(2011) "백제와 중국남조의 금동일광삼존상에 관한 시론". 문화사학(35).

정예경(1994) "韓國半跏思惟像의 編年에 관한 一考察: 身體表現과 臺座와의 관계를 통해서 보다". 문화사학(2).

_____(1998) "프리어 갤러리, 펜실베이니아 대학 박물관소장의 隋菩薩像 三體에 대하여". 역사와 교육(6).

_____(1999) "펜실베이니아 대학 박물관 소장 碑像에 대하여". 경기 사학회(3).

_____(2001) "전 강원도 출토 반가사유상". 동국사학(35).

_____(2006) "瑞山 磨崖三尊佛像의 樣式考察(上)-本尊像의 樣式-". 문화사학(26).

_____(2007) "慶州 南山 三花嶺 出土 彌勒三尊像의 樣式". 신라문화(29).

_____(2007) "瑞山磨崖三尊佛像의 樣式考察-菩薩像의 樣式". 불교학보(46).

_____(2007) "경주 남산 삼화령 출토 미륵삼존상의 양식". 신라문화(29).

_____(2007) "吐含山 石佛寺 十一面觀音菩薩像의 樣式". 한국선학회(16).

정우택(2003) "佛教美術 서술의 用語 문제". 미술사학(17).

_____(2005) "고유섭과 불교미술". 미술사학연구(248).

정은우(2001) "禮山 四面石佛의 미술사적 검토". 백제문화(34).

정태혁(1998) "원효의 정토왕생신앙의 교학적 근거와 특색". 정토학연구(1).

주경미(2008) "불교미술과 물질문화: 물질성, 신성성, 의례". 미술사와 시각문화(7).

주수완(2002) "신라에 있어서 북제·주 조각 양식의 전개에 관한 일고찰-선방사와 삼화령의 삼존석불을 중심으로"-강좌 미술사(18).

_____(2004) "서평: 강희정(姜熺靜) 저, 중국 관음보살상 연구-남북조시대에서 당까지(일지사, 2004)". 중앙아시아연구(9).

_____(2006) "皇福寺 全金佛立像 연구". 불교미술사학(4).

_____(2010) "楊平출토 金銅佛立像 연구: 삼국시대 巨大佛像의 殘影들". 고대사탐구(6).

_____(2011) "미륵의좌상(彌勒倚坐像)의 도상적 기원에 대한 연구-아잔타 17굴 <도리천강하>도상을 중심으로-". 진단학보(111).

Sung Taek Cho(2001) "On the Trail of Two Competing Buddhas from India to Korea: A Study of the. Daynamics of Cross-cultural Assimilation". Korea Journal(41).

조정래(2005) "元代 文人畵의 發展과 '尙意' 傳統". 美術史學報(24).

조요한(1981.겨울) "전통미와 정통의식". 계간미술(20).

조인수(2003) "중국 초상화의 성격과 기능: 명청대 조종화를 중심으로". 위대한 얼굴.

전미숙(1992) "인간성과 신성의 조화, Trecento". 미학·예술학연구(2).

지강이(2009) "우리나라 초기 불상의 기능과 그 의미: 불교조각에 나타난 항로를 근거로 하여". 인문사회과학연구(10).

진홍섭(1983) "古代 韓國佛像樣式이 日本佛像樣式에 끼친 영향". 이화사학연구(13·14합집).

최길성(1987) "신라인의 세계관". 新羅文化祭學術發表會論文集(8).

최봉수(2011.12) "대승불교 서원(誓願, praṇidhāna) 의식의 초기 불교적 모습에 대한 일고찰" 정토학연구(16).

최부득(1992) "神的 空間의 顯現-石窟庵-". 미학·예술학 연구(2).

崔聖銀(2001) "旻天寺 금동아미타불좌상과 고려 후기 불교 조각". 강좌 미술사(17).

_____(2002.12) "조선 초기 불교조각의 대외교섭". 강좌 미술사(19).

_____(2003.3) "고려시대 불교조각의 대송관계". 미술사학연구(237).

_____(2007) "발해(渤海) 불교조각(佛敎彫刻)의 새로운 고찰(考察)-중국(中國), 일본(日本) 고대조각(古代彫刻)과의 비교(比較)를 중심으로-". 고구려연구(26).

_____(2010.6) "조선후기 불갑사 불교조각의 一考察". 서지학보(35).

_____(2010) "동아시아 불교조각을 통해 본 백제 미륵사의 불상". 백제문화(43).

최용찬(2009) "다 빈치 그림 다시 읽기-모나리자에 나타난 웃음의 미학-". 역사와 문화(18).

칼레만 저·김리나 역(2004) 궁륭천장의 天上世界 "The Dome of Heaven". Art

이
해
주
―

Bulletin Ⅹ ⅩⅦ, 1945, pp. 1~27. 미술사연구(18).

홍련희(2011) "7世紀燕岐地域阿彌陀佛像의 西方淨土圖像研究". 불교미술사학
(11).

_____(2012) "7세기 아미타불상의 도상 연구". 한국고대사연구(10).

洪潤植(1976) "淨土의 莊嚴과 往生". 석림(10).

_____(1980) "삼국유사와 탑상". 불교학보(17).

_____(1980) "삼국유사와 불교의례". 신라 문화제 학술 발표 논문집(1).

_____(1998) "淨土敎와 文化藝術". 정토학 연구(1).

_____(2000) "新羅人의 淨土敎美學". 정토학 연구(3).

_____(2001) "淨土敎와 佛敎藝術" 정토학 연구(4).

黃壽永(1959) "瑞山磨崖三尊佛像에 對하여". 진단학보(20).

_____(1960) "百濟半跏思惟石像小考". 역사학보(13).

_____(1962.6) "충남 태안의 마애삼존불상". 역사학보(17 · 18합집).

_____(1962) "德美 金銅半跏思惟像의 左足과 蓮座". 미술사학연구(vol.3.no.11).

_____(1966.9) "충남 태안의 마애삼존불상(補)". 고고미술 100호 합집(上).

_____(1982) "백제의 반가사유상(半跏思惟像)". 백제연구(13).

九野 健(2003) "百濟金銅半跏思惟像ついて>(百濟金銅半跏思惟像에 대하여)".
문화사학(20).

尾岐直人(1983.2) "敦煌莫高窟의 彌勒淨土變相". 密敎圖像(2)

Morris Weitz(1995) "미학에 있어서 이론의 역할". 오병남 옮김. 미학연구
(창간호).

Pankaj Mohan(2004) "6세기 신라에서 아소카상징(Asokan Symbolism)의 수용과

그 의의". 한국사상사학(23).

大西修也(2006.12) "七世紀後半の阿彌陀佛事情". 博物館紀要(21).

바바라리드(2007) "관음보살의 젠더 상징". 이효원 옮김. 문학/사학/철학(8).

실반 바넷트(1991) "미술작품의 서술을 위한 입문". 미술사 연구(5).

柳宗悅(1981) "朝鮮の美術". 朝鮮とその藝術. 柳宗悅全集(6). 筑摩書房, 東京.

Best, Jonathan W(1980) "The Seosan Triad: An Early Korean Buddhist Relief Sculpture From Paekjche". Archieves of Asian Art(XXXⅢ).

Tanabe Katsumi(1984) "*Iranian Origin of the Gandharan Buddha and Bodhisattva Imagies*". Bulletin of the Ancient Museum(6).

| 찾아보기 |

32상 80종호 17, 42, 73, 84, 93, 106, 145~146, 236, 245, 250, 257, 278, 334, 365, 367~368

감각 18, 32, 50, 54, 58, 64~66, 70~81, 89, 98, 104, 114, 127~128, 140, 144, 235~236, 241~245, 252, 257, 283~287, 328, 332~335, 353, 360~367

감동 89, 97~98, 247

감수성 18, 78, 103, 117, 149, 239, 245, 345, 362~363

감정 17, 23, 27, 32, 40, 58~60, 79~91, 95~98, 109, 115, 118, 121, 134, 142~143, 148, 261, 277~278, 283~290, 312, 331, 339, 346~351, 361, 366, 370~372

감정이입 75, 88~91, 109, 261

감화력 17, 58, 144, 251, 259

감흥 32, 55, 98, 252, 256

거창 출토 금동보살입상 207

경전 외적인 요소 18

경험 15~16, 19, 62~68, 72, 77~79, 86, 91, 96~97, 122, 128, 139, 150, 231, 258, 267, 272, 277, 280, 286~289, 309~314, 317, 321, 327~328, 332, 344~346, 364, 372

계미명 금동삼존불상 37, 173~176, 187~188, 209, 301~302

계세적 세계관 115

고대 한국 문화 39, 45~48

공동유대 116

관계 16, 19, 27, 35~36, 42, 47, 51~53, 59~68, 72~73, 80~88, 93~96, 101, 109, 120, 124, 129~131, 140, 144~146, 150, 155, 177, 211, 235~239, 247, 254, 260, 267, 277~278, 281~282, 286, 291~297, 301, 311~312, 319~321, 335, 349~353, 365~372

관자(觀者) 73, 239, 344, 367

구원론적 역할 40, 124, 144, 246, 335

국립박물관소장 금동여래입상 160, 264~265

국보 제183호 선산출토 금동보살입상 219

국보 제184호 선산 출토 금동보살입상 221

국보 제78호 금동미륵보살반가사유상 37, 92, 108, 175, 180~181, 192~194, 196~197, 202, 223~227, 278~279, 332

국보 제83호 금동미륵보살반가사유상 15, 32, 203, 222, 280~281

군수리 여래좌상 135

군수리 출토 납석제 여래좌상 215, 237, 241, 243~244, 374

군수리 출토 보살상 179~181

규암리 출토 금동보살상 207~208

균형 42, 75, 93~97, 127, 169, 175~177, 255~256, 283, 291, 349, 362, 370

극락세계 55~56, 336, 361

김제 출토 동판 반가사유상 틀 302~304

김제 출토 동판 삼존불 틀 302~304

깨달음 16~17, 52~53, 57~59, 76~80, 85, 140~142, 146, 155, 195, 234~236, 245~248, 262, 275, 279, 284, 301, 327, 359~361, 366~368, 372

깨우침 133, 140, 143, 363

난형 254, 261

내적 시각화 68, 239

능가경 143

단석산 신선사 마애삼존상 301

단순성 21, 257

대승불교 56~57, 91, 293

도행반야경 118

동경 140, 142, 234, 250, 361, 368

동경심 56~58, 361

동인(動因) 52, 56, 251, 359

동일성 317, 321, 372

동적인 조화 297

동적인 힘 159

드러남 144~146, 365

드러냄 142, 221, 298, 335, 364

뚝섬 출토 금동여래좌상 154~155

마음 16~17, 53, 57~60, 80, 84, 89, 91, 96, 107, 122, 134, 139~140, 142, 223, 231, 235, 239, 241, 246~250, 274, 284~286, 322, 335, 360~361, 364~369

맥락 32~35, 53, 59, 107, 115, 126, 140, 144, 232, 234, 285~288, 334, 373

모성 299~300, 371

무량수경 54~55, 360

무애 41~42, 233~234, 262~264, 366~369

무한성 78~80, 257~258

무한성의 원리 258

문화 17, 22, 35, 39~41, 45~48,

62~63, 69, 110, 115, 121, 136, 233~234, 244, 250, 284, 316, 323~336, 339, 341, 346, 360

물적 대상 344

물적 존재 69, 361

미(美) 16, 19, 29~30, 34, 48, 51, 59~61, 67, 79, 127, 135, 137, 231, 255~256, 323, 325, 330~331, 341, 344, 346, 349, 352, 354, 361

미감 241, 244~245, 280, 283, 314, 324, 335, 374

미소 84~85, 91~92, 106, 124, 128, 133~135, 137~141, 143, 155, 158~159, 161, 164, 166, 195, 199~202, 213, 215~216, 219, 222, 241, 259, 272, 281, 287, 330, 353~354, 364

미술 16, 19~20, 22, 24, 26~33, 40, 45~46, 59~67, 87, 135, 310, 322~323, 355, 361

미술사로서의 정신사 310

미시랑 105, 108, 273

미의 위상 39, 47~48, 52

이
해
주
─

미의식 17, 19, 28~36, 39~42,
　45~49, 52, 59, 61~63, 67,
　81, 103, 115, 133, 135~136,
　147~148, 150, 155, 231~234,
　241, 245, 254, 261~262, 288,
　311, 321~326, 359~362, 365,
　369, 372

미적 가치관 36, 41, 132,
　232, 262~263, 350, 365,
　369~370

미적인 가치 39

미적인 것 34, 46~47, 52~53,
　58, 91, 128, 231, 360

방편 17, 52, 56~59, 67, 76,
　80, 86, 89, 139~144, 219,
　234, 246~248, 262, 265,
　284, 298~300, 327, 361,
　364~366, 371

방형대좌 반가사유상
　281~282

배태 17, 32, 35, 41, 47,
　232~233, 263, 298, 325,
　359, 369

번역 34, 69, 81, 299, 320

보는 사람 16, 36, 57, 68,
　79, 85, 79, 98, 101, 103,

127, 137, 140~141, 144,
　149~150, 160, 165,
　177~178, 199~200,
　223, 225, 239, 245~246,
　249~250, 255, 257~259,
　261, 270~272, 277, 279,
　290, 295~296, 300,
　321~322, 335, 361,
　367~368, 370

보주형 광배 159, 181,
　188~189, 203

보편성 73~75, 284, 324, 328,
　335~336, 341

본존별주결합식 182

봉지보주보살상 104, 189,
　201, 294, 297

불범(佛凡) 16, 253

불상의 미 17~18, 31, 39~41,
　48, 52, 68~69, 73, 76, 135,
　155, 293, 314, 318, 342,
　366

불상의 이미지 246, 254

불성(佛性) 71~72, 280, 351

사다리 오르기 식 진화론적
　관점 339~340, 347, 349

사실주의 26, 40, 75, 82

사자초상(死者肖像) 119,
　319

사후세계 118, 276, 319, 363

삶의 감정 40, 59, 361

삼각구도 160, 178, 181, 271,
　301, 372

삼국유사 16, 48, 211

삼화령 삼존불 211~213

상부지향성 177

상징성 75, 78, 81, 97, 115,
　155, 361

상징형식 69~70, 72~73, 80,
　310, 361

상호교통 291, 295, 297, 370

상호작용 31, 35, 68, 80, 85,
　101, 110, 141, 239, 272,
　285, 307, 346, 349, 372

상호지향적인 관계 239, 367

생명감 75, 88~93, 97, 115,
　127, 133, 149~150, 162,
　196, 199, 202, 209, 218,
　228, 248, 249, 262, 264,
　272~273, 283, 326, 340,
　361, 366, 369

생명력 35, 88~89, 98,
　114~115, 136, 209, 216, 223

,248, 297, 305, 329, 331, 347~348, 354, 363, 370

생명의 힘 74, 89, 114~115, 121, 288, 362~363, 370

생활 28, 30, 63, 66~67, 75, 102, 112, 124, 149, 253, 272, 276, 284, 316, 325, 355~356

생활 경험 15, 89

서산마애삼존불 39, 85, 135, 173, 185~188, 198, 294, 362

석굴암 불상군 317, 319, 340, 344~345, 347, 354

선(線) 20, 22, 24, 74~75, 85, 289

선방사 삼존불 211~213

선산출토 금동관음보살상 38

성(聖) 47~48, 59, 73, 117, 294, 363

성스러운 가치 39

소의경전 16, 18, 81, 105

소통·교감 17

시대정신 69, 123, 133, 361

시조신 · 수호신 40, 118, 363

신리 출토 금동보살입상 180~181, 199

신묘명 금동삼존상 170

신성관념 48~49, 52, 91

신심(信心) 17, 59

신앙심 17, 56, 105, 223, 318~319, 336~337, 343, 351

심미적 감수성 18, 103, 362

아름다움 23~24, 31, 36, 55, 60~61, 63, 65~67, 85, 91, 93~97, 127~128, 137, 146, 148~150, 261, 272, 291, 312, 318, 322, 324, 330~331, 343, 345, 360, 362, 365

알영 48~51, 91

애니미즘 114~115, 150, 288, 326, 363, 370

애니미즘적 상징주의 115, 150, 326

양평 출토 금동여래입상 209~210

얼굴 18, 31, 49, 75, 85, 89, 92~93, 106, 114, 117, 132~135, 141, 147~148, 155~158, 161, 164~166, 169, 184~188, 199~202, 206~207, 209~216, 222~223, 238~241, 243~245, 248~250, 254, 257~260, 264~269, 272, 286, 297, 319, 335~337, 342, 346, 353~355, 363, 367~368, 374

연가칠년명금동여래입상 187, 266

연대성 116

연동리 석불좌상 38, 202~205, 213, 215

연속 176, 204, 227, 258

연속성 257, 316, 346

연화대좌 190

영향력 96, 107, 140, 245, 335

예경하는 신앙행위 17

예산사면석불 170, 175

예술 16, 19~20, 22~23, 25, 28, 33, 40, 45~47, 53, 59, 70, 81, 85, 95, 101~103, 113, 248, 251, 273, 284~285, 290, 309~310, 312~313, 316, 318, 321~322, 325~327, 331, 336~337, 339, 343, 349,

352, 355, 360, 362

예술상징 47, 69, 71, 73, 79, 144, 311

예술성 16, 89, 284, 349

예술작품 15, 21, 40, 47, 65, 67~69, 71~72, 95, 97, 101, 110, 121, 137, 143~144, 245, 277, 310~313, 317~320, 330, 344, 348~349, 361, 365, 373

운동감 136, 221, 269, 278~279, 289, 326

운동태 326

웃음 84, 92, 133~135, 137~139, 141, 201, 219, 241, 364

원 107, 253~261, 267~269

원만 29, 41~42, 84, 107, 136, 146, 226, 233~234, 241, 245, 250~251, 254~255, 259~260, 297, 366~368

원만상 147, 253

원심적 267~269

원오리 소조불 161

원오리 소조불보살상 157

원의 중심 256, 259

유대감 40, 117, 192

융합 70, 131~132, 326, 361

의궤 16~17, 239

의미 18~19, 25, 27, 34~35, 36, 41, 48, 53, 56~57, 60~80, 83~84, 86~87, 90, 92, 97, 101~102, 108, 117~118, 120, 122, 124~125, 127~128, 133~134, 138, 144, 146, 218, 223, 231~232, 235, 245, 247~248, 252, 256, 259, 262, 270, 277~278, 280, 283, 285~290, 293, 296, 300, 310, 312~314, 317~325, 327, 330, 337, 343, 346, 353, 361, 364~365, 372

의미망(網) 35

이상세계 72, 76, 144, 328

이상적인 인간상 52, 58, 107, 228, 359, 366

이상주의 25, 81, 289

이상화 52, 73, 75, 81~88, 97, 195, 216, 223~228, 249, 281, 289, 298, 359, 361, 366

이상화하는 추상 86~87, 281~282

이해 16~18, 26, 36, 40~41, 47~49, 52, 56~57, 59, 63~64, 66, 69, 75, 78~79, 83, 104, 107~110, 115, 117~120, 127, 136, 139~140, 144, 223, 232, 235, 243, 248, 270, 276~277, 280, 284~286, 293, 300, 309~317, 320, 323~328, 331~332, 336, 338, 344~350, 359~360, 363~364, 367, 373

이해작용 59, 63, 66, 312, 314, 325, 331, 349~350

인간의 얼굴 354

인간적인 분위기 248

인격적 가치 51~52, 360

인공지물 36, 248

인상 24, 104, 136, 140, 156, 160~161, 164~165, 167, 177, 186~190, 195~201, 207~209, 213, 216, 221, 227, 243~244, 248~262,

281, 298~299, 367~369

인식 15, 19, 27, 35, 40~42, 47~48, 52~54, 65~67, 70, 72~74, 76~81, 89, 93, 102, 105, 113, 116, 118~119, 128, 144, 200, 218, 235~236, 245, 253~254, 257, 262, 277, 291, 295, 298~299, 309~313, 316, 319, 321~322, 334, 339, 347, 352, 359~361, 363, 370, 372

일광삼존불 161, 175, 181, 187

일반화하는 추상 86, 281~282

자연 21~24, 26~29, 35, 51, 56, 63, 70, 74~75, 77, 80, 82, 85~89, 95~96, 103, 107, 116, 123, 127~128, 136, 140, 146, 148~150, 192, 198~200, 209, 222~223, 227, 234, 247~248, 253, 261~262, 267, 280, 284, 322, 341, 349, 355, 363, 366, 369

자연스러움 107, 127, 140, 148, 225, 228, 244, 248~249, 252, 262, 335, 365~366

자연주의 24~28, 40, 75, 81~82

자용수려 50

전이 87, 252, 281, 320, 372

전인적 71

전통 26, 28, 42, 45, 120~121, 157, 211, 239, 242, 288, 310~325, 332, 340~342, 344, 346, 348, 372~373

정서 17, 69~71, 89, 110~111, 128~129, 136~137, 146, 243~245, 263~264, 271, 277, 283~284, 286, 288~289, 300, 329~330, 334~335, 341, 350, 352, 355~356, 369

정신화 15, 79

정체성 32, 173, 319, 324, 338

정형화된 형용 42, 234, 239, 367

제작되는 대상 17

제작자 16, 18, 35, 67, 82,

157, 290, 313, 321~322, 344, 349, 352

제작하는 신앙행위 17

조각가 18, 67~68, 72~73, 81~83, 86, 94, 101, 106, 97, 134, 136, 147, 216, 223, 239, 277~280, 289~290, 309, 314, 340, 344, 367

조상·시조신 314

조상숭배 115, 117

조형사상 30, 40, 102, 104, 115, 280, 319, 362

조화 42, 85~86, 97, 129~131, 135~136, 181, 190, 192, 197, 206, 211, 213, 216, 225, 228, 234, 252, 255, 258, 261, 291, 293~294, 297~298, 300, 305, 331, 349

존상(尊像) 16, 36, 314

종교미술 16, 32, 35, 52, 79, 107, 115, 128 148, 285, 365

종교적 감흥 98, 252

종교적인 동기 117

종합적 생활감정 59, 312, 349

중생교화 17, 57, 361

지향 19, 35, 62~65, 67~68, 85, 120, 137, 159, 177~178, 239, 267~271, 288, 305, 336, 367~368, 372

지향점 56, 85, 113, 268, 301, 336, 343, 347

직관 24, 28, 66~67, 77, 79~80, 88, 139, 245

진화 27, 339~342, 347~349, 373

초월성 62, 73, 75~78, 97, 223, 225, 361

총체성 59, 71, 340, 361

추상성 75, 85, 88, 97, 361

추상주의 40, 75, 88

친근함 144, 146, 228, 244, 248, 259, 335, 354~355

태안마애삼존불 39, 104, 183~184, 362

특수성 28, 73~75, 324, 326

판단기준 195, 280, 286~288

평천리 출토 반가사유상

178~179, 187~188, 226

포교 356

포용 102, 110, 126, 136~137, 150, 192, 234, 251~252, 256, 294, 299~300, 334, 368, 371

포용력 40, 102, 113, 252, 257, 299, 326, 362, 368, 371

표현됨 109, 144, 216

해석 17~18, 22, 27~28, 34, 41~42, 46, 64, 71~72, 101, 106, 115, 126, 134, 138, 145, 147, 216, 233, 241, 244~245, 247, 277~278, 285, 293~294, 299, 309~314, 316~321, 325, 334, 342, 344, 346, 348, 350, 360, 372~373

해석 작용 311, 346, 360

해석의 독창성 232, 322

해탈 16, 52~53, 58, 76~77, 85, 135, 136, 262, 305, 359~360, 368, 372

해학 28~29, 128~134, 137~128, 147, 234

혁거세 48~49, 51, 91, 254, 360

현세 이익적 284, 328

현실 긍정 120, 128, 132~133, 136

현재화 311~313, 317, 348, 373

현현 22, 86, 122, 144

형의단미 50

호소력 17, 85, 91

화강암 205, 213, 332~334

화합 26, 41~42, 233~234, 291~294, 305, 366, 370

삼국시대 불상의 미의식 연구 —